Minha casa do outro lado do Atlântico

Minha casa do outro lado do Atlântico

Helene Cooper

Tradução
Luciana Persice Nogueira

Título original: THE HOUSE AT SUGAR BEACH

Copyright © 2008 by Helene Cooper

Direitos de edição da obra em língua portuguesa no Brasil adquiridos pela EDITORA NOVA FRONTEIRA S.A. Todos os direitos reservados. Nenhuma parte desta obra pode ser apropriada e estocada em sistema de banco de dados ou processo similar, em qualquer forma ou meio, seja eletrônico, de fotocópia, gravação etc., sem a permissão do detentor do copirraite.

Imagem de capa: cortesia da autora

EDITORA NOVA FRONTEIRA S.A.
Rua Nova Jerusalém, 345 – Bonsucesso – 21042-235
Rio de Janeiro – RJ – Brasil
Tel.: (21) 3882-8200 – Fax: (21) 3882-8212
http://www.novafronteira.com.br
e-mail: sac@novafronteira.com.br

Texto revisto pelo novo Acordo Ortográfico

CIP-BRASIL. CATALOGAÇÃO NA FONTE
SINDICATO NACIONAL DOS EDITORES DE LIVROS, RJ

C788m   Cooper, Helene
         Minha casa do outro lado do Atlântico / Helene Cooper ; tradução Luciana Persice Nogueira. – Rio de Janeiro : Nova Fronteira, 2010.
         il.

         Tradução de: The House at Sugar Beach
         ISBN 978-85-209-2201-9

         1. Cooper, Helene. 2. Cooper, Helene – Infância e juventude. 3. Elite (Ciências Sociais) – Libéria – Biografia. 4. Libéria – História – 1971-1980. 5. Libéria – Biografia. 6. Libéria – História – 1980-. I. Nogueira, Luciana Persice. II. Título.

CDD: 928.96662
CDU: 929:82-94(666.2)

A meus pais,
John Lewis Cooper Jr. e Calista Dennis Cooper,
e à família que criaram em Sugar Beach:
Vicky, Janice, John Bull, Marlene e Eunice.

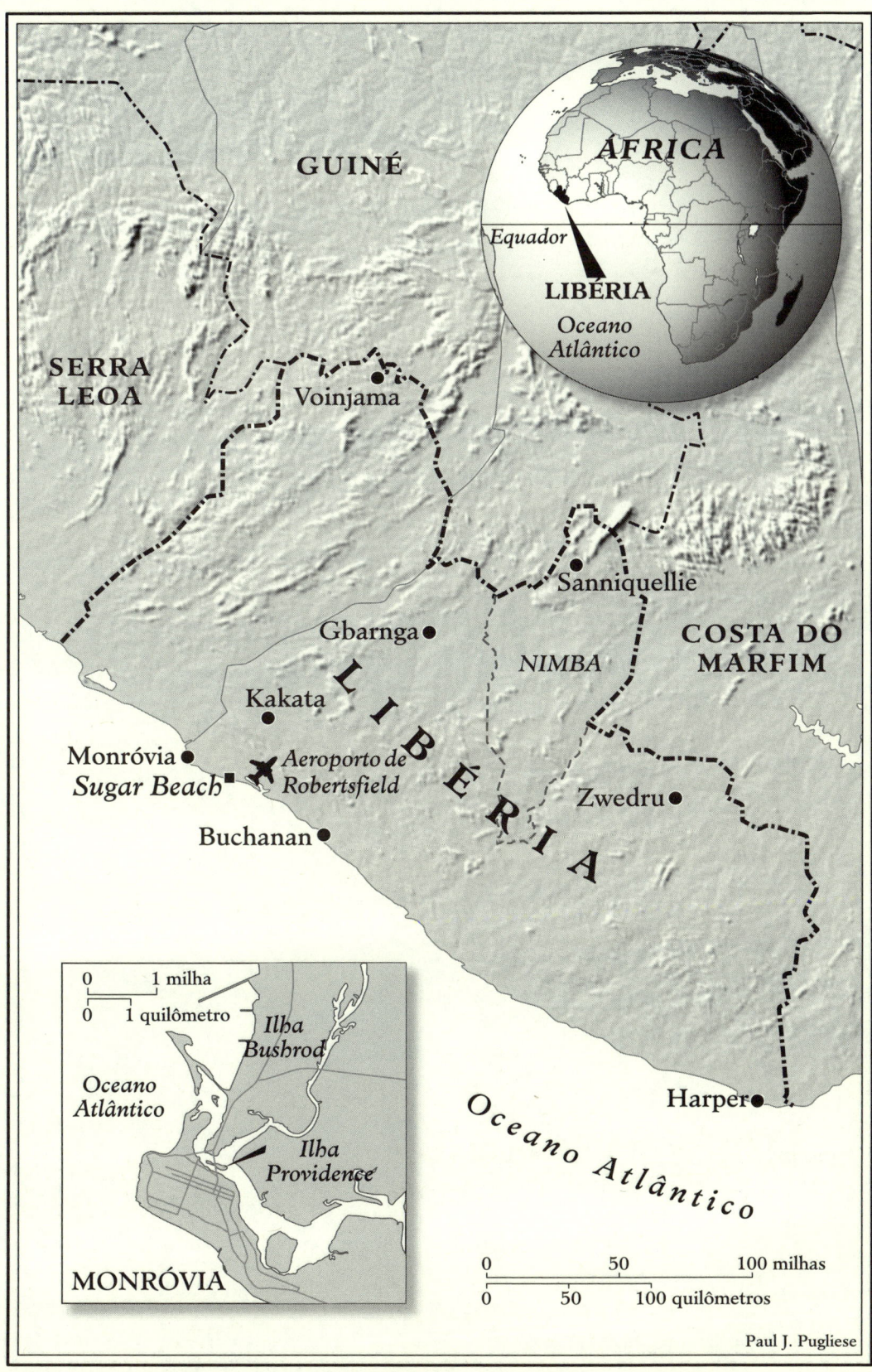

A população já foi informada sobre os esforços extenuantes do governo dos Estados Unidos da América ao proclamar numerosas leis com o propósito de suprimir o tráfico de escravos, e sobre a vigilância bem-sucedida de nossos oficiais da Marinha para detectar os criminosos, os traficantes de escravos, e levá-los à justiça.

A população também foi informada sobre as operações benevolentes da Sociedade Americana de Colonização, no empenho por formar uma povoação na costa oeste africana composta de pessoas de cor livres que escolherem para lá emigrar. É amplamente sabido, outrossim, que essa povoação, se realizada, poderá constituir-se em um asilo para esses africanos, que deverão ser recapturados pelos navios dos Estados Unidos e enviados à costa.

Há razões para crer que esses atos de misericórdia venham a contribuir para mitigar os sofrimentos de uma ampla parcela da raça humana, com a abolição definitiva do tráfico de escravos — esse flagelo para a África e desgraça para o mundo civilizado —, ao introduzir as artes da civilização e as bênçãos do cristianismo em meio a uma raça de indivíduos que têm, até agora, vivido em uma escuridão pagã, destituída da luz do Evangelho e do conhecimento do Salvador, ao ensinar os filhos da Etiópia a estender as mãos para DEUS.

Resumo de um Diário: Ephraim Bacon,
Comissário Assistente dos Estados Unidos para a ÁFRICA, 1821

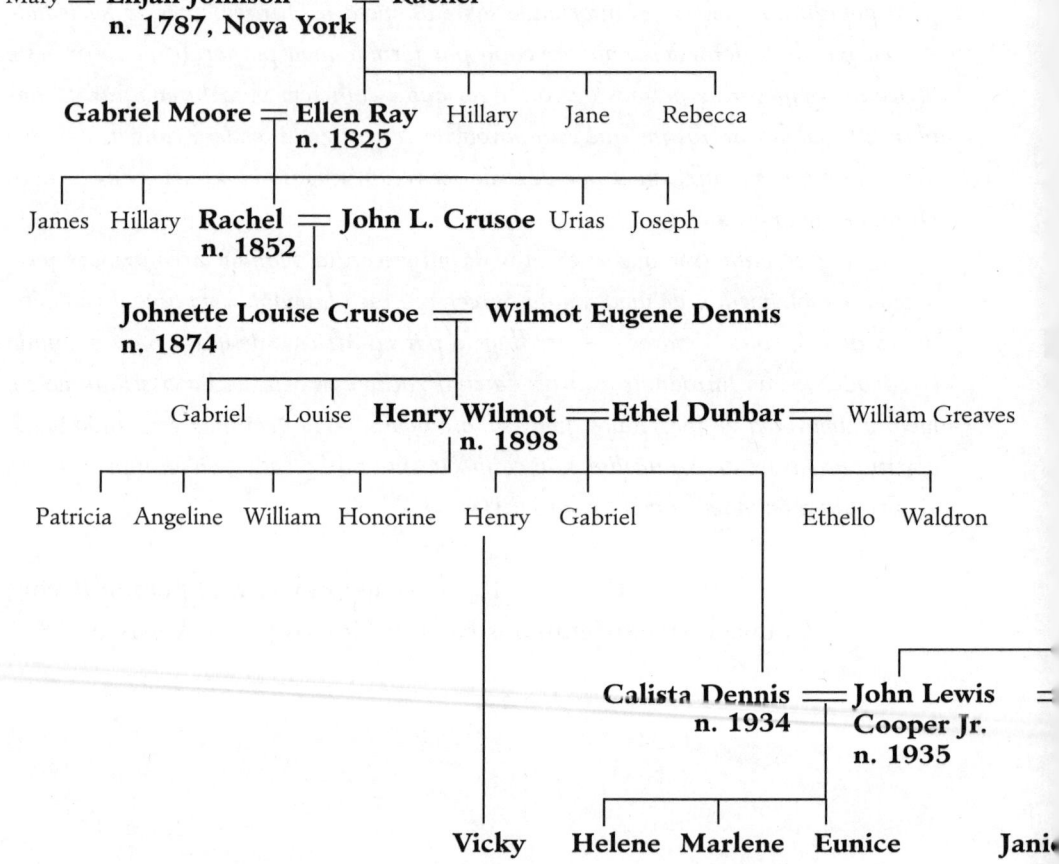

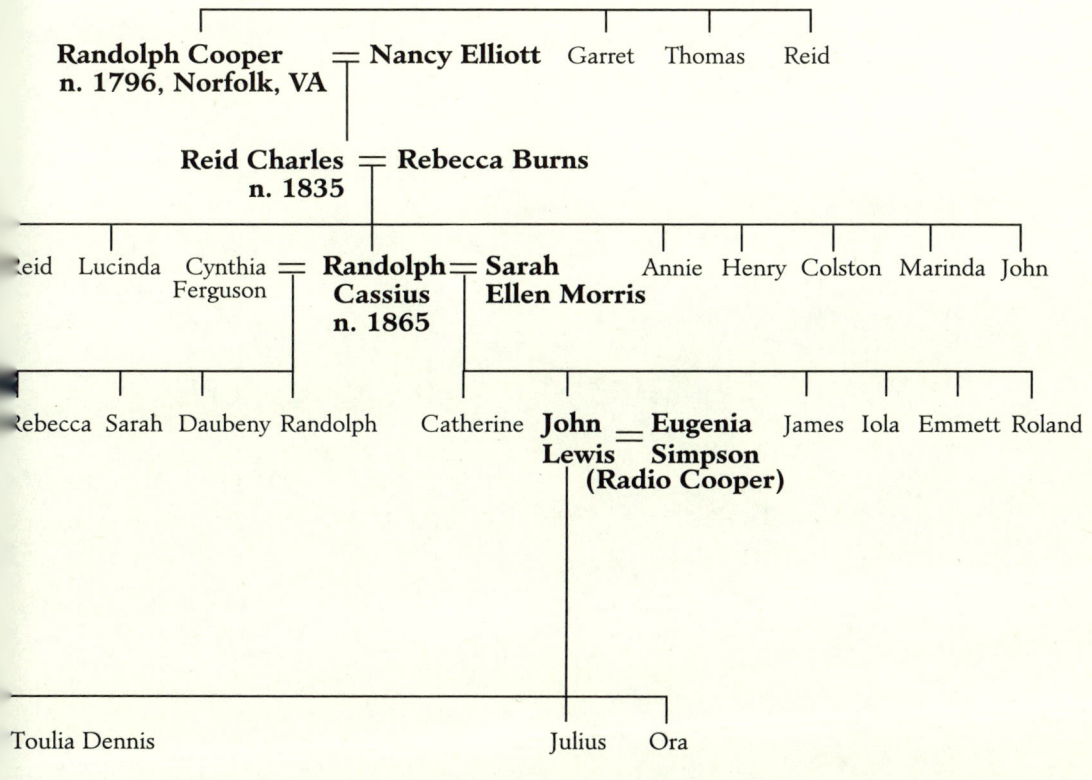

PRIMEIRA PARTE

I

Helene em Sugar Beach

Sugar Beach, Libéria, 1973

Essa é uma história sobre ladrões.

Assaltantes são "ladrões". A palavra *assaltante* é pouco usada na Libéria. De vez em quando eu usava "larápio", mas somente por duas razões: (1) para que quem estivesse escutando pensasse que eu falava bem a minha língua, e (2) para intensificar "ladrão", como quando se grita "Ladrão!", "Pega ladrão!", "Olha o larápio!", tentando impedir que um ladrão fuja. Mas ladrões e larápios são animais muito diferentes. Ladrões entram na sua casa enquanto você está dormindo e fogem com a porcelana fina. Larápios trabalham para o governo e roubam dinheiro do tesouro público.

Nossa casa em Sugar Beach vivia infestada de ladrões. Desde que nos mudamos para a gigantesca casa de vinte e dois cômodos que meu pai mandou construir, com vista para o oceano Atlântico, eles se instalaram como parte de nossas vidas cotidianas. Não era difícil entender por quê: estávamos a meio mundo de distância da civilização, a vinte quilômetros da cidade de Monróvia; minha mãe estava determinada a encher a casa de marfim, facilmente portátil para um ladrão; e o nosso vigia, Bolabo, acreditava que as noites foram feitas para dormir, e não para vigiar casas.

Bolabo era um homem idoso. Seus cabelos, que mantinha sempre bem curtos, eram quase brancos. Tinha nove dentes, em pontos alternados das arcadas superior e inferior, de modo que, quando falava, dava para ver os buracos; mas quando ele sorria, o que era bem comum, parecia ter uma dentição perfeita. Ele não tinha arma, mas um cassetete. Andava com um certo gingado e tinha um ar sempre alegre, mesmo quando estava levando bronca da minha mãe nas manhãs em que ela descobria que os ladrões tinham, mais uma vez, entrado em Sugar Beach e levado o seu marfim.

Na primeira vez que isso aconteceu — uma semana depois de nossa chegada a Sugar Beach —, acordei e saí cambaleando do quarto ao som dos berros da minha mãe com Bolabo. Jack estava encostado na parede, apreciando os acontecimentos. Piscou para mim. Na prática, Jack era o nosso empregado doméstico, mas nenhum de nós o chamava assim, porque ele tinha crescido com o papai.

— Entraram uns ladrões aqui ontem à noite — relatou Jack.

Mamãe tinha arrastado Bolabo até a cozinha para dar-lhe uma bronca. Ela estava na porta, gesticulando com os braços para demonstrar seu descontentamento. Estava usando seus trajes matinais habituais: shorts de malha que iam até os joelhos, camiseta e chinelos. Seus cabelos, inicialmente presos no alto da cabeça, tinham se desfeito enquanto andava raivosa de um lado para o outro na varanda, diante da cozinha, abanando os braços. À sua frente estava Bolabo, sua postura indicando remorso.

— Pô, num esquenta não, dona — disse Bolabo.

Tradução: "Nossa! Que horrível! Não se preocupe, senhora Cooper, queira me desculpar."

— Seu verme inútil! Eu devia te demitir! — respondeu mamãe.

Tradução: Fúria. "Verme" e "droga" eram o mais próximo que mamãe conseguia chegar de um xingamento. O tempo provaria que mamãe demitiria Bolabo todo mês e sempre o reempregaria quando ele voltasse para "se jogar a seus pés".

— Me jogo a seus pés, dona.

Tradução: Ponto de exclamação que pontua sua súplica sincera. Quando se pede perdão na Libéria, não há declaração mais humilhante do que dizer que se está aos pés de alguém.

Aquilo ainda continuou por uns quinze minutos, até mamãe bater a porta, desconsolada. Bolabo foi supervigilante nos dias seguintes, fechando, de maneira espalhafatosa, a porta de seu quarto na casa dos criados durante o dia para que soubéssemos que ele estava descansando a fim de enfrentar a noite vindoura. Então, lá pelas seis da tarde, saía com o seu cassetete e andava a esmo pelo quintal, inspecionando os coqueiros que circundavam a propriedade, presumivelmente em busca de sinais de um ataque iminente. Espiava dentro do poço d'água perto da cerca, como se houvesse ladrões com água até o pescoço, a dez metros de profundidade, esperando que a família fosse dormir para se propulsarem para fora como o Super-Homem.

Bolabo se acomodava na sua cadeira ao lado da lavanderia e se levantava num repente, todo presunçoso, quando um carro entrava na propriedade, como se ladrões pudessem chegar de carro às sete da noite, para o jantar. Normalmente Bolabo já tinha pegado no sono antes de eu ir para a cama, às oito.

Já eu, não.

Quem consegue adormecer assim no meio do mato? Eu ia pra cama desejando que voltássemos para a nossa velha casa na Cidade do Congo.

A Libéria não está nem perto do rio Congo, mas a palavra "Congo" é endêmica. Somos chamados de Povo Congo — minha família e os demais descendentes dos escravos norte-americanos libertos que fundaram a Libéria em 1822. É uma expressão um tanto quanto pejorativa inventada pelos liberianos nativos do início do século XIX, depois que os ingleses aboliram o tráfico de escravos pelo mar. Patrulhas britânicas capturavam navios negreiros que deixavam a costa ocidental africana em direção aos Estados Unidos e devolviam os cativos à Libéria e a Serra Leoa, quer viessem de lá ou não. Como a maioria dos navios negreiros adentrava o Atlântico pela desembocadura do rio Congo, os liberianos nativos, muitos dos quais aderiram prazerosamente ao tráfico de escravos e não gostavam dessa história de libertar escravos e largá-los na Libéria, denominavam os recém-chegados de Povo Congo. Como os cativos recém-libertos eram levados à Libéria ao mesmo tempo em que os negros libertos vindos dos Estados Unidos chegavam à Libéria, todos os recém-chegados ficaram sendo conhecidos como Povo Congo. Monróvia é cheia de Congo isso, Congo aquilo. Cidade do Congo, onde ficava a nossa velha casa, é um subúrbio de Monróvia. Era cheia de Povo Congo, como nós.

Nós nos vingamos dos liberianos nativos chamando-os de Povo da Terra. Muito mais pejorativo, na nossa opinião.

Papai nos mudou para Sugar Beach porque achou que a velha casa da Cidade do Congo estava pequena demais. Só tinha três quartos, três banheiros, uma sala de TV, uma sala de estar, uma sala de leitura, um escritório, uma cozinha, um pavilhão de jardim e um gramado enorme, onde aprendi importantíssimas habilidades sociais com a Tello, minha prima preferida e modelo supremo a ser seguido.

— É só chutar com o pé enquanto cê pula!

Tello, diminutivo de Ethello, gritou isso para mim certa tarde de domingo no gramado da Cidade do Congo. Era um dia tipicamente quente, abafado, e o meu rabo de cavalo, ensopado de suor, grudava na minha nuca. Ao lado, os batistas, que passavam horas naquela igreja cantando os seus *gospels*, estavam em silêncio — era a hora do lanche da tarde, arroz com legumes e molho de lagosta. O cheiro forte e intenso do molho de peixe, vindo dos fundos da igreja, invadia o nosso quintal e fazia o meu estômago roncar de fome.

Tello estava me ensinando "chuta-pé", uma brincadeira de menina na qual se pula num pé só e se chuta a adversária com o pé que está levantado. O chuta-pé tinha manobras complexas que precisavam de ritmo e equilíbrio, além do senso de quando causar maior dano à oponente. Era invenção do Povo da Terra. Uma boa sessão de chuta-pé entre duas meninas habilidosas parece uma dança, cada uma pulando, chutando e batendo palmas a um compasso marcado.

Havia muitas variações de chuta-pé. Uma, chamada Kor, exigia tal precisão que eu sabia que jamais conseguiria alcançar. Eu só queria ser capaz de fazer o chuta-pé básico. Pula, pula, chuta. Bate palmas, pula, chuta. Só que você tinha que bater palmas e chutar em tempos diferentes.

O suor começava a se acumular na minha testa enquanto eu tentava mais uma vez. Pula, pula, chuta.

— Assim não! — instruiu Tello.

Ela era quatro meses mais velha que eu, e muito segura de si quanto a questões de precisão.

— Cê tá chutando antes de pular!

— Tô tentando — choraminguei.

Pula, pula, chuta. Levantei o meu pé um pouquinho mais, e, quando chutei, acertei em cheio o joelho dela, com força e precisão. Tello saiu catando cavaco, depois deu meia-volta e, chupando o lábio inferior — finalmente eu havia dominado aquela habilidade social —, voltou andando para casa. Saí correndo atrás dela.

Minha guia para a alta sociedade estava zangada comigo.

— Tello! — gritei, seguindo-a pela casa. — Num fica assim, vai!

Ela me perdoou quando chegamos à sala e fomos automaticamente para o sofá de couro preto, para fingirmos ser nossas mães.

— Como anda difícil encontrar bons empregados nos dias de hoje! — disse Tello, cruzando as pernas enquanto se sentava no sofá com a boneca empinada no colo. — Falei pra Gladys fazer a cama, e sabe o que foi que ela fez? Em vez disso, limpou os armários!

Suspirei de forma que eu parecesse resignada.

— Eu tenho o mesmo problema com a criadagem aqui em casa — respondi, dando um peteleco numa poeira imaginária sobre as minhas calças. — Pedi pro velho Charlie pra cozinhar usando azeite de dendê, e ele usou folha de mandioca!

Eu adorava a casa da Cidade do Congo. Ficava perto da cidade e Tello vivia nos visitando. Sempre tinha coisas para fazer e gente para encontrar, nem que fosse só arrumar briga com os nossos vizinhos batistas.

Mas papai disse que estávamos apinhados lá. Eu dividia o quarto com a minha irmã mais nova, Marlene, e a babá da Marlene, Martha, uma mulher muito alta da tribo Kru. Tinha gente demais no meu quarto à noite.

— Não se preocupa — dizia papai. — Quando construirmos a casa de Sugar Beach, você vai ter o seu próprio quarto.

Meu próprio quarto! Isso não mostraria ao mundo como eu já era crescida?

— De que cor você quer o seu quarto? — perguntou-me mamãe antes de deixarmos a Cidade do Congo.

Fiquei pensando dias a fio antes de finalmente decidir:

— Quero um quarto rosa.

Foi assim que, ludibriada pela falsa ideia de que eu realmente queria um quarto só para mim, acompanhei minha família até Sugar Beach e a nossa nova casa.

Assim era a nossa casa em Sugar Beach: um colosso futurista de três andares, todo avarandado, estilo anos 1970, com um gigantesco domo de vidro em cima, visível desde quando se fazia a curva no entroncamento com a estrada de terra, a um quilômetro e meio de distância. A casa se revelava aos poucos, como uma dançarina parisiense melindrosa dos anos 1920. Ao sair de dentro da primeira cratera no meio da estrada — grande o suficiente para engolir um pequeno carro europeu —, a sua recompensa era vislumbrar o teto inclinado da casa e o domo de vidro, brilhando ao sol equatorial. Depois, fazendo a curva no meio do arvoredo denso de ameixeiras e videiras, você podia apreciar as varandas que circundavam o lado leste do segundo andar, pintadas de cor creme, adornadas com enfeites de pimentas torradas, escolhidos a dedo para dar um contraste tropical. Ao passar pelas duas cabanas que formavam os limites da aldeia Bassa vizinha, da Cidade de Bubba, você podia entrever uma outra pérola: as portas corrediças de vidro, que faziam o perímetro da sala de estar do segundo andar.

Mas nada poderia prepará-lo para a revelação final, quando você chegava ao topo da colina que se abria para a vista panorâmica da casa, iluminada por trás pelas ondas tonitruantes e pela arrebatação estrondosa do Atlântico, até o último vislumbre do horizonte. Shangri-la, Camelot, Jardim do Éden — o paraíso perfeito e perfeitamente magnífico da família Cooper, onde John e Calista Cooper puderam criar sua família perfeita, papariada por empregados bem-pagos e protegida contra os danos da imundície e da pobreza da África Ocidental pelo ar-condicionado central, por coqueiros estrategicamente postados e por um poço d'água privativo.

O terceiro andar tinha cinco quartos e três banheiros, uma sala de TV e uma sacada interna que dava para o quarto de brinquedos das crianças, no primeiro andar. O andar intermediário tinha uma cozinha enorme com uma sala de jantar adjacente, separadas por portas vaivém. Havia uma sala de música, com uma das paredes revestida de pedra, que abrigava um pequeno piano de cauda, posicionado de frente para o mar. Havia uma sala de estar de piso rebaixado, com luxuosos sofás de veludo cor de conhaque, totalmente rodeada por portas de vidro, pelas quais se podia ver o mar ao sul e a mata ao norte.

O primeiro andar tinha dois quartos e três banheiros, e um imenso salão de jogos equipado com um bar. Havia uma sala de recreação, um quarto de brinquedos e o escritório do meu pai. E havia um recanto debaixo da escada para guardar nossa árvore de Natal de plástico.

Com exceção dos quartos, que eram todos inteiramente acarpetados, o chão era todo de mármore. Um relógio carrilhão de três metros de altura ficava num átrio, no meio da escadaria de mármore que ligava o primeiro ao segundo andar.

O terreno, de vinte mil metros quadrados, tinha um exuberante gramado verde orlado de hibiscos, bougainvílleas e coqueiros. A garagem para dois carros abrigava os favoritos do momento; os carros mais velhos e a picape do papai foram relegados ao estacionamento da casa dos criados.

Ao nos mudarmos para Sugar Beach, a vinte quilômetros de Monróvia, era para sermos pioneiros suburbanos. Se o mundo tivesse girado como deveria, Monróvia nos teria seguido até lá, pois condomínios residenciais, estabelecimentos comerciais, cafés e restaurantes abarrotavam a cidade e empurravam suas fronteiras para o leste, afastando-as da ilha Providence, onde os primeiros ocupantes considerados Povo Congo — os negros americanos libertos — construíram suas casas e fundaram sua capital. Meus pais, principalmente a mamãe, tinham ambos crescido em casas que estavam, agora, no coração do centro da cidade de Monróvia. A mãe da mamãe, Vó Grand, ainda morava "do outro lado da ponte", na ilha Bushrod, área perto do porto que estava, àquela altura, completamente tomada por fábricas e comércio.

Em contrapartida, Sugar Beach ficava em meio à mata, na orla do mar. Os nossos vizinhos mais próximos que não eram Povo da Terra eram os pacientes do hospital psiquiátrico Catherine Mills, a uns oito quilômetros de distância. Tinha muita gente do Povo da Terra morando na Cidade de Bubba e em outros vilarejos por perto. O tio Julius, irmão do papai, construiu sua casa bem ao lado da nossa em Sugar Beach, para que tivéssemos pelo menos nossos primos — Ericka, Jeanine e Juju — como vizinhos. Juntas, as duas casas constituíam o Composto Cooper.

Nossa casa em Sugar Beach era fonte de orgulho e de dor. Era um testemunho do status da minha família num país em que o status importava, às vezes mais que todo o resto. A sociedade liberiana rivalizava com a Inglaterra vitoriana no que tange a assuntos de correção social. Na Libéria, nós nos importávamos muito mais com nossa aparência do que com quem éramos de verdade. Era crucial ser Honorável. Ser "Honorável" — sobretudo as pessoas do Povo Congo, embora às vezes se concedesse que algumas do Povo da Terra fossem educadas o suficiente para receber tal título — significava que você era considerado elegível a cargos importantes no governo. Você poderia ter um doutorado em Harvard, mas se fosse do Povo da Terra, com origens tribais, ainda assim você seria, na sociedade liberiana, inferior a um Honorável com um diplomazinho qualquer obtido numa escola técnica de Memphis, no Tennessee. Papai era um Honorável com um digno diploma universitário em ciências, mas ser o Honorável John L. Cooper Jr. era muito mais importante do que qualquer diploma que tivesse obtido nos Estados Unidos.

Mas o Composto Cooper ficava longe de Monróvia. Não precisei de mais que dois dias por lá para perceber que eu tinha sido ludibriada. Vinte quilômetros é um continente quando se tem sete anos de idade e todos os seus amigos moram na cidade, e quando ladrões e feiticeiros imperam durante a noite. Radio Cooper, meu avô, encheu a Libéria de fios telefônicos, mas suas linhas não chegaram a Sugar Beach — onde seus dois filhos tinham decidido construir suas moradias.

— Quanto tempo ainda vai levar pra gente ter telefone? — perguntei, choramingando, para o papai, já no primeiro dia em que nos mudamos.

— Você tem sete anos. Tá pensando em ligar pra quem?

— Tello'elas.

Na Libéria, dizer "elas" ou "eles" depois de um nome é um atalho para se incluir um grupo todo. Tello'elas queria dizer "Tello e as irmãs".

— Não tem nada que você e a Tello tenham pra dizer todo dia. Você pode conversar com ela quando tua mãe te levar pra igreja no domingo.

Eu já sabia que não devia discutir muito com o papai. Ele ficava no topo da hierarquia de Sugar Beach, ao lado da mamãe. Juntos, John Lewis Cooper Jr. e Calista Esmeralda Dennis Cooper representavam três dinastias liberianas: os Cooper, os Dennis e os Johnson.

Os ancestrais do Honorável John L. Cooper faziam parte dos primeiros navios de negros libertos que imigraram para a Libéria, vindos dos Estados Unidos, no início do século XIX.

O ancestral da mamãe, por outro lado, estava no *primeiro* navio. Se Elijah Johnson não tivesse existido, a Libéria talvez não existisse. Ele e outros sessenta e cinco sobreviveram à travessia para a África, em 1820. Os três homens brancos enviados com o grupo, mais outros vinte negros, todos morreram poucas semanas depois de terem desembarcado na África Ocidental. Elijah Johnson sobreviveu e aparentemente fundou Monróvia depois que doenças devastaram o grupo de colonos livres.

Quando os nativos liberianos atacaram os recém-chegados, Elijah Johnson liderou o contra-ataque. Um navio de guerra britânico atracou e seu comandante ofereceu enviar ajuda caso Elijah Johnson se submetesse à bandeira britânica. "Não queremos nenhuma bandeira hasteada aqui que custará mais para retirar depois do que custará para derrotar os nativos", disse Elijah, em frase que decoramos na escola.

O filho de Elijah Johnson, Hillary Johnson, tornou-se o sexto presidente da Libéria. Seu bisneto, meu tio-avô Gabriel Dennis, foi secretário de Estado e secretário do Tesouro. Cecil Dennis, ministro das Relações Exteriores, era meu primo, embora nós o chamássemos de tio Cecil.

Mamãe tinha muito orgulho do fato de que, sendo uma das herdeiras de Elijah Johnson, recebia, de vez em quando, um cheque de vinte e cinco dólares do governo. Era a pensão devida a Elijah, dividida entre seus descendentes. Às vezes, pessoas invejosas — da Terra e do Congo — reclamavam que um país terceiro-mundista ainda tivesse que distribuir dinheiro para os herdeiros de Elijah Johnson, mais de um século após a sua morte. Mamãe retrucava: "Lamento, mas não haveria país se não fosse por Elijah Johnson."

Papai tinha influência, mas mamãe comandava Sugar Beach. Ela era alta, esguia e de pele clara, e possuía o símbolo máximo da beleza na Libéria: os cabelos longos, lisos e sedosos dos brancos. Tinha pernas e pescoço compridos, e nunca saía sem os seus óculos escuros Christian Dior no rosto. Teve o primeiro Lincoln Continental Mark IV que apareceu na Libéria. Podia mandar o Velho Charlie, nosso cozinheiro, conferir se tinha colocado passas suficientes nos bolinhos de canela e logo depois virar para o outro lado e dar cem dólares para as mulheres da feira que vinham à nossa casa implorar um auxílio escolar para os filhos.

O lado da família do papai, os Cooper, deixou sua marca nos negócios. Os cinco irmãos chegaram da Virgínia como homens livres em 1829 — recém-chegados, segundo os padrões da mamãe. Compraram terra por toda parte e rapidamente tornaram-se uma das famílias mais poderosas e ricas da Libéria. O meu tio-tataravô, Reid Cooper, tornou-se comodoro da Marinha liberiana, ajudou a lutar contra o Povo da Terra e resgatou recém-chegados de nativos enfurecidos no condado de Maryland. Radio Cooper, meu avô, foi diretor da companhia telefônica liberiana. Meu tio Julius foi ministro da Ação pelo Desenvolvimento e pelo Progresso. Meu pai foi diretor-geral dos Correios.

Há uma fotografia no gabinete do ex-presidente liberiano William V.S. Tubman, tirada logo após a sua posse, em 1944. Meu tio-avô (pelo lado da mamãe), Gabriel Dennis, secretário de Estado, está de pé ao lado do meu avô, Radio Cooper. Vejo a boca fina da minha mãe, e também a minha, no tio Gabriel. Vejo os olhos fundos do meu pai, e também os meus, no meu avô Radio Cooper.

As linhagens do papai e da mamãe combinavam na teoria, mas, na prática, eles eram de planetas diferentes. Papai não levava nada a sério. Bebia como um verdadeiro Cooper — cerveja com ovos crus no café da manhã, gim no almoço e whisky no jantar; mamãe achava que um golezinho de brandy era deliciosamente ousado. Mamãe ia religiosamente à igreja; papai tratava a igreja como se ela abrigasse cobras venenosas. Mamãe era hipersensível e suscetível a ofensas: seu epíteto na faculdade era "Calista Dennis, nossa Lah; Amiga gentil, tudo a ofende". Papai era um piadista incorrigível, que arvorava a sua argúcia e adorava se gabar: "Perdi um milhão de dólares antes dos trinta."

Papai também tinha a pele clara, e aquelas bochechas grandes, redondas e rechonchudas dos Cooper. Usava barba e um bigodinho afilado nas pontas, e tinha olhos fundos. Mamãe o chamava de baixinho, porque os dois eram exatamente da mesma altura, e papai estava sempre tentando impedi--la de usar salto alto quando saíam juntos.

Na hierarquia familiar, depois da mamãe e do papai, a meu ver, vinha eu. "Helene, a Grande", eu costumava me chamar. "Alegria do Meu Coração", mamãe me chamava. "Biscoito Duro", para meu irmão (mesmo pai) John Bull. "Espoleta Cooper", para meus primos.

Eu era mais escura do que mamãe e papai, mas, ainda assim, clara para os padrões liberianos. Pesava cinco quilos e trezentos gramas quando nasci de cesariana no dia 22 de abril de 1966 na Clínica Cooper, em Monróvia. Quando o doutor me deu uma palmada para verificar meus pulmões, rugi como o Barry White. Mamãe, que só pesava cinquenta e três quilos na época, estava cansada demais para me ver depois da operação. Perguntou "Ela está bem?", e adormeceu. Quando acordou, a enfermeira disse: "A senhora está pronta pra ver o seu monstro?"

Eu era a prova viva de que mamãe podia gerar filhos. Ela tinha trinta e dois anos quando me teve — dois anos depois que se casou com papai. Isso é velhice na África Ocidental, onde as meninas se casam assim que voltam de Grebo. Nós éramos membros civilizados do Povo Congo, com *raízes americanas*, por isso ninguém ia mandar mamãe para Grebo quando tivesse quatorze anos para ser circuncidada e aprender como ser uma das inúmeras esposas de um marido qualquer. Mas até na sociedade civilizada da Libéria trinta e dois era uma idade avançada para se ter o primeiro filho.

Mamãe me envolveu num pano de lã antes de me levar para casa, num embrulho quentinho para proteger minha pele café com leite do sol africano. E dos mosquitos. "Você é a alegria do meu coração", disse-me inúmeras vezes. Sem sombra de dúvida. Eu era especial. Ninguém era mais especial do que eu.

Mas eu nasci com a boca fina dos Dennis. Era assim que chamávamos os lábios dos brancos: "boca fina". Os lábios africanos são cheios e carnudos.

Papai tinha lábios africanos carnudos. Seus lábios envolviam uma garfada inteira de arroz com *palm butter*, prato típico liberiano que consiste em certas carnes, como de boi, de frango, de peixe e de caranguejo, acompanhadas de molho feito com a polpa do dendê. Papai mastigava e seus lábios se moviam para cima e para baixo, com o molho escorrendo pelos cantos da boca antes dele lambê-lo e recolhê-lo de volta para dentro da boca com a língua. Eu adorava olhar meu pai comer. Me dava fome. Ninguém podia me ver comer assim porque eu tinha boca fina.

Cinco anos depois de mim, veio a Marlene. Marlene e eu somos "mesma mãe, mesmo pai", distinção fundamental num país em que os homens rotineiramente fazem filhos com várias mulheres. Se um liberiano lhe perguntar sobre a sua relação com um irmão, você pode simplesmente dizer "mesmo pai" — o que significa dizer que "temos o mesmo pai, mas não a mesma mãe" — ou "mesma mãe".

"Mesma mãe, mesmo pai" implica que vocês partilham do mesmo sangue por parte de ambos os pais.

Marlene era um bebê gorducho, branco, de olhos verdes, cabelos lisos e sedosos, com cara de Buda chinês. Estávamos todos alinhados na sala de TV do segundo andar na velha casa da Cidade do Congo no dia em que ela nasceu, esperando para saber se mamãe tinha tido uma menina ou um menino. Papai chegou correndo escada acima. Prendi o fôlego. Eu não sabia o que queria — menino ou menina? Eu já tinha duas irmãs do primeiro casamento do papai — Janice e Ora —, e um irmão, John Bull.

Papai nos olhou e sorriu. Janice não aguentou tanto suspense e finalmente berrou:

— A tia Lah teve o quê?

— Tua mãe teve uma menina — disse papai, olhando para mim.

Nós explodimos em gritos e aplausos e saímos de casa correndo, pela rua, cantando: "Outra menina! Outra menina!" A primeira menina era eu, mas agora tinha outra, que seria sempre a menina mais menininha. As pessoas que moravam perto de nossa casa na Cidade do Congo saíram para as ruas. Algumas dançaram conosco e outras só ficaram do outro lado da estrada observando a nossa algazarra.

— Tá vendo como esses Cooper são doidos? — disse uma senhora.

Papai nos levou até a Clínica Cooper para ver Marlene no dia seguinte ao seu nascimento.

— Como é que ela é? — perguntei-lhe animada, enquanto marchávamos escada acima até o saguão do segundo andar da maternidade.

— Ela tem cara de Cooper — respondeu papai.

Tradução: gorda e branca.

Marlene poderia ter sido facilmente considerada branca, se não fosse pelos seus traços africanos. Ela tinha um nariz largo, africano, e os lábios do papai. Aqueles lábios que comiam *palm butter* com arroz tão engraçados de se ver.

Marlene estava sempre com fome. Comia coisas que eu nem sequer consideraria a possibilidade de colocar na minha boca, como a semente do fruto do dendezeiro, o coquinho de dendê, que ela catava no quintal. Ela tinha dois apelidos: um era "Engole-Malagueta", nome do pássaro-símbolo da Libéria, e o outro era "Senhorita Coquinho de Dendê", só que na Libéria não se diz "dendê", mas "pam-kana".

Eu não me adaptei imediatamente a me ver apeada do posto de menininha reinante. Certa vez, papai me pegou de pé, ao lado do berço da Marlene, beliscando o seu bumbum gordo. Levei umas palmadas e fui banida do quarto dos meus pais, onde a Marlene estava dormindo.

Felizmente, havia outros passatempos em Sugar Beach.

Janice (mesmo pai) era a filha mais velha do papai, cinco anos a mais que eu, fruto do seu primeiro casamento. Era a mais baixinha da família, e tinha um sorriso que sempre, de alguma forma, parecia falso.

Janice conseguia ficar sentada no chão durante horas com as pernas cruzadas, cada perna sobre o joelho oposto, como uma espécie de instrutor de ioga maluco. Então sorria aquele sorriso falso para você, e você sabia que o que quer que estivesse passando por aquela cabeça era melhor deixar por lá mesmo.

Ela falava com sotaque britânico porque havia estudado num colégio interno na Inglaterra: a escola feminina Queens Park, em Oswetry, Shropshire. Janice era esquisita antes de ir para o internato, mas quando começou a frequentar o colégio interno, virou uma "tive-lá".

Uma "tive-lá", na Libéria, queria dizer que você tinha estado nos Estados Unidos ou na Europa. Um passeio de um mês não contava; você tinha que ter morado lá. Quando eu sonhava em ser uma "tive-lá", eu nunca pensava na parte em que se vivia, de fato, longe de casa. Era sempre muito mais uma questão de voltar para a Libéria, com grande pompa e alarde, depois de uma longa estada "no estrangeiro". Na minha fantasia, eu tinha um ar insolente, moderno e americano ou britânico enquanto desembarcava do avião depois de um ano vivido nos Estados Unidos ou em Londres. Todos viriam ao meu encontro no Aeroporto de Robertsfield como se eu fosse uma celebridade, e eu falaria com sotaque americano, como a Janice falava com sotaque britânico sempre que voltava para casa de férias do internato na Inglaterra.

Eu escrevia cartas para a Janice contando como a vida em Sugar Beach era chata, estando tão longe da cidade. Ela me escreveu contando que sua melhor amiga, Jane, era branca, e que comiam quatro vezes por dia na Inglaterra, por causa do chá. Nós só comíamos três vezes por dia em Sugar Beach. Como é que alguém pode comer quatro vezes?, pensei sacudindo a cabeça, admirada. Quando Janice voltou para casa em Sugar Beach, durante as férias escolares de verão, Marlene e eu a seguimos pelo jardim imitando o seu sotaque britânico.

— O que vocês estão confabulando? Ora, francamente! — dizíamos com voz aguda.

John Bull (mesmo pai) era o único filho homem do papai, também de seu primeiro casamento, e quatro anos mais velho que eu. Nós o chamávamos de "touro" porque ele não parava de comer. Sua única rival, em se tratando de comida, era a Marlene. A brincadeira predileta dele era *boofair*. Se ele dissesse *"boofair"* enquanto você estivesse comendo e você não estivesse com os dedos cruzados, ele pegava a sua comida. John Bull escondia carne enlatada no quarto, e, de noite, Marlene ia até lá e os dois comiam direto da lata. Marlene era apaixonada por ele. Contava para todo mundo que pretendia casar com o irmão.

John Bull era alto e robusto, e tinha as bochechas redondas dos Cooper. Quando ele foi para o internato no Instituto Ricks, em outra cidade, mandávamos pacotes expressos pelo correio: caixas de papelão cheias de presuntada. Depois, ele acabou trocando de escola e foi para o colégio católico para meninos Saint Patrick, em Monróvia. Andou farreando por uns tempos, até que se tornou um cristão renascido aos quinze anos de idade e parou de ir ao cinema e às festas. Começou a organizar aulas de estudos bíblicos na sala de TV de Sugar Beach. Eu pedi para participar, mas, depois de certo tempo, achei chato e parei de ir.

Victoria Yvette Nadine Dennis acrescentou o "Nadine" por conta própria porque gostava do nome. Vicky era sobrinha da mamãe, filha do seu irmão mais velho, a quem chamávamos de Mano Henry. Você tem que pronunciar tudo junto e rápido: "Manenry."

A mãe da Vicky era uma mulher chamada Season, da tribo Gio, que namorou o Mano Henry durante o pouco tempo em que ele trabalhou em Sanniquellie, no condado de Nimba. O Mano Henry não reconheceu a Vicky até ela fazer dois anos, quando seu irmão, Mano Gabriel, deu com a Season e a Vicky numa loja em Sanniquellie.

Vicky tinha a boca fina, marca registrada dos Dennis — o que rapidamente revelou o que o Mano Henry andava aprontando enquanto estava em Sanniquellie. Diante do óbvio, Mano Henry confessou. A família inteira e os agregados marcharam até Sanniquellie para pedir à Season que nos deixasse criar a Vicky e mandá-la para a escola.

Vicky mudou para Monróvia e foi morar com a minha avó, Vó Grand. Pouco depois, Mano Henry, ainda solteiro, foi nomeado cônsul na embaixada liberiana em Roma. O emprego dava direito a uma babá, então ele levou a Vicky. Quando voltaram, Vicky foi morar com Vó Grand novamente — um homem solteiro na Libéria não podia criar um filho. Mamãe estava morando com vovó nessa época, chegando rapidamente à idade de ficar para titia, aos trinta anos. Quando finalmente mamãe casou com papai, ela ganhou um enxoval, muita terra do seu pai e uma Vicky de sete anos.

Na minha opinião, a Vicky era amaldiçoada porque via espíritos. Certa noite, na casa velha, no primeiro ano do casamento dos meus pais e antes de eu nascer, era tarde e meu pai estava jantando sozinho na sala de jantar, no primeiro andar. Mamãe e Vicky estavam no andar de cima assistindo à televisão.

— Quem é aquele homem ali? — Vicky, sete anos de idade, perguntou à mamãe.

Mamãe olhou na direção da porta, para onde a Vicky estava apontando. Não havia ninguém. Mamãe resolveu não responder nada. Mas a Vicky insistiu:

— Ele mora aqui?

Mamãe começou a gritar, pulou da cadeira e correu escada abaixo, berrando:

— John! John! A menina tá vendo fantasma!

Vicky correu atrás da mamãe. Nenhuma das duas queria voltar para cima sem que papai as acompanhasse, e Vicky passou a noite no quarto dos meus pais.

Vicky continuou detectando fantasmas em Sugar Beach. Ela os via brincando com os meus cabelos. Ela os via dançando do lado de fora da sala de jantar. Chegou ao ponto em que, quando a víamos com aquele olhar distante, todos tínhamos um sobressalto e saíamos correndo.

Geralmente a Vicky usava cabelo afro, sapatos plataforma e calças boca de sino. Sua pele era de um marrom bem escuro, do tom do chocolate na panela quando se cozinha brigadeiro. Dormir era o seu passatempo preferido.

Mamãe, papai, Marlene, Janice, John Bull, Vicky e eu: essa era a metade familiar dos habitantes da casa de Sugar Beach.

Na Libéria, os empregados são chamados de "garotos". De vez em quando podem ser chamados de "velhos", como o Velho Charlie, o cozinheiro. Mas na maioria das vezes são chamados de garotos, não importando a idade que tenham. Em Sugar Beach, todos os homens a serviço da nossa família viviam na casa dos criados, ou casa dos garotos, a uns duzentos metros da casa principal.

Fedeles, o motorista, tinha mais autoridade porque dirigia os carros. Mamãe e papai sabiam dirigir, então Fedeles era, sobretudo, o motorista das crianças. Ele era de Gana: alto, magro e sempre usava jeans apertados. Fedeles foi a minha primeira paixão; eu era fascinada por aqueles jeans apertados. Na Libéria, chamávamos bumbum de "traseiro ossudo".

Jack era o empregado doméstico, mas essa era uma denominação desrespeitosa demais para ele, por isso ele era só o Jack. Bonito e do grupo étnico dos Kpelle, que povoavam a área ao redor da fazenda da nossa família, chamada Kakata, ele tinha crescido com papai e trabalhado para a família Cooper a vida toda. Jack sempre usava calças pretas de linho que iam até o tornozelo; assim, dava para ver as suas meias brancas. Parecia com o Sidney Poitier. Viajou de férias conosco para a Espanha. Jack cuidava de mim quando eu era bebê, me dava mamadeira, arrumava o meu quarto e fazia a minha cama. Sempre me lembrava que eu não podia ser malcriada com ele porque ele "trocava a minha fralda". Ele organizava a casa e cuidava para que as ordens da mamãe fossem cumpridas pelos outros empregados.

Depois do Jack vinha o Velho Charlie. O Velho Charlie era mal-humorado e irascível, e estava sempre chutando as pessoas para fora da cozinha. Ele também era kpelle e fazia bolinhos de canela maravilhosos. Eu era a única pessoa que ele não expulsava da cozinha. O Velho Charlie me deixava ajudar a fazer biscoitos, pressionando a boca do copo na farinha e fazendo os círculos.

Depois do Velho Charlie tinha o Sammy Cooper, o jardineiro. Também era kpelle. Eu gostava de ficar perto dele, porque ele conhecia papai e contava histórias de papai quando era mais novo. O Velho Sammy Cooper, que eu sempre achei que fosse o pai de Sammy Cooper — na aparência, mas não na prática —, costumava trabalhar para os meus avós. Ele ajudou Radio Cooper a cultivar a fazenda da família Cooper em Kakata, e achava que, ao morrer, Radio Cooper devia ter legado a fazenda para ele, e não para o "papai'eles".

Lá em casa, era consenso acreditar que o Velho Sammy Cooper, que era kpelle, tinha feito mandinga contra Radio Cooper, e que foi por isso que meu avô ficou doente e morreu. Assim que mudamos para Sugar Beach, o Velho Sammy Cooper trouxe uma galinha para casa e perguntou à mamãe se ele poderia sacrificá-la e enterrá-la no quintal, para que tivéssemos boa sorte na casa nova. Mamãe não confiava nele, mas tinha medo demais para contrariá-lo, por isso deixou, mas depois passou os sete anos seguintes tentando descobrir onde a galinha estava enterrada para poder mandar desenterrá-la.

Galway, o responsável pela lavanderia, era da tribo Bassa e tinha seu próprio quarto na casa de Sugar Beach, ao lado da lavanderia, onde dormia longe da casa dos criados. Galway só enxergava de um olho. Ele também era ranzinza.

E depois de Galway tinha Bolabo, o vigia. Bassa. Dormia antes das oito da noite.

Diferentemente de mim. Eu tinha demônios com quem digladiar.

Na primeira noite em Sugar Beach, me recolhi ansiosamente à cama às 7h45, quinze longos e escandalosos minutos antes da minha hora habitual de dormir. Eu não conseguia esperar. Ia ser tão formidável dormir no meu próprio quarto, sozinha!

Mamãe entrou comigo e fechou as cortinas. Ajoelhou-se ao meu lado e repetiu minha oração noturna: "Agora, me deito pra dormir e sonhar, rezo pra Deus minh'alma zelar."

Eu estava ansiosa para apressar aquilo e terminar logo, para me deitar. Recitamos: "Se eu morrer antes de acordar, rezo pra Deus minh'alma levar."

Um pequeno estremecimento premonitório me atravessou. Se eu morresse, estaria completamente só naquele quarto. Eu não tinha pensado nisso.

Entrei embaixo do lençol, mamãe se debruçou sobre mim e me deu um beijo.

— Boa noite, alegria do meu coração — disse e saiu do quarto, apagando a luz.

Fui imediatamente engolfada por uma escuridão impenetrável e malévola.

Os espíritos da Vicky estavam no quarto comigo. Havia três, um homem e duas mulheres. Eu podia senti-los. Cada qual em pé num canto diferente do meu quarto rosa, olhando para mim em silêncio. Eles estavam tentando resolver o que iriam fazer comigo. Comecei a tremer, e me encolhi toda na cama, cobrindo a cabeça com a coberta. Mas eu não conseguia respirar. Era assim que eles iam me pegar, me assustando até eu acabar me sufocando? Era assim que eu ia morrer antes de acordar?

Devagarzinho, para que os espíritos não percebessem, baixei a coberta e coloquei o nariz para fora, com todo cuidado. O ar frio do ar-condicionado encheu minhas narinas. Consegui respirar de novo.

Mas os espíritos ainda estavam lá, chegando cada vez mais perto de mim, sobretudo as duas mulheres. Eu me encolhi mais e apertei os olhos ainda mais forte. *Se eu morrer antes de acordar, rezo pra Deus minh'alma levar.*

Essa não era uma boa oração. Eu estava aceitando a morte como um fato consumado, sem apelar para instâncias superiores por um resultado diferente. *Por favor, Deus, num deixe que eu morra antes de acordar. Por favor, por favor. Prometo me comportar. Por favor, por favor, por favor. Num quero morrer antes de acordar.*

Eu ainda estava rezando quando, finalmente, adormeci. Todas as noites, durante duas semanas, rezei até cair no sono, em meio a um medo doentio.

Naquelas mesmas duas semanas, os ladrões visitaram Sugar Beach três vezes à noite. Eles levaram um dos quadros prediletos da mamãe, uma cena pastoral de uma aldeia Kpelle à beira do rio, com duas mulheres lavando roupa, com os bebês nas costas. Mamãe tinha pendurado esse quadro na parede ao lado da sala de música; era uma das primeiras coisas que se viam quando se chegava ao andar de cima da casa. Os ladrões levaram o quadro, além de uma gigantesca presa de elefante que ficava na sala de estar.

Eles não faziam a limpa na casa, só levavam algumas coisas a cada visita. Pela manhã, uma prateleira vazia ou uma parede nua zombava de nós: os ladrões podiam entrar e fazer o que bem entendessem.

Na noite seguinte à terceira visita dos ladrões, percebi que eles eram, na verdade, feiticeiros arrancadores de coração. Era por isso que eles só estavam levando umas poucas coisas de cada vez. Eles não estavam querendo marfim ou quadros, eles queriam me pegar!

Os feiticeiros arrancadores de coração são curandeiros que sequestram pessoas, extirpam seus corações enquanto ainda estão vivas, e os usam para fazer remédio. Agora que eu estava dormindo no meu próprio quarto à noite, eles tinham a oportunidade ideal para vir me pegar e cortar fora o meu coração, e eu morreria antes de acordar.

Eles flutuaram para dentro do meu quarto naquela noite enquanto eu dormia, dois deles, com seus punhais amarrados à cintura. Longas facas lustrosas de ponta encurvada, para melhor extirpar o meu coração. Uma paralisia tomou conta de mim e eu acordei. Fiquei deitada, de costas, com os olhos abertos, mas sem conseguir me mexer, enquanto os feiticeiros-curandeiros flutuavam e se aproximavam.

Se eu morrer antes de acordar, rezo pra Deus minh'alma levar.

Eles continuavam chegando cada vez mais perto de mim. Tentei gritar. Nada, nem um som. Tentei várias vezes, mas nenhum som saiu da minha garganta travada.

Se eu morrer antes de acordar, rezo pra Deus minh'alma levar.

Quando eles estavam prestes a me atacar, um grito explodiu da minha garganta e eu quase caí da cama, enquanto corria para fora do quarto o mais rápido que podia, direto para o quarto da mamãe e do papai, recusando-me a sair de lá até o raiar do dia.

No dia seguinte, homens da tribo Mandingo, que vendiam marfim para a mamãe, vieram completar o estoque dela de novo, o qual vinha sendo rapidamente esvaziado pelas visitas noturnas dos ladrões.

Qualquer detetive particular de quinta categoria teria imediatamente desconfiado que os mandingos que vendiam o marfim para a mamãe eram os que mais ganhavam com os roubos constantes, mas mamãe os acolhia mesmo assim.

Eles chegaram usando suas costumeiras túnicas brancas esvoaçantes e suas babuchas brancas de bico pontudo. Dois homens altos, esculturais e altivos, com pele cor de chocolate Hershey's. Caminharam pela estrada de terra que levava a Sugar Beach carregando sacolas cheias de cevada, e numa, a ponta afilada de uma presa de elefante saindo para fora, brilhando ao sol.

Os cachorros da Marlene, Happy, Blackie e Christopher, começaram a latir assim que os homens entraram no nosso terreno, saindo de sua habitual modorra debaixo dos degraus da escada da cozinha e correndo furiosamente em volta dos homens. Eram todos vira-latas, mas de cores diferentes: Happy era marrom-claro, Blackie era preta, e Christopher era branco. Happy latia para os tornozelos dos mandingos.

Mas os mandingos nem pestanejaram. Dirigiram-se direto para as escadas e pediram para chamar a "dona".

Eu não entendia como eles conseguiam usar aquelas túnicas compridas no calor. Estávamos no auge do verão liberiano — janeiro — e não tinha nenhuma brisa, nem mesmo com o oceano logo atrás de nós. Eu estava usando short e a camiseta da Mulher Maravilha, minha camiseta predileta, que os homens olharam com desaprovação.

— Por que eles tão olhando assim pra gente? — murmurei para o Velho Charlie, que estava de pé, ao meu lado, na varanda da cozinha.

— Essa gente muçulmana, o que é que cê queria? — respondeu ele, sem se preocupar em ser ouvido.

O Velho Charlie encarou os mandingos. Ele era kpelle, e os kpelles não gostavam muito dos mandingos. Os mandingos estavam na Libéria havia tanto tempo quanto qualquer outro povo, mas, por alguma razão, os liberianos ainda os consideravam estrangeiros. Os mandingos trabalhavam duro e economizavam dinheiro — razão óbvia para inveja e suspeita.

Pouco antes de se tornar presidente em 1971, William R. Tolbert, numa tentativa de conciliação, permitiu que os mandingos celebrassem o Ramadã no Pavilhão Centenário da Libéria, o que deixou os liberianos cristãos tementes a Deus resmungando. Já era duro ter que aturar todos aqueles libaneses chegando à Libéria em bandos e se apoderando das fábricas e dos comércios por causa da guerra em Beirute, mas pelo menos eles não estavam fingindo ser liberianos. Já os mandingos adoravam lembrar a todos que viviam aqui muito antes de nós, Povo Congo, começarmos a vir dos Estados Unidos em navios.

Mamãe gostava dos mandingos porque sua avó, Vó Galley, costumava escondê-los no porão de casa sempre que a polícia vinha procurá-los, tentando extorquir dinheiro de propina. Gostava deles porque sabiam encontrar marfim de qualidade; afinal, ela tinha uma casa para decorar.

Mamãe levou os mandingos para a sala de estar, para inspecionar suas mercadorias. Segui atrás deles, vendo como, visivelmente, embranqueciam ao entrar na casa refrigerada pelo ar-condicionado. Sentei-me na grande poltrona de veludo marrom no canto da sala, para observar os procedimentos.

Um dos homens tinha um olho de vidro. Ele colocou uma presa de elefante sobre o vidro da mesinha e começou a descrevê-la para mamãe:

— Essa é de um grande elefante africano do Serengeti. Vê como ela tem essa forma assim? Se a senhora colocar duas dessas juntas, uma de cada lado da mesa, fica bonito também.

Durante todo o tempo em que o homem falou, aquele olho de vidro ficou olhando para mim. Saí voando da sala e me tranquei no meu quarto.

Naquela noite houve tempestade e faltou luz. O ar-condicionado ratreou, chiou e parou. As lâmpadas da varanda se apagaram. Os relâmpagos faiscavam pelo céu, e rapidamente retirei minha pulseira de ouro para não ser atingida por um. Afundei o máximo que pude debaixo das cobertas, mas ainda assim sentia medo. Eu sabia que aquilo tudo era coisa do mandingo de olho de vidro, que claramente estava mancomunado com os ladrões, que eram, na verdade, feiticeiros-curandeiros. E eles estavam zangados porque eu tinha escapado deles na noite anterior. Mas eles iam voltar, eu sabia que iam.

Eu tinha certeza de que a presa de elefante estava enfeitiçada. Eu estava choramingando debaixo das cobertas quando a porta se abriu e mamãe veio até mim com uma vela. Ela vinha trazendo a Marlene em prantos. Olhou para mim e abanou a cabeça, e, antes que pudesse pensar em se dirigir para o quarto dela, eu já tinha saído pela porta e estava subindo na cama para ficar ao lado do papai.

No dia seguinte, tivemos uma reunião de família. Sempre tínhamos reuniões de família na sala de estar, porque era mais formal. Tentei ficar sentada no "meu" canto, ao lado das portas corrediças — o mesmo local onde fiquei para observar os mandingos —, mas papai só me lançou um olhar e apontou para a poltrona de veludo.

— Ela tem medo de dormir sozinha — começou mamãe.

Isso era verdade, mas não algo que, aos sete anos, eu quisesse discutir tão abertamente com toda a família.

— Num tenho não! — reagi, enfática.

— Você tá grande demais pra ficar dormindo com a gente — disse papai, com a Marlene no colo chupando chupeta.

Era demais. Senti minhas orelhas ficarem quentes de vergonha e saí da sala pisando firme — embora tenha parado na cozinha para tentar ouvir o que papai e mamãe estavam falando. Não consegui ouvir tudo o que disseram, porque o Velho Charlie estava ali cantando.

Mulher amarela... você quer criar confusão pra mim... todo dia você vem até a minha casa... não quero confusão, não... você é mulher de outro... vá embora, mulher amarela...

Foi culpa do Velho Charlie se eu não ouvi mamãe e papai tomando a decisão. Eu não sabia àquela altura, mas a casa de Sugar Beach estava prestes a receber mais um morador.

2
Atravessando o Atlântico

O Elizabeth

Nova York, 1820

Hoje, quando estávamos no convés, John Fisher chicoteou a esposa. Acho que essa é uma luz fraca que estamos levando para uma terra escura, mas ainda não perdi a fé no meu Deus.
Elijah Johnson, trecho de seu diário, a bordo do navio *Elizabeth*, fevereiro de 1820

Uns cento e cinquenta anos antes que Eunice viesse para Sugar Beach, dois homens desencadearam uma série de eventos que levariam ao dia em que eu, uma menina congo privilegiada de quase oito anos de idade, adquiriria minha nova irmã, Eunice, uma menina bassa não muito privilegiada de onze anos.

Tudo começou com aqueles dois homens que acabariam me separando da maioria da população negra dos Estados Unidos e, ao mesmo tempo, da maioria da população negra da África. Seus nomes eram Elijah Johnson e Randolph Cooper. Eles eram os pais dos meus tataravós. Na virada do século XIX, nos Estados Unidos pré-Guerra Civil, ambos pertenciam àquela classe nebulosa de negros libertos removidos das monoculturas sulistas.

Quando apresentados à escolha entre a América e a África, escolheram a África. Por causa dessa escolha, eu não cresceria, cento e cinquenta anos depois, como uma menina negra norte-americana, diminuída pelos estereótipos raciais de "rainha da previdência social", que só vive às custas do governo. Nem teria que lidar com os fardos de uma menina subsaariana, com uma expectativa de vida de uns quarenta anos, tirada da escola aos onze para poder pegar água no poço, cozinhar num fogareiro de carvão e dar à luz bebês pouco mais novos do que eu.

Em vez disso, esses homens me deram um bilhete de loteria premiado: um nascimento dentro de uma família considerada a aristocracia fundiária do primeiro país independente da África, a Libéria. Nada daquela bagagem pós-Guerra Civil norte-americana e pós-movimento pelos direitos civis para me atrapalhar com complexos de inferioridade e dúvidas quanto a ser tão boa quanto os brancos. Nenhum lixo europeu que me deixasse considerando a possibilidade de algum senhor de escravos britânico ser melhor do que eu. Quem precisa lutar pela igualdade? Que os outros tentem ser iguais a mim.

Elijah Johnson nasceu livre em Nova York, em 1787; Randolph Cooper, em Norfolk, Virgínia, em 1796.

Acredita-se que os pais de Elijah Johnson tenham sido mulatos libertos das monoculturas porque tinham a pele clara — o que, nos Estados Unidos daquela época, era o caso de muitas pessoas na crescente classe de negros libertos. Muitos deles tinham a pele clara; alguns poderiam até passar por brancos. Os proprietários das monoculturas sulistas engravidavam suas escravas e, ou por sentimento de culpa, ou por um eventual senso de paternidade, libertavam as crianças, muito provavelmente para retirá-las de suas propriedades e do campo visual de suas esposas.

Elijah Johnson sabia ler e escrever. Tinha vinte e quatro anos quando entrou para o Exército americano e lutou contra os britânicos na Guerra de 1812, como integrante do regimento de soldados negros e mestiços de Massachusetts. Depois da guerra, casou-se com uma ex-escrava de Maryland chamada Mary.

Sabe-se menos sobre os pais de Randolph Cooper e de seus cinco irmãos — três dos quais juntaram-se a ele ao abandonar os Estados Unidos pré-Guerra Civil e partir para a Libéria. Ninguém foi capaz de descobrir quem foi o homem que gerou os seis irmãos Cooper. Muitas perguntas permanecem sem resposta, como, por exemplo, como eles conseguiram nascer livres de uma mesma mãe na Virgínia da virada do século.

Elijah Johnson e Randolph Cooper, diante das mesmas alternativas — África ou América —, tomaram a mesma decisão.

Elijah Johnson partiu primeiro.

Elijah Johnson estava na versão liberiana do *Mayflower* — o primeiro navio de negros libertos a zarpar do porto de Nova York, em 1820. Depois de anos debatendo o movimento de retorno à África — a ideia era de que não poderia haver tantos negros libertos quanto negros escravizados vivendo nos Estados Unidos, e, por isso, a melhor opção era enviar os negros libertos para a África —, os brancos que governavam os Estados Unidos estavam finalmente prontos para estrear seu experimento. Eles criaram e financiaram a Sociedade Americana de Colonização para enviar à África negros americanos, que estabeleceriam uma colônia.

Como só podia retornar à África quem fosse liberto, a maioria das pessoas que embarcou naqueles navios tinha a pele clara. Quer dizer, pele clara segundo os padrões africanos, não os americanos. A diferença é menos marcante atualmente, porque nos anos seguintes, os africanos, como um todo, foram ficando com a pele mais clara — cortesia dos europeus que colonizaram a África. Ainda há muitos africanos com aquele maravilhoso aspecto de casca escura de árvore, que só pode resultar de milhares de anos de pigmentação ao sol equatorial, mas hoje provavelmente existe o mesmo número de africanos que se parecem com o Nelson Mandela.

Muitos brancos não percebem a diferença. Eles não veem a diferença entre Will Smith e Djimon Hounsou.

Mas, há cento e cinquenta anos, essa diferença era tão nítida quanto o preto e o branco. Por isso, naquela tarde gélida e ventosa de inverno de 6 de fevereiro de 1820, quando Elijah Johnson embarcou no navio *Elizabeth*, no porto de Nova York, era como se fosse um branco que estava adentrando aquele navio para a África. Ele era alto e tinha olhos enormes, que pareciam ocupar todo o rosto. Elijah Johnson e sua esposa, Mary, zarparam junto com outros oitenta e seis negros norte-americanos. Milhares de pessoas, tanto brancas quanto negras, apinharam o cais para dizer adeus ao que seria a primeira e única tentativa americana de colonização.

Os passageiros podiam sentir o cheiro da madeira encharcada de óleo do navio. Os cômodos eram raros, e, até nessa viagem inaugural para se colonizar um novo país, as divisões de classe e raça eram observadas rigorosamente. A tripulação, majoritariamente branca, dormia em seus próprios aposentos. Os três representantes brancos da Sociedade Americana de Colonização dividiam uma cabine de tamanho generoso. Os oitenta e oito negros dormiam na parte de trás do navio, em colchões mofados feitos de palha de milho.

Ainda assim, enquanto o *Elizabeth* levantava âncora e deixava o porto de Nova York, o ambiente era animado e festivo. E temente a Deus. Os passageiros passaram muito de seu tempo rezando. Antes que o *Elizabeth* deixasse o porto, um dos representantes brancos, o reverendo Samuel Bacon, advogado e ministro da Igreja Episcopal de Boston, reuniu todos os outros passageiros diante de si e fez uma leitura do Evangelho, Deuteronômio 11, o trecho em que Moisés transmite aos judeus os Dez Mandamentos, a fim de prepará-los para a Terra Prometida. O reverendo Bacon disse aos colonos que eles eram peregrinos, novos exploradores, assentando o caminho para outros negros que os seguiriam. E que eram também missionários, avançando rumo ao sombrio continente africano para converter pagãos nativos.

Elijah Johnson escreveu regularmente em seu diário durante a viagem pelo Atlântico. Parte de seus escritos era lírica, como quando descreveu a enorme tempestade que se elevou numa noite, pouco depois da partida: "Mas agora há uma violenta tempestade nos mares; espero que passe em breve", escreveu. "Depois dos anjos raivosos, ficou tudo calmo. Pela tarde, vimos um navio que havia perdido o mastro, o que levou os representantes da Sociedade e as pessoas a jubilarem por não ter sido o nosso."

Porém, escreveu sobretudo a respeito dos passageiros, que implicavam e brigavam uns com os outros. Eles se esfaqueavam com facas de cozinha, atiravam panelas ao mar, chicoteavam as esposas, e geralmente agiam como as pessoas agem quando estão com medo e presas em alto-mar durante semanas a fio. Houve uma enorme discussão com os representantes brancos da Sociedade Americana de Colonização sobre como a terra seria distribuída quando o grupo conseguisse efetivamente encontrar terras na África que pudessem chamar de lar. Elijah Johnson, especificamente, não acreditava a princípio que os representantes dessem aos negros a parte que lhes cabia, e recusou-se a assinar uma carta dizendo que ele tinha "inteira confiança no julgamento e na amizade sincera dos representantes". Ele desafiou um dos representantes e não gostou do que ouviu, escrevendo no diário que "vi que tinha maldade naquilo".

Mas, com o tempo, todos os homens adultos do navio assinaram a carta, e Elijah Johnson era o único opositor. Acabou resolvendo apostar suas fichas nos representantes brancos, para o que desse e viesse.

Nessa noite, escreveu: "Aliei-me aos representantes e vou ficar ao lado deles, a não ser que façam algo além do que estão fazendo agora."

Na manhã de 9 de março de 1820, eles pisaram em terra firme, em Serra Leoa.

África.

Desembarcar pela primeira vez no solo da África Ocidental não é comparável a chegar em qualquer outro lugar do mundo. A primeira coisa que impressiona é o cheiro: uma mistura de fogueiras de carvão, peixe seco, ar úmido e mar. Depois do cheiro, tem a sensação do ar. O ar é pesado, até quando o sol está brilhando e não tem uma nuvem sequer no céu. Não se pode fugir, nunca, da umidade da costa africana ocidental, e no interior isso é ainda mais verdadeiro. É um ar tão pesado que pesa na língua, como se você pudesse abrir a boca e provar um pouco. É uma sopa, um enorme pote quente de ar ensopado, fétido sob o sol equatorial.

Finalmente, depois do ar que se pode provar, cheirar e sentir, a visão que se tem diante dos olhos é quase que frustrante: uma densa floresta equatorial que termina na praia. Terra vermelha. Palmeiras que luzem, quase tostando, ao sol.

E depois, tem o povo.

Africanos. Pela primeira vez, Elijah Johnson estava vendo aqueles que, originalmente, venderam os seus tataravós como escravos. Eram parentes distantes, também descendentes de mulheres que gritaram aos céus quando os filhos — seus ancestrais — foram tomados de suas mãos. Foram esses homens que pechincharam com os europeus — e que ainda pechinchavam com os europeus — o preço que queriam na venda de seus próprios irmãos e primos.

Freetown, em Serra Leoa, era uma massa fervilhante de pessoas, com carneiros, porcos, galinhas e cães se juntando à cacofonia. No mercado, os novos colonos viram toda sorte de produtos tropicais, de mangas corpulentas a abacaxis suculentos, abacates, frutas-pão e papaias. Os africanos ocidentais nativos olhavam fixamente para o grupo multicolorido do *Elizabeth*: homens negros vestidos com roupas ocidentais, citando as Escrituras.

De tarde, dois dos passageiros foram até um grupo de africanos nativos que estavam entretidos com um jogo. Os nativos acolheram os dois homens e acabaram oferecendo-lhes um caldo de cana fermentado — espécie de rum adocicado.

Os americanos viram aí uma ocasião perfeita para começar a converter os pagãos.

— A gente num bebe rum não — disse um colono. — Deus num gosta — disse, apontando para o céu.

Havia pouco tempo que a Grã-Bretanha tornara o tráfico de escravos ilegal, estabelecendo, em Freetown, um lugar de asilo para escravos que tinham sido capturados e, depois, soltos. Mas ainda existia muito tráfico de pessoas. Era duro para os novos colonos americanos suportar aquilo, pois todos eles pensavam ter deixado a escravidão para trás e para sempre ao deixarem os Estados Unidos. E, no entanto, viam escunas espanholas e portuguesas capturadas sendo trazidas, uma a uma, pelos britânicos. As escunas capturadas ancoravam bem ao lado do *Elizabeth* e exalavam fedor, uma mistura de dejetos humanos e óleo. Os porões dos navios, onde os escravos eram mantidos, eram inacreditavelmente minúsculos.

Não foi isso que os colonos americanos vieram ver na África. Por que os africanos ainda estavam vendendo seus irmãos e irmãs aos negreiros europeus? Os novos colonos interpretaram isso como outro sinal de sua superioridade sobre os africanos nativos — sentimento que perduraria pelas décadas seguintes.

Depois de um mês de sua chegada à África, vinte e cinco dos passageiros do *Elizabeth* haviam morrido, assolados pela malária. Durante o primeiro ano, desprovidos de um lar permanente, uma vez que a Sociedade Americana de Colonização ainda não havia encontrado um local adequado, o grupo ficou navegando de um pântano insalubre infestado de malária para outro.

Da ilha Sherbro, onde foram atacados por mosquitos, parasitas e outras doenças transmitidas pela água, de volta para Freetown; para Cabo Monte; Cabo Montserrado; Grande Bassa; e outros lugares no caminho. Os primeiros três representantes brancos enviados com o grupo inicial de colonos morreram poucas semanas depois de pisarem em solo africano. Como a Sociedade Americana de Colonização nem cogitava confiar aos negros dinheiro e poder de negociação para comprar terras, mandou outros representantes brancos para fazer o serviço.

Elijah Johnson e os outros colonos negros aguardavam a bordo do navio, enquanto os representantes brancos se reuniam com vários reis e chefes africanos locais. Impossível fazer negócio. Os reis e chefes não queriam os novos colonos negros interferindo no seu tráfico de escravos. Eles já tinham tomado conhecimento de que aquele era um grupo de evangelizadores muito devotos, embora ainda viessem a descobrir que aqueles colonos haviam trazido consigo armas, canhões e munição dos Estados Unidos, e que sabiam usá-los.

Um rei africano, o rei Peter, recusou-se terminantemente a se encontrar com os representantes brancos que procuravam terras para comprar, porque, no mesmo dia em que solicitaram uma reunião em Cabo Montserrado, um navio de bandeira francesa estava atracado nas redondezas para pegar uns escravos recém-capturados — cortesia do rei Peter.

Os americanos navegaram, então, para Grande Bassa, vários quilômetros a sudeste de Montserrado, e negociaram com alguns bassas, oferecendo tabaco, cachimbos e miçangas, e recebendo em troca galinhas, peixes, ostras e azeite de dendê. Durante a transação, os americanos encontraram-se com Jack Ben, proeminente traficante de escravos bassa, e deram-lhe "presentes": uma arma, um pouco de pólvora, tabaco. Jack Ben aceitou, mas quando os americanos anunciaram o seu objetivo — comprar terras para assentar os colonos —, ficou arisco.

O grupo navegou de volta para Freetown, exasperado e ainda sem terras. Um dos representantes brancos escreveu em seu diário: "É de fato necessário ter muita paciência para lidar com esses filhos da floresta."

Ainda assim, o movimento de colonização avançava. A Sociedade Americana de Colonização enviou outro navio, com novos representantes e mais colonos. No dia 12 de dezembro de 1821, voltaram a se encontrar com o rei Peter para uma nova tentativa, enviando, para persuadi-lo, uma garrafa de rum.

Novamente, o chefe africano recusou, dizendo que não poderia vender Cabo Montserrado aos americanos porque "suas mulheres chorariam demasiado". Mas ele cometeu o grave erro de concordar em receber os representantes no dia seguinte.

O encontro ocorreu no dia 15 de dezembro de 1821, na "cabana de discussões" — cabana destinada a receber convidados e a sediar discussões relativas à tribo — da aldeia do rei Peter, em Cabo Montserrado. Havia vários outros reis africanos, representando os grupos Dey, Mambe e Bassa. Os africanos se reuniram na cabana, preparados para recusar novamente a oferta dos americanos.

Não dessa vez. Os representantes brancos entraram na cabana de discussões, sacaram suas pistolas, armaram os gatilhos e apontaram para a cabeça do rei Peter. O negócio foi realizado vinte e um meses e seis dias depois do grupo colocar os pés no continente africano. Cabo Montserrado, que se estende do oceano Atlântico à vegetação tropical interiorana, trezentos e trinta e sete quilômetros quadrados ao todo, foi vendido aos americanos em troca de armas, pólvora, miçangas, espelhos e tabaco.

O valor líquido somou menos de trezentos dólares.

Um século e meio depois, nós tínhamos uma casa na Espanha, inúmeras casas e fazendas na Libéria, e nosso palácio em Sugar Beach. Nós éramos a realeza congo.

E eu, princesinha da casa, não podia ficar choramingando sozinha no meu quarto a noite toda debaixo das cobertas, com medo de espíritos imaginários e ladrões reais. E, assim, mamãe e papai foram buscar, no Povo da Terra, uma irmã para mim.

3
Eunice

Nossa casa em Sugar Beach

Sugar Beach, 1974

Eunice chegou em Sugar Beach numa tarde quente e abafada. Depois que mamãe espalhou que sua filha de oito anos de idade precisava de uma amiguinha para brincar que morasse conosco, a mãe da Eunice, uma mulher bassa de poucos recursos, atendeu rápido ao apelo. O táxi amarelo em estado precário, com a parte dianteira toda tomada de ferrugem, chegou batendo pino pela estrada de terra até a nossa casa, hesitando um breve instante diante do portão, antes de seguir direto até a porta principal.

— O quê? Quer dizer que uma garota vai vir aqui e ficar coa gente assim, sem mais nem menos?

Eu tinha feito essa pergunta à mamãe horas antes, depois que ela deu a entender que eu ia ganhar uma nova irmã. Aquela notícia não era nada boa. Eu não estava gostando nem um pouco da ideia de ter o meu território invadido por uma estrangeira. Ter que conviver com a Marlene já estava de bom tamanho.

Por isso, eu estava de cara amarrada na sala de TV, com os ouvidos atentos ao barulho de carros que se aproximassem de Sugar Beach, quando ouvi a bateção de pino do motor, enquanto o carro entrava pelo terreno da casa. Corri até a janela da Marlene. De lá, vi três pessoas saindo do táxi.

Primeiro, tinha uma mulher toda vestida com indumentária bassa: saia ampla e rodada, camisa de um vermelho vibrante e um pano amarrado na cabeça. Ela parecia nervosa. Depois, tinha um homem comum, usando calças cinza de lã e uma camisa. Ele esticou o braço para dentro do táxi e puxou para fora uma menina meio desengonçada, que também usava uma saia rodada. Pernas compridas e magricelas. *Ela* parecia aterrorizada.

Mamãe foi até a varanda para acolher os recém-chegados, e eu imediatamente desci para investigar e olhar de perto aquela garota. No caminho, peguei uma laranja com a tampinha cortada de dentro da cumbuca onde o Velho Charlie colocava as frutas. Espremi a laranja dentro da boca, apertando a casca para extrair o suco. Isso me deu algo para fazer enquanto olhava para a minha nova irmã.

Ela estava de pé, com um braço segurando o outro por trás das costas. Parecia ter uns onze anos. Tinha uma testa larga e olhos enormes; entre o par de olhos, quase não se via mais nada no seu rosto. Ela estava parada com as pernas ligeiramente abertas, mas mesmo assim eu pude perceber que tinha pernas arqueadas para fora — um ponto positivo na minha opinião, já que eu também queria ter pernas arqueadas. Ela não parecia feliz por estar ali.

— O meu nome é Helene Calista Esmeralda Esdolores Dennis Cooper — anunciei, finalmente tirando a laranja murcha de dentro da boca.

Eu estava usando um jeans Wrangler, que meu pai tinha comprado para mim nos Estados Unidos.

— O meu nome é Eu-u-u-u-unice Patrice Bull — gaguejou ela.

Ficamos inspecionando uma à outra enquanto mamãe conversava com a mãe e o tio da Eunice. Para a mãe da Eunice, essa era uma daquelas coisas que você faz porque ama o seu filho. Ela sabia que a Eunice teria mais chances na vida vivendo conosco do que no barracão de zinco com ela, onde não havia luz, água corrente ou banheiro. Fazia anos que vinha lutando para conseguir algum dinheiro e mandar a Eunice para a escola. Tinha um outro filho e vários filhos adotivos — crianças abandonadas que foi pegando ao longo do caminho — para alimentar.

Por mais que fosse sentir saudades da filha, a decisão não chegava a ser difícil. Liberianos nativos rotineiramente agarravam qualquer oportunidade de ter seus filhos criados por famílias do Povo Congo. E, na Libéria de 1973, sair de uma família pobre do Povo da Terra e ir morar com os Cooper era como tirar a sorte grande.

Depois de um certo tempo, mamãe virou-se para mim:

— Mostra pra Eunice o quarto dela.

Eu não tinha ideia de como era viver num barraco, nem mesmo de que a opulência de Sugar Beach pudesse ser um choque para a Eunice, mas eu estava muito contente em exibir a nossa casa personalizada. Decidi começar pelo primeiro andar para que a Eunice pudesse apreciar adequadamente a amplidão e grandiosidade de Sugar Beach. Dei a volta na casa até a pouco usada porta da frente, do lado que dava para o oceano.

A porta estava trancada. Com o rosto quente de vergonha, deixei-a parada ao lado da balaustrada da varanda e dei a volta na casa voando, até onde mamãe e a dona Bull ainda estavam conversando, junto do táxi. Subi correndo as escadas da cozinha, corri por dentro da casa e chispei escadaria abaixo, até a porta da frente, abrindo a porta para a Eunice pelo lado de dentro.

— Agora cê pode entrar — disse eu deixando-a passar, sem fôlego e me sentindo uma boba.

Eunice foi me seguindo enquanto eu virava para a esquerda e para a direita e andava através da galeria almofadada que levava até o nosso salão de jogos. Ela ficou conhecendo o bar do papai, a sala de recreação com o nosso aparelho de som, e o quarto de brinquedos com todas as casas de boneca, os ursinhos de pelúcia e os jogos.

— Q-q-que que tem ali? — perguntou, apontando para o final do corredor.

— Aquilo é o quarto de hóspedes.

— É ali que eu vou dormir?

— Não, lá em cima. Minha irmã Janice dorme ali quando ela vem da Inglaterra. Ela é uma tive-lá — acrescentei com orgulho.

Essa menina nova tinha que entender que essa família com quem ela ia morar não era nenhuma pé-rapada, pensei. Nós tínhamos uma irmã que ia para um colégio interno na Inglaterra!

Eunice me seguia de perto enquanto eu deslizava escada acima para lhe mostrar o interior da casa, a cozinha, a sala de jantar, a sala de música, a sala de estar de piso rebaixado. Finalmente, nos dirigimos para o andar de cima, com os quartos, os banheiros e a sala de TV.

Lancei um olhar de soslaio para a Eunice e comecei a falar com um falso sotaque americano e um ar afetado.

— Esse é o quarto da minha mãe e do meu pai.

Ela continuou me seguindo, enquanto passávamos pelos cômodos, descendo pelo corredor.

— Esse é o quarto da minha irmãzinha melequenta. — Continuamos andando. — E esse — disse eu com um floreio, abrindo a porta do que viria a ser o quarto da Eunice — é o seu quarto. Fica bem na frente do meu. Se você ficar com medo de noite, pode vir dormir no meu quarto.

Eunice entrou no quarto dela e sentou-se na cama. Parecia que ia chorar, então eu a deixei sozinha.

Nos primeiros meses, Eunice e eu nos aproximamos com cautela. Ela era muito magra e silenciosa, e quando abria a boca gaguejava muito. Nós quase não conversávamos.

Eunice não estava feliz de ter sido retirada de sua casa, por mais pobre que fosse, e enfurnada em Sugar Beach com estranhos. Fugiu duas vezes naqueles primeiros meses. Nas duas vezes, sua mãe a trouxe de volta.

Aí, numa tarde, depois do almoço, mamãe fez uma rara aparição na lavanderia, no primeiro andar. Mamãe não encontrou o Galway, nosso lavadeiro, mas a Eunice. Galway estava do lado de fora conversando com Sammy Cooper, o jardineiro, à sombra de uma palmeira.

— Que que cê tá fazendo? — perguntou mamãe à Eunice.

Eunice estava sentada numa cadeira com um balde a seus pés, lavando suas roupas à mão. Havia outro balde com água limpa para enxágue, do lado da cadeira. O gaguejo da Eunice começou imediatamente.

— E-e-e-eu ta-tava lavando minha roupa, tia Lah.

Eunice disse à mamãe que Galway vinha separando as roupas dela da nossa pilha, e que não as lavava.

Os criados implicavam com a Eunice porque ela se sentava à mesa conosco na hora do jantar e dormia dentro da casa com ar-condicionado, enquanto eles ficavam cozinhando na casa da criadagem. Galway estava particularmente revoltado com a chegada da Eunice, porque pertencia ao mesmo grupo étnico dela — o Bassa.

A Libéria é um país pequeno, com três milhões de habitantes e vinte e oito tribos diferentes, incluindo os krus, os gios, os kpelles e os bassas. Cada qual tem sua própria língua e seus próprios costumes. Para Galway, lavar as roupas de uma menina bassa era inimaginável, e valia a pena brigar por isso.

Mamãe saiu que nem um furacão e mandou que Galway lavasse a roupa da Eunice. Ele se recusou.

— Não, senhora. Dessa aí, num lavo não.

Galway olhou para Sammy Cooper, que deu de ombros. Ele não queria se meter.

— Você tem a cara seca — disse mamãe.

Tradução: Você fala com franqueza, mas sem razão. E acrescentou:

— Se você não lavar a roupa dessa menina, tá demitido.

Naquela noite, papai chegou em casa e Galway estava esperando por ele para se defender.

— Como é que um homem como eu pode lavar a roupa de uma garota bassa? — perguntou ao meu pai. — O senhor é homem, o senhor entende. Dona Lah não entende.

Papai era o chefe da casa em Sugar Beach, e não era bobo.

Meu pai pediu a Galway que esperasse. Entrou em casa, pegou uma cerveja na geladeira e aí voltou para fora com a decisão tomada.

— Se você não fizer o que a dona disse, ela vai te botar no olho da rua. Vergonha pequena é melhor do que vergonha grande.

Galway optou pela vergonha pequena e, a partir daí, passou a lavar as roupas da Eunice.

Imediatamente mamãe foi com a cara da Eunice, e lhe dava toda a atenção do mundo. Deu à Eunice a chave do quarto dela — que costumava ficar trancado durante o dia, quando mamãe e papai saíam, para evitar que nós atacássemos sua geladeira e bebêssemos toda sua Coca-Cola. Marlene vivia implorando a chave à Eunice, mas eu é que não ia pedir a uma garota recém-chegada a chave do quarto dos meus próprios pais. Ela que ficasse com a tal chave.

Depois de uns três meses, a Marlene começou a se recusar a dormir à noite, a não ser que a Eunice fosse dormir no quarto com ela. Enquanto isso, eu permaneci no meu quarto, apavorada e me escondendo dos ladrões. Se pelo menos a Eunice tivesse a decência de dormir de noite no quarto dela, bem na frente do meu, ela provavelmente ouviria os ladrões quando eles viessem me pegar e me salvaria. Mas, em vez disso, as duas desapareciam dentro do quarto da Marlene todas as noites, no final do corredor, longe de mim. Eu podia ouvi-las rindo.

Quando a Eunice fugiu pela segunda vez e sua mãe a trouxe de volta, eu estava pronta para colocar tudo em pratos limpos.

— Por que cê num gosta da gente? — perguntei.

— Quem disse que num gosto de vocês?

Ela tinha chorado, e as lágrimas deixaram marcas nas suas bochechas.

— É você que num conversa com ninguém.

Fui pega de surpresa.

— Mas cê que tem que conversar primeiro coas pessoas. Cê só fala coa Marlene, coa mamãe e coa Vicky. E cê ainda vai dormir coa Marlene.

Eunice olhou para mim e, pela primeira vez, riu de uma coisa que eu disse.

— E quem é que consegue dormir sozinho nessa casa grande, que dá medo? — perguntou.

Eu também comecei a rir.

— É mesmo, esse lugar é horrível. Longe pra burro de tudo.

— Eu sei. Por isso que eu vivo fugindo.

Naquela noite, arrastei o meu colchão pelo corredor até o quarto da Marlene. Vicky também estava lá, e as três estavam brincando de cabra-cega.

Abri a porta devagar. Alguém tinha colocado uma venda nos olhos da Marlene, que estava tropeçando pelo quarto, com os braços esticados, enquanto Eunice e Vicky se escondiam. Eunice estava toda contorcida debaixo da penteadeira, e Vicky estava espremida num canto do quarto, rindo em silêncio.

Marlene andou direto até mim.

— Tá com você! — gritou, triunfante.

As três abriram espaço no meio do quarto para colocar o meu colchão e começamos a pular nele, a brincar de pique e de cabra-cega.

A porta se abriu poucos minutos depois e mamãe entrou, reclamando que podia nos ouvir gritando do outro lado do corredor.

— Você também tá dormindo aqui? — ela me perguntou.

Fiz que sim com a cabeça. Mamãe fechou a porta, desconsolada. Na manhã seguinte, ouvi mamãe resmungando e perguntando para o papai por que tinham gastado uma fortuna para construir aquela casa enorme se todas nós íamos dormir no mesmo quarto.

— Era uma vez... — começou Eunice, certa noite, deitada ao lado da Vicky num colchão colocado no chão, sua voz se propagando suavemente por todo o recinto.

Meu estômago se revirou de ansiedade e medo. Ele já estava entupido de salsicha com purê de batata, que tínhamos comido no jantar. Salsicha com purê de batata era o meu segundo prato preferido, depois de *palm butter* com *fufu*, uma espécie de purê de aipim, inhame e banana.

— Tá na hora! — Marlene, Vicky e eu respondemos em coro, de acordo com a tradição liberiana, o que indica ao contador de histórias que você está disposto a ouvir a história dele. Tentei gritar de maneira entusiástica para fazer a Eunice contar uma história feliz, e não triste.

Mas a Eunice não tinha gritado "Era uma vez!", como os contadores fazem quando têm uma história engraçada sobre as travessuras da aranha espertinha, que passa a perna no rei da aldeia convencendo-o a tomar tanta sopa de pimenta quanto aguentasse. Ela tinha falado de maneira suave e misteriosa, criando um ar de malevolência que só podia significar duas coisas.

Feiticeiros-curandeiros ou *neegees*.

Eu não sabia qual era pior: os feiticeiros arrancam o coração da pessoa ainda viva, mas, a bem da verdade, eu me sentia relativamente segura com todas nós reunidas no quarto da Marlene. Nós poderíamos enfrentá-los e proteger uma à outra se eles viessem.

Mas os *neegees*... eu tinha muito mais medo deles, porque eles matam quem estiver perto da água. Apertei os olhos bem apertados, no escuro, e torci para a Eunice não contar uma história de *neegee*. Elas já eram assustadoras demais durante o dia, mas nós estávamos no quarto da Marlene, que estava escuro como breu.

— Era uma vez um menininho que gostava de nadar — continuou Eunice.

Marlene, deitada sozinha na cama, começou a choramingar.

— Dá pra alguém segurar a minha mão? — pediu.

Corri logo para o lado dela na cama.

Eunice retomou a história.

— Bem, esse menino costumava vir nadar bem aqui em Sugar Beach, na lagoa.

Ora, é claro que ele ia nadar na lagoa, pensei. Os liberianos quase nunca entram na água do mar.

—Todos os dias, ele dizia pra mãe'eles: "Vou nadar só um pouquinho, volto logo." E as pessoas diziam: "Mas, menininho, por que cê vai todo dia, todo dia mesmo, praquela lagoa?" Mas o menino não tava fazendo nada de mal, ele só gostava de nadar. Gostava de espalhar água pra todo lado e boiar. Ele só gostava de brincar. Num tava perturbando ninguém.

Eunice estava preparando o clímax. Ela tinha acabado de assinar a sentença de morte do garotinho, apresentando-o como um menino bonzinho que não fazia mal a ninguém.

Eu não queria que aquele menininho bassa bonzinho morresse em Sugar Beach! Ela não podia fazer com que a história terminasse com ele vivo?

— Os pais dele deviam ter proibido ele de ir nadar sozinho — murmurei.

Que espécie de pais eram aqueles, que deixavam o filho entrar na água sozinho?

— Então, um dia... aliás, foi no mês passado... o menininho foi nadar sozinho de novo. Ele tava brincando e jogando água pra todo lado. Ele sabia nadar muito bem, aí ele foi pro fu-fu-fu-fundo.

Como a história estava chegando ao seu inevitável desfecho funesto, o gaguejo da Eunice ficou mais forte, aumentando a tensão dentro do quarto. Eu me enrosquei no travesseiro como medida de proteção.

— Foi quando o menininho ouviu eles chamando por ele. Eles diziam: "Garotinho, cê agora vem coa gente, num vai voltar mais não" — disse Eunice, entoando as palavras, como os *neegees*. — "Num vai voltar... num vai voltar..." E-e-e-ele num se a-a-a-afogou — concluiu Eunice, como se isso melhorasse as coisas. — Os *neegees* levaram ele.

No final, a única coisa boa que eu achei daquela história horrível era que tinha acabado. Não havia a menor possibilidade de eu conseguir dormir depois daquilo.

Senti um calafrio, e depois sempre procurei me lembrar de não me aproximar da parte funda da lagoa de Sugar Beach. Mas, lá no fundo, um pensamento começou a desabrochar. Se eu fosse mesmo atacada por um *neegee*, ou por um feiticeiro-curandeiro, ou por um ladrão, agora eu sabia que tinha alguém para me proteger. De alguma forma, eu sabia que a Eunice não ia deixar que nada de ruim acontecesse comigo.

4

Vicky, Bridget, Helene, mamãe, Ade, Marlene,
tia Jeanette, papai e Eunice em Sugar Beach

Sugar Beach, Libéria, 1974

Os primeiros seis meses depois que Eunice se mudou para a nossa casa foram relativamente tranquilos — exceto pelas tentativas de fuga da Eunice —, tanto em Sugar Beach quanto no mundo lá fora.

Todos ainda estavam desempenhando seus devidos papéis na estrutura social liberiana. Os Barões da Terra e os Honoráveis, que compunham o Povo Congo, iam passar as férias no exterior, visitavam suas muitas propriedades e fazendas pelo país e levavam suas famílias para passear na praia.

Os arrendatários das fazendas, as vendedoras ambulantes e os meninos de rua, que compunham o Povo da Terra, extraíam látex das seringueiras a quarenta dólares por mês, pechinchavam com clientes na saída do supermercado Abijoudi e perambulavam diante do cinema Relda, à procura de trabalho.

Minha família encarava seu papel nessa trama com muita seriedade. Além da nossa casa em Sugar Beach e da fazenda em Kakata, nós também tínhamos uma casa na Espanha, onde passávamos as férias de julho. Papai havia comprado a casa logo após seu casamento com mamãe. Ele a chamava de Refúgio Bassa, em homenagem ao lugar na Libéria para onde meu tio-tataravô Reid Cooper havia velejado, cento e cinquenta anos atrás, para resgatar um grupo de colonos perseguidos por africanos nativos enfurecidos.

A casa ficava em Calpe, na Costa Blanca, e nós éramos os únicos negros por lá. O ponto alto da nossa viagem era quando papai nos levava ao vilarejo para tomar sorvete de chocolate. Nós andávamos sob o sol forte, no ar seco e revigorante (nada igual àquela densidade úmida que tínhamos na Libéria). O aroma das flores das árvores frutíferas plantadas ao longo das ruas estava por toda parte.

Eunice e Vicky não iam à Espanha. Elas frequentavam escolas liberianas, e suas férias eram em períodos diferentes da nossa escola americana, que entrava em férias em junho, julho e agosto. Eunice e Vicky tinham férias durante o verão liberiano, na época do Natal, de dezembro a março.

Então, as duas ficavam com os criados em Sugar Beach enquanto nós íamos para a Espanha. Todo mês de julho, durante quatro semanas, nós passávamos as manhãs brincando no quintal com a perfumosa bougainvíllea e as horas de sol a pino fingindo tirar uma sesta em nossos quartos, com as cortinas transparentes e a brisa fresca, sem perder nada do que acontecia lá fora, porque o país todo também estava tirando um cochilo. Era tranquilo, agradável e silencioso. À noite, papai nos levava ao vilarejo para comprar sorvete ou, às vezes, fazer compras a caminho de Benidorm, com seus cafés ao ar livre e suas praias lotadas. No dia seguinte, fazíamos tudo de novo. Quando finalmente voltávamos para casa, estávamos doidos para saber as novidades de Monróvia e de Sugar Beach.

Se o Refúgio Bassa era uma casa de veraneio de pura tranquilidade, a outra propriedade Cooper era um caos. Kakata era uma faixa de mil e duzentos metros quadrados de mato, com um casarão em estilo colonial americano que parecia perfeitamente apropriado à Virgínia de 1830.

Papai plantava seringueiras, mamoeiros, mangueiras, goiabeiras e pitangueiras.

A fazenda era propriedade do papai. Mamãe costumava ficar em casa quando íamos para lá. Nós, as crianças, íamos socadas dentro da picape branca do papai, na viagem que durava uma hora até Kakata. Eu, Marlene, Janice e Eunice, espremidas no banco da frente com papai, enquanto John Bull e meus primos Cooper, os filhos do tio Julius — Juju, Ericka, Jeanine e Zubin —, tinham o privilégio de andar na traseira com Sammy Cooper e Jack.

Eu também queria viajar na traseira da picape. Mas mamãe proibia.

— Ah, vai, pai — comecei a choramingar, numa tarde de sábado.

Papai levantou a mão espalmada, num gesto de "pare".

— Nem pensar.

Fizemos uma parada na casa da Vó Gene, para que ela e o motorista pudessem nos seguir em seu Toyota branco. Vó Gene, mãe do papai, sempre usava os cabelos presos numa redezinha. Ela era muito vaidosa e vivia bem-arrumada. Tinha um ar de *lady*, com aqueles óculos de bibliotecária dos anos 1960. Usava meias sobre os joelhos enfaixados, que ela mantinha aquecidos por causa da artrite. Seu Toyota era pequeno, mas, de qualquer forma, Vó Gene sentava no banco traseiro. Mamãe sempre dizia que não se deve sentar no banco traseiro de um carro, a não ser que fosse, no mínimo, um Lincoln Continental.

Nós seguimos pela estrada pavimentada até Kakata por uns quarenta e cinco minutos, passando por bandos de fazendeiros que andavam na direção oposta, a fim de vender seus produtos em Monróvia. Eles saíam da nossa frente quando passávamos, deixando o asfalto quente para andarem no acostamento de terra. Papai buzinava quando alguém não saía do seu caminho rápido o suficiente. "Tá querendo ser atropelado?", gritava para o sujeito pela janela do passageiro, se debruçando sobre nós quatro.

Reduzimos a velocidade ao entrar em Kakata. Vendedoras ambulantes equilibrando na cabeça baldes de latão cheios de laranja e carregando bebês nas costas abarrotavam a rua principal, que era repleta de crateras cheias de lama de água da chuva. Papai estava dizendo alguma coisa para a Janice e acabou entrando numa cratera, respingando água em uma das mulheres, que tinha um balde na cabeça e um bebê nas costas. As mãos estavam livres para gesticular furiosamente na nossa direção.

— Num esquenta não, num esquenta não, minha amiga — disse papai, parando a picape no acostamento.

—Ah, é o seu Cooper!

A mulher veio sorrindo até o lado do papai, no banco do motorista. Ela estava usando uma saia rodada e uma camiseta branca, e o tecido que envolvia o bebê nas suas costas combinava com a saia. Tinha um pano enrolado na cabeça, prendendo os cabelos.

— Como vai, minha amiga?

—Vou levando, seu Cooper.

— O seu garoto vai bem?

—Vai sim, senhor.

O ritual continuou por uns cinco minutos. Papai lhe perguntou sobre o marido; ela disse que ele estava em Monróvia procurando trabalho. Ela olhou para cada uma de nós dentro do carro, e então disse que se lembrava da Janice de quando ainda era bebê. Pulando a Eunice, estendeu a mão e tocou o cabelo da Marlene.

— Mas a pequenininha tá uma gracinha! — exclamou. — Olha só que cabelo!

Eunice e eu estávamos ficando entediadas. Começamos a procurar nossa placa preferida em Kakata.

— Olha ela ali! — Eunice apontou.

Na Libéria, essa frase fica mais ou menos assim: "Olhelali", com ênfase no "li". O gaguejo dela tinha praticamente sumido.

A placa ficava pendurada na parede branca e lisa atrás do mercado. Dizia: "Não é permitido urinar aqui! Ordem do prefeito!"

Ficamos rindo baixinho. "Hi, hi, hi."

Do outro lado do carro, papai estava chegando ao fim do seu negócio com a mulher que ele havia enlameado.

— Aqui está uma coisinha pro seu filho, minha amiga — disse, colocando umas notas de dinheiro na mão da mulher.

—Ah, seu Cooper, Deus te abençoe. Deus te pague em dobro.

Finalmente, saímos do acostamento e voltamos à estrada. Dessa vez, papai foi mais devagar e dirigiu com mais cuidado, desviando dos buracos.

Viramos à esquerda depois do mercado. Mais vinte minutos descendo por uma estrada de terra, que só podia ser considerada estrada durante a estação seca. Papai entrou pelo mato para evitar as crateras.

E, finalmente, lá estava ela. A Fazenda da Família Cooper, saída direto de *E o vento levou*, se Atlanta ficasse no coração da mata africana e se Tara fosse coberta de videiras, parasitas e tinta descascada. Havia colunas sustentando a varanda do primeiro andar, barbas-de-velho gigantes no jardim da frente, e o onipresente cheiro de fogueiras de carvão envolvendo toda a propriedade.

Os empregados da fazenda foram, aos poucos, saindo de dentro da casa e vindo da aldeia próxima para nos saudar. Enquanto em Sugar Beach estávamos cercados pelos bassas da Cidade de Bubba, a região em volta da fazenda era ocupada principalmente pelos kpelles. Eu não conseguia distinguir um bassa de um kpelle, mas associava os kpelles ao papai, por causa da fazenda.

Papai logo começou a reclamar. Por que ninguém ainda tinha consertado o ferrolho da janela, que estava quebrado? Ele não tinha mandado consertar antes dele voltar? E onde estava o capataz dele, o Jacob Doboyu?

Finalmente Jacob Doboyu apareceu, e ele e papai seguiram em direção à casa, discutindo o tempo todo. Jacob Doboyu era grebo e fã incondicional do Nelson Mandela. Ele também tinha sido criado pela família Cooper desde que nascera. Jacob Doboyu sempre brincava com o papai quando os dois eram pequenos, e geralmente ia conosco para a Espanha nas férias. Ele me batia quando eu era bebê, coisa de que muito se orgulhava, já que poucos membros do Povo da Terra tinham a oportunidade de bater em criancinhas do Povo Congo.

Suas vozes desapareceram atrás da porta de tela, quando entraram no escritório do papai.

— Mas, John, o cara devia ter vindo na sexta-feira pra trocar o ferrolho — dizia Jacob Doboyu.

Eunice e eu programamos nossas atividades do fim de semana. Tínhamos uma única coisa em mente, só uma. Essa era a nossa oportunidade de comermos todas as coisas que a mamãe não deixava comer em Sugar Beach.

— Sammy Cooper — disse eu com uma voz toda dengosa —, cê leva a gente pra pegar um pouco de farinha?

Eu já tinha catado umas pitangas dos pés no pomar e estava brincando com uma frutinha dentro da boca enquanto contemplava a próxima refeição.

— Num vou levar vocês pra lugar nenhum — respondeu ele, reticente.

Era preciso andar até a aldeia kpelle para conseguir a farinha. Sammy Cooper não estava muito a fim de me levar até lá, porque tinha me ensinado uns palavrões kpelles e estava com medo de que eu viesse a usar alguns.

Mas ninguém choramingava como eu.

— Por favor, por favor, por favor, Sammy Cooper — comecei, acelerando à medida que ajustava o tom da minha voz ao agudo mais esganiçado. Sammy Cooper começou a caminhar em direção à fazenda, sem dizer uma palavra. Eunice, Marlene e eu o seguimos.

Ao longo do caminho, tentei não pisar nas lagartixas, porque dá azar. Dava para ouvir as mulheres kpelles conversando a distância. O sol quente, a fumaça de carvão, as lagartixas e as vozes misturaram-se numa sensação ao mesmo tempo exótica e familiar. Eu estava no interior!

Dei uma corrida para alcançar a Eunice.

— Vou dizer pra eles "*tene pollu*" — sussurrei com um sorriso.

Eu não sabia o que isso queria dizer, mas Sammy Cooper tinha dito que era uma coisa feia.

Eunice olhou para mim atravessado.

— Faz isso que eu conto pro tio John.

Mordi o lábio inferior.

— Eu só tava brincando! Tá pensando que eu sou burra?

Entramos na clareira da aldeia. Só havia mesmo umas cinco cabanas de barro construídas perto umas das outras. Uma mulher estava dando banho numa menininha. A menina estava de pé, nua, dentro de uma pequena bacia de plástico amarela — do tipo que a Marlene tinha no quarto de brinquedos de Sugar Beach, para as suas bonecas. Seu ventre gordo ressaltava protuberante acima das perninhas finas e dos joelhos ossudos. Ela olhou para nós com curiosidade.

— Também quero tomar banho! — gritou Marlene, correndo até a menina.

Isso quebrou o gelo na aldeia e as pessoas começaram a se juntar em nossa volta. Elas ignoraram a mim e à Eunice, e se aglomeraram em torno da Marlene, admirando as suas características básicas de Cooper.

— Como ela é branquinha! — comentou um velho dentuço, suspendendo a Marlene até a altura dos ombros. — Gente, olha só a neta do Radio Cooper!

Nós o seguimos para dentro de sua cabana escura. Havia uns colchões no chão de terra e uma antessala com uma única cadeira de plástico verde. Comecei imediatamente a tossir, como sempre acontecia quando eu entrava numa casa do Povo da Terra. Eles cozinhavam em fogueiras de carvão, localizadas nos fundos, e a fumaça arranhava a minha garganta.

O velho foi até os fundos, na cozinha, e pegou um pote grande de farinha que estava debaixo de uma pequena mesa de madeira. Sacudiu o pote, despejou a farinha em dois sacos plásticos, fechou-os com dois bonitos nós e entregou-os à Eunice. Eu pulava de felicidade prevendo o deleite, quase babando.

— Obrigada, moço! — exclamei.

Eu puxava a Eunice pelo braço, apressando-a para sair da cabana. Eu queria voltar logo à fazenda, para preparar e comer nosso festim em perfeita solidão.

Vó Gene foi para cama cedo naquela noite, e todos nós ficamos até tarde na varanda da frente com papai e tio Julius, enquanto os dois esvaziavam sistematicamente uma garrafa de gim, que descia mais fácil com umas cervejas geladas, e tentavam montar um quebra-cabeça à luz de um lampião.

— Qual de vocês vai coçar a minha cabeça? — perguntou papai.

— Eunice! — gritei.

— Helene Cooper! — gritou Eunice, no mesmo instante.

Esse costumava ser o máximo do seu revide — Eunice nunca me metia em encrenca.

— Eu! — gritou Marlene, vindo correndo do jardim, onde estava catando coquinhos de dendê com uma lanterna. Papai a deixou coçar a sua cabeça por dois minutos, antes dela ser demitida por inaptidão. Ele esticou o braço para trás e puxou-a para frente, colocando-a no colo.

—Vem cá, Helene, a tua irmã é nova demais pra saber coçar.

Papai pegou o seu frasco de loção capilar em cima da mesa ao lado e o sacudiu no ar, olhando para mim.

— Tá bom — disse eu —, mas só um pouquinho, porque eu tô com dor de barriga.

Como de costume, estava escuro como breu lá fora, a única luz vinha da lamparina da fazenda e das poucas fogueiras que se apagavam na aldeia vizinha. À noite, os sons da mata atravessavam o ar: macacos e grilos numa sinfonia de ruídos.

A distância, ouvia-se o bater de tambores.

O que é que aquele Povo da Terra estava aprontando lá longe? Era melhor estarem só dançando. Senti um calafrio subindo pela espinha. Estávamos bem no meio do território dos bruxos, dos feiticeiros-curandeiros, dos *neegees* e dos demônios da terra.

Lembrei da história que mamãe me contou sobre a primeira vez em que ela foi ao interior do país. Ela só tinha uns oito anos, e vovô e vovó estavam morando em Zegedah, onde o vovô era, na época, o comandante da companhia militar de fronteira.

A babá da mamãe era uma mulher loma chamada Kit, que morava com a nossa família. Um dia, o demônio da terra foi até Zegedah.

Existem dois tipos de demônios da terra: os inofensivos e os sinistros. O que foi até Zegedah naquele dia era do tipo sinistro.

Quando ele chegou, acompanhado pelos habituais tambores, dançarinos e diversos sequazes, as mulheres foram imediatamente despachadas para dentro de suas casas e cabanas, onde deveriam permanecer longe das janelas. Era proibido, totalmente proibido, proibidíssimo, que as mulheres vissem a dança do demônio da terra.

Todos os homens saíram para as ruas. Mas a babá da mamãe, a Kit, queria ver também. Ela foi até a janela, levando a mamãe no colo, e espiou lá fora.

Em um mês, a Kit ficou doente e morreu.

— Pois é — disseram todos —, foi culpa dela mesma. Ela sabia que num devia olhar pro demônio da terra.

Mamãe também viu, mas como era só um bebê, o demônio da terra a poupou. Segundo os meus avós, ela teve um monte de pesadelos depois disso, mas não ficou doente. Sempre que mamãe começava a chorar com os pesadelos, a vovó e o vovô se entreolhavam e diziam:

— Ela tá chorando porque viu aquele demônio da terra com a Kit.

Eu nunca consegui imaginar direito o que a Kit viu que era tão proibido. Algo inimaginavelmente diabólico, disso eu sabia. Talvez o demônio da terra estivesse exibindo um coração que ainda batia, ou carregando a cabeça de alguém debaixo do braço.

Eu havia visto demônios da terra — geralmente na época do Natal, quando cantavam e dançavam por dinheiro —, mas os únicos que eu vi eram do tipo inofensivo, que as mulheres podiam ver.

Naquela noite na fazenda, os tambores ao longe tocaram mais forte.

A minha mente estava cheia de histórias de magia africana. Vodu. Sociedades secretas. Medicina tribal.

Na Libéria, você não morre de causa natural. Você morre porque alguém o enfeitiçou. Você morre porque o seu pai andou dormindo com uma mulher que pediu ao feiticeiro para se livrar de todos os filhos oficiais, "legítimos", para que os filhos dela com ele pudessem ficar com a herança. Você morre porque o irmão do seu marido tem ciúme de você. Você morre porque a sua esposa está cansada de você. Você morre, como o meu avô Radio Cooper, porque não deu a fazenda para o Velho Sammy Cooper, depois dele ter trabalhado lá todos aqueles anos.

Radio Cooper tinha deixado sua fazenda para os filhos: papai, tio Julius e tia Ora. E agora aqui estávamos nós, no meio da noite, extraordinariamente próximos do antro do Povo da Terra, e os tambores estavam tocando.

Todas aquelas histórias que a Eunice tinha me contado na segurança no nosso quarto climatizado de Sugar Beach... todas adquiriam vida aqui, na mata escura. Era aqui que os feiticeiros-curandeiros faziam, efetivamente, a sua magia negra, com os órgãos humanos que eles extirpavam em Monróvia. Era aqui que os bruxos e os curandeiros preparavam suas poções. Era para cá, pelo que diziam, que os *neegees* traziam os pobres nadadores que eles puxavam das lagoas de Sugar Beach, de quem nunca mais se ouvia falar.

O medo brotou dentro de mim. Mas eu sabia que eles não podiam nos pegar a todos de uma só vez. Eles só matam um de cada vez. Quanto mais eu grudasse na minha família, melhor.

Eunice estava sentada no balanço da varanda, lendo. Abandonei o meu posto de coçadora de cabeça e fui até ela de fininho, me espremendo entre ela e a Janice, que também estava com a cara enfiada num livro. Resmungando, as duas se espremeram um pouco para que eu coubesse também. Imediatamente me senti mais segura.

Mas o meu medo dos *neegees* e dos feiticeiros-curandeiros estava piorando.

Uma semana depois, no sábado, o irmão da mamãe, Mano Henry, apareceu de surpresa em Sugar Beach. Eunice e eu estávamos no meu quarto lendo livros da heroína Nancy Drew quando ouvimos o barulho de um carro, no topo da colina, aproximando-se do portão de entrada. Tínhamos visita! Largamos os livros no chão e corremos até a janela do quarto da Marlene, de onde pudemos avistar o Lincoln Town Car do Mano Henry atravessando o quintal.

— O Mano Henry tá aqui! — gritei empolgada, pulando e saltitando pelo corredor, pelas curvas do caminho, através da cozinha, e adentrando a varanda.

Eunice vinha logo atrás. Vicky estava fazendo tranças no cabelo da Marlene, mas quando Marlene me ouviu, correu até a varanda também, o mais rápido que podia com aquelas perninhas curtas dela. Vicky, que nunca se abalava com nada, mesmo em se tratando do próprio pai, veio lentamente, como que sedada.

Mano Henry, parecendo um astro de cinema com os seus óculos escuros, abriu a porta do carro, saiu e ficou parado ao lado do automóvel. Estava usando shorts compridos e uma camisa sem colarinho. No banco de trás estavam os meus primos Bridget e Gabriel, sorrindo de orelha a orelha.

—Vão pegar suas roupas de banho — disse Mano Henry. —A gente vai nadar em Caesar's Beach.

Uma meia hora depois, Eunice, Vicky, Marlene, Bridget, Gabriel e eu estávamos todos apinhados dentro do carro do Mano Henry, e pegamos a estrada de terra até a praia. Nós morávamos em Sugar Beach, mas sempre íamos a Caesar's Beach. Quando estacionamos, reparei, animada, nos carros que estavam parados no gramado do estacionamento. Havia dois Mercedes-Benz, um Peugeot e um Lincoln Mercury Cougar: a aristocracia fundiária de Monróvia estava passando o dia na praia.

Ao sair do carro do Mano Henry, senti um certo incômodo. Como em Sugar Beach, a lagoa de Caesar's Beach estava cheia de *neegees*. Eu tinha que descobrir um jeito de parecer estar me divertindo, brincando na água da lagoa, fingindo estar nadando, sem chegar perto daquela parte funda onde eles ficavam.

Os brancos — americanos da embaixada americana, um punhado de libaneses e uns poucos franceses — estavam todos espalhados pela areia no lado da praia que dava para o mar. Os liberianos estavam no lado que dava para a lagoa.

Essa era uma segregação baseada no medo. A correnteza do mar era forte, e nós costumávamos ficar mais perto da lagoa, que, apesar de infestada de *neegees* que te puxavam para o fundo e te levavam só Deus sabe para onde, pelo menos não te levava para ser comido por tubarões. Os americanos, os libaneses e os franceses, sem o peso dessa informação, olhavam para todos aqueles quilômetros de areia branca ao longo da nossa magnífica praia e iam direto para a arrebentação.

Marlene já estava correndo em direção à lagoa, chutando a sua bola; o balde e a pá de areia resvalavam em suas pernas. Eunice tirou rapidamente as sandálias de dedo e saiu correndo atrás dela. Tentei andar vagarosamente durante um tempo, mas desisti, correndo atrás das duas.

— Me espera! Me espera! — eu gritava.

Eu estava dividida entre a alegria e o medo. Enquanto corria atrás da Marlene e da Eunice, eu decidi que aquele seria o dia em que eu me livraria das boias de braço (aos oito anos, o fato de ainda precisar delas era motivo de profunda vergonha) e nadaria como um peixe.

Olhei para trás, para o Mano Henry, que estava chegando ao lugar que havíamos escolhido, ao lado de um quiosque feito de palha perto da lagoa.

— Mano Henry, hoje eu vou nadar! — anunciei.

Ele olhou para mim e riu.

— Mesmo? Vai nadar hoje?

Ele já tinha me ouvido dizer isso antes.

— Mesmo, Mano Henry. Eu vou conseguir.

Fui entrando lentamente dentro d'água, seguindo o Mano Henry com muita cautela. Senti a água fria nas minhas pernas, mas logo os meus dedos se encolheram quando pisei em objetos estranhos — pedras, areia, folhas, ramos. Parei quando a água chegou à cintura.

O Mano Henry ainda estava avançando. Se ele estava pensando que eu ia mais fundo, estava completamente maluco. Pigarreei bem alto.

— Aham!

Ele parou, virou-se e sorriu para mim.

—Tudo bem, eu espero.

Eu podia ouvir as vozes da Marlene, da Eunice e da Vicky, brincando e rindo ao longe. Risinhos agudos e espevitados, misturados aos pios dos engole-malaguetas — *plur-tor-tor... plur-tor-tor... plur-tor-tor*. E então todos sumiram quando eu respirei fundo, fechei os olhos bem apertados, fechei a boca retendo o ar, e mergulhei.

Um erro de proporções monumentais. Eu tinha acabado de dar aos espíritos da água a oportunidade pela qual vinham aguardando. Eu podia ouvi-los conversando entre si, com vozes baixas, camufladas por um zumbido, de maneira que as pessoas na superfície não conseguiam ouvir.

— *Menininha, menininha, a gente vai te pegar.*

Meus cabelos davam voltas ao meu redor, mas essa era a única parte do meu corpo que se movia.

— *Menininha, menininha, a gente vai te pegar.*

Alguma coisa gosmenta encostou na minha mão. E eu comecei a chutar.

Eu batia os pés e esticava os braços o máximo possível, tentando me aproximar do Mano Henry. Batia os pés e chutava, quando, de repente, senti meus pés tocarem a areia, e me dei conta de que dava pé. Levantei a cabeça para fora d'água num rompante aterrorizado, arfando desesperadamente, tentando respirar.

Eu tinha me deslocado menos de um metro. Mano Henry estava parado exatamente no mesmo lugar, olhando para mim com um ar desconsolado.

—Tá usando energia demais. Cê só tá espirrando água e se cansando à toa. E aqui é raso demais. Vamos um pouco mais pro fundo pra eu te ensinar a boiar.

Os meus primos já estavam lá no fundo, chegando à ponte de corda que ligava dois abrigos de madeira, por sobre a água. Eunice e Vicky também estavam no fundo — embora ainda desse pé para elas. Elas estavam de olho na Marlene, que estava nadando com suas boias de braço.

Mas eu sabia que os *neegees* queriam a *mim* naquele dia, não a Eunice, nem a Vicky, nem a Marlene. Eu queria aprender a nadar para ao menos chegar à parte mais funda, onde a Eunice e a Vicky estavam, mas elas estavam perto demais da parte *realmente* funda. Se os *neegees* viessem atrás de mim por lá, eu não teria como escapar.

— Tô indo, Mano Henry — menti. — Vai na frente, vou só no banheiro primeiro, depois eu volto.

— Faz na água. Faz xixi aqui mesmo.

— Que isso! Num quero fazer aqui não.

Desistindo, Mano Henry virou as costas e começou a avançar na direção da Eunice e da Vicky.

Bati em retirada da lagoa andando. Quando finalmente saí do banheiro, fui direto para o quiosque coberto de palha, onde me sentei com um livro da Nancy Brew no colo, enquanto via todos brincando.

Eunice parecia estar tendo um dia bem-sucedido. Estava boiando de barriga para cima. Como tinha aprendido a fazer aquilo? Mano Henry estava concentrado na Vicky agora, ajudando-a a ficar deitada reta sobre a água, empurrando a cabeça dela para trás.

Meus primos Bridget e Gabriel não precisavam de orientação, já eram ótimos nadadores. Provavelmente porque a mãe deles, tia Jeanette, era americana, e todos os americanos sabiam nadar, ou eu assim pensava.

Finalmente saíram todos de dentro d'água. Rapidamente enfiei a cara dentro do meu livro — *O mistério do hotel lilás*.

Marlene e Eunice adormeceram na areia, na parte ensolarada, do lado de fora do quiosque. Eu ainda estava roxa de vergonha da minha performance na lagoa. De alguma forma, eu me sentia traída pela Eunice. Era ela que estava sempre contando histórias de *neegees*, e agora tinha coragem de ir até a parte funda da lagoa para aprender a nadar?

Marlene acordou e começou a chorar. Ela estava cheia de marcas vermelhas nas costas e nas pernas.

— Aperta o dedo nas costas dela — cochichei para a Eunice.

Eu tinha visto crianças brancas, na escola americana, fazendo isso quando ficavam muito tempo ao sol.

Eunice apertou a pele da Marlene com o dedo. A mancha ficou branca, depois voltou a ficar vermelha de novo.

Mano Henry gritou para a Eunice:

— Como é que cê vai e deixa a menina ficar vermelha assim? Cê sabe que ela é branca.

Eunice olhou para a própria pele escura, sem vermelhões, e deu de ombros. Era fácil imaginar o que ela estava pensando: como é que ela ia saber que a Marlene era branca demais para ficar muito tempo exposta ao sol? Enquanto Mano Henry cuidava da Marlene, que ainda estava chorando, Eunice e eu começamos a guardar as nossas coisas.

— Eu também fico queimada — comentei com a Eunice, toda orgulhosa. — Olha só a minha pele. Eu também sou clara.

— Pa-pa-pa-parabéns.

Senti a minha raiva enquanto a Eunice gaguejava. Será que ela não estava vendo que eu também tinha pele branca e delicada? E que era por isso que os *neegees* estavam querendo me pegar? Era por isso que eles não a queriam.

— Você num queima — eu disse. — Você é preta demais.

Eunice e eu ficamos de mal por uma semana depois disso. Eu sabia que tinha que pedir desculpas.

Mas pedir desculpas e dizer o quê? *"Num liga, Eunice, eu tava com medo dos neegees"?*

Ela não acreditaria em mim. Ela sabia que os *neegees* ficavam no fundo esperando que você fosse até eles.

Não falei nada.

Como não estávamos brincando juntas, Eunice começou a levar a Marlene até a Cidade de Bubba — a aldeia bassa logo adiante, seguindo pela estrada de terra de Sugar Beach.

De qualquer forma eu não queria ir com elas, porque os bassas da aldeia tinham comido o meu cachorro, Tracks, um vira-lata malhado de marrom e branco, todo pulguento. Quando o cachorro chegou lá em casa, presente da Vó Grand, eu tinha acabado de ler um livro sobre uma menina americana que tinha ganhado um cãozinho que deixava pegadas de lama por toda a casa, que recebeu o nome de Tracks. A menina morava na rua da Alegria, nos Estados Unidos da América. Mamãe não deixava o Tracks entrar em casa, então ele passava a maior parte do tempo na varanda da cozinha ou correndo pelo terreno da casa comigo, quando eu andava de patins. Ele era rápido, um verdadeiro andarilho, e vivia desaparecendo, às vezes durante dias.

Certo dia, ouvi mamãe murmurando algo para a Eunice. Ela disse:

— Num conta pra Helene o que aconteceu.

— Num conta pra Helene o quê? — perguntei.

— Ah, é que a gente teve que dar o Tracks pra uma menininha doente que precisava de um cachorro.

Ela deu o meu cachorro? Imprensei o Velho Charlie.

— Que foi que aconteceu com o meu cachorro? — exigi que me contasse.

O Velho Charlie encolheu os ombros.

— Aqueles bassas da Cidade de Bubba comeram ele.

Por isso eu estava boicotando a Cidade de Bubba. Mas não havia muito o que fazer em Sugar Beach, e, como a Eunice e eu ainda estávamos brigadas, a Eunice levava a Marlene.

A princípio as mulheres da aldeia não foram amistosas quando as duas apareceram. Eunice, alta e magrela, com pernas arqueadas, garota bassa, segurando na mão da Marlene: um querubim gorduchinho do Povo Congo. Eunice havia ensinado a Marlene algumas palavras em bassa, que ela logo tentou usar para conseguir arrancar coquinhos de dendê das mulheres da Cidade de Bubba, usando o seu charme.

— *Moin, eh* — gritou Marlene para as mulheres que estavam paradas diante da primeira cabana da aldeia.

— *Eh, moin* — foi a resposta.

— *Ahwe nee buea?*

Marlene era uma menininha mimada, mas era impossível não gostar dela quando usava o seu charme.

A essa altura, as mulheres bassas estavam rindo da garota congo gordinha que tentava falar bassa.

— *Eh pehne eh.*

Tendo usado todo o seu repertório bassa, Marlene mudou para o inglês liberiano.

— Tem alguma coisa pra comer aqui?

Anos depois, a ironia da paparicada filha mais nova da família rica que morava do outro lado da estrada indo até as aldeãs pobres para implorar por comida se tornaria evidente para mim. Nessa época, parecia perfeitamente natural que as mulheres bassas partilhassem castanhas moídas, farinha e os amados coquinhos de dendê com a Marlene e a Eunice.

As duas chegaram de sua viagem à Cidade de Bubba rindo, trazendo a nova amiga da Marlene, Palma, a reboque. Palma era a filha caçula de uma das mulheres bassas. Ela vivia na melhor cabana de barro da aldeia, com dois cômodos, embora ambos fossem escuros, já que a Cidade de Bubba não tinha energia elétrica.

Marlene levou Palma até o seu quarto e trancou-a no armário, supostamente para brincar de "elevador". As duas deveriam fingir que estavam se revezando no uso do elevador, embora Palma nunca tivesse visto um elevador na vida, e, portanto, não tivesse a menor ideia do que a Marlene estava fazendo.

Quando Eunice e Marlene voltaram da aldeia, olhei-as com raiva.

— Gostaram de comer o meu cachorro? Que gosto ele tinha?

Eunice olhou bem para mim.

— Não me envergonhe.

Ela subiu para o segundo andar. Eu jamais soube do que ela estava envergonhada: dos bassas, por terem comido o Tracks, ou de mim, sua nova irmã, por debochar de sua comida.

Gabinete do presidente Tubman.
Radio Cooper de pé, ao lado do tio Gabriel

Sugar Beach, Libéria, 1975

Na primavera de 1922, veio do outro lado do mar...
Um barco com navegantes que cantavam "liberdade"...
— Hino congo

Eunice e eu, atrizes atarefadas, estávamos dando duro na preparação de nossos personagens na encenação da Batalha de Crown Hill, que fazia parte da peça do nosso grupo de teatro, a ser apresentada durante os festejos do Dia de Matilda Newport. A peça estava programada para a semana seguinte, poucos dias depois do feriado.

Nossa professora de teatro tinha dito para que nos dividíssemos em dois grupos.

— Quem quer ser Povo da Terra e quem quer ser Povo Congo?

É sempre difícil escolher, porque, enquanto o Povo Congo ganhava a batalha, o Povo da Terra era uma oportunidade muito melhor para os nossos talentos interpretativos, porque eles morriam, e nós vínhamos praticando morrer havia quase um mês. Nossa inspiração era Julieta Capuleto. Nosso palco era o quintal dos fundos da casa de Sugar Beach.

— Seja bem-vindo, punhal! — disse Eunice, enquanto segurava uma faca de cozinha diante da barriga, de costas para os hibiscos da mamãe.

— "Sê", Eunice! Não "seja"! Tem que conjugar direito.

— Me deixa falar como eu quiser. Afinal, os caras não são italianos?

— Continua, vai.

Ela recomeçou.

— Seja bem-vindo, punhal! Tua bainha é *aqui*. Repousa aí bem quieto *e deixa-ME morrer*.

Dando um grito arrepiante, Eunice enfiou o cabo da faca de cozinha na barriga e cambaleou pela grama que nem um bêbado. Tropegou na direção dos cachorros, que latiram e correram para longe. Depois, rodopiou em círculos até cair no chão. Levantou-se num pulo, como uma pessoa possuída por demônios, deu outro grito e voltou a cair na grama, ficando parada, estatelada de braços abertos, ao lado de uns coquinhos de dendê caídos.

— Cês tão doidas? — resmungou Jack, balançando a cabeça.

— Agora é a minha vez! — gritei, correndo até o palco-gramado. — Olha só eu morrendo!

Era óbvio que nossas habilidades dramáticas exigiam que nós atuássemos como moribundos do Povo da Terra na Batalha de Crown Hill. Quando contamos à mamãe, ela franziu a testa.

— Num é problema meu. Cês querem levar tiro de canhão? Num é a minha pele que vai sair esfolada.

Desde que Elijah Johnson e os outros colonos chegaram ao que viria a ser a Libéria, histórias vinham sendo contadas e recontadas sobre a Batalha de Crown Hill. Tudo havia começado com a compra, por trezentos dólares, de seu novo lar na África. Elijah Johnson e os colonos sobreviventes, os que não haviam morrido em decorrência da malária, chegaram de navio à ilha Bushrod — faixa de terra fértil entre o rio Saint Paul e a baía de Montserrado — determinados a construir suas casas antes da estação das chuvas. Isso não viria a acontecer.

Membros do grupo étnico Dey, furiosos com o fato de que seu rei, Long Peter, tinha realizado a venda no valor de trezentos dólares havia menos de um mês, reuniram-se diante do navio e proibiram o grupo de desembarcar. Brandindo espadas, facas e armas de fogo, obrigaram Elijah Johnson e os outros colonos a recuar rio acima. Foi na minúscula ilha Providence — pantanosa, malsã e infestada de malária — que os colonos se reagruparam.

O dr. Ayres, representante branco que negociou o contrato original apontando uma pistola para a cabeça do rei, voltou para a ilha Bushrod, na tentativa de conversar com os deys. Ele foi imediatamente sequestrado e levado para o interior, para a aldeia de Long Peter. O rei o manteve preso durante vários dias, até que o dr. Ayres, aterrorizado, finalmente concordou em pegar de volta seus armamentos e tabaco no valor de trezentos dólares em troca da terra. Essa transação, porém, nunca chegou a ser concretizada.

Os deys libertaram o dr. Ayres, que retornou à ilha Providence, onde os colonos aguardavam. A ilha não era um lugar onde pretendiam ficar por muito tempo. O único abrigo que ela oferecia eram folhas de palmeira caídas, trançadas numa tentativa lamentável de se proteger contra as chuvas que se aproximavam. Não havia água potável na ilha. A disenteria unia-se à malária numa única doença.

Frustrado e assustado, o dr. Ayres contou aos colonos sobre seu martírio de três dias na mata. Sugeriu que abandonassem aquela região e voltassem a Serra Leoa. A malária estava, lentamente, dizimando-os. O dr. Ayres não acreditava que aquele punhado de colonos conseguisse sobreviver, e os africanos nativos pareciam decididos a impedir que eles se estabelecessem em Cabo Montserrado. A escolha parecia simples para o doutor: desistir, retornar a Serra Leoa e procurar outro pedaço de terra para comprar.

Elijah Johnson disse não. Também estava frustrado e assustado, mas cansado de ir de um lugar para outro pela costa oeste africana à procura de onde se instalar.

— Há dois anos eu venho procurando um lar — disse ele em um discurso comovente aos demais do grupo debilitado. — Aqui encontrei um, aqui vou ficar.

As palavras de Elijah Johnson levaram outros do grupo a concordar. Mas, por mais audaz que tenha sido a sua decisão de ficar, o pequeno grupo de colonos não teria conseguido o seu propósito se não fosse pela improvável ajuda de uma figura importantíssima: o temível rei Boatswain — rei do igualmente temível grupo dos Condos.

Com quase dois metros de altura, bonito e musculoso, o nome do rei Boatswain impunha respeito por toda a costa ocidental. Ele recebeu esse nome de navegantes ingleses, que o contrataram como grumete num navio mercante britânico. "Com uma estatura de quase dois metros, perfeitamente ereto, musculoso e bem-proporcionado — de postura nobre, inteligente e cheio de entusiasmo —, ele possui grande compreensão e agilidade mental, e, o que é ainda mais impressionante, uma imponência selvagem e uma grandiosidade de sentimentos", descreveu um representante da Sociedade Americana de Colonização.

Boatswain estava frequentemente em guerra contra as tribos marítimas; e sempre ganhava. Era adepto da doutrina da força sobrepujante, jamais comparecendo às reuniões e discussões sem levar consigo um grande número de guerreiros.

O protocolo da África Ocidental dita que os fracos se dirigem aos fortes para ouvir o seu julgamento. Por isso, os deys e os outros grupos cujos chefes haviam assinado o acordo de venda de suas terras para os americanos chamaram o rei Boatswain para que ele pronunciasse sua decisão sobre o que deveriam fazer. Eles se encontraram em Cabo Montserrado. Boatswain, como de costume, levou consigo guerreiros condos em número suficiente para colocar imediatamente em prática qualquer que fosse a sua decisão. Os chefes dos deys amotinados, juntamente com chefes dos bassas, dos mambas e de outros grupos étnicos, reuniram-se na cabana de discussões. O dr. Ayres estava lá como representante da Sociedade Americana de Colonização. Elijah Johnson estava lá representando os colonos.

Jehudi Ashmun, outro representante da Sociedade Americana de Colonização, escreveria mais tarde sobre o encontro na cabana de discussões. O "árbitro selvagem" é o rei Boatswain:

Uma discussão desordenada e ruidosa se seguiu, da qual o árbitro selvagem não se dignou a participar. Mas, tendo tomado conhecimento dos fatos mais importantes do caso, ele, por fim, levantou-se e pôs um fim à assembleia, lembrando laconicamente aos deys que "tendo vendido o seu país e aceito parte do pagamento, eles têm que assumir as consequências. Sua recusa em receber o restante da quantia da compra não invalida nem afeta o negócio. Que os americanos fiquem com sua terra imediatamente. Quem não estiver satisfeito com a minha decisão que se pronuncie!". E então, virando-se para os representantes, declarou:"Prometo protegê-los. Se essa gente lhes trouxer mais aborrecimentos, mandem me chamar. E eu juro que, caso eles me obriguem a voltar para silenciá-los, eu não virei em vão, retirando suas cabeças de seus ombros..."

A decisão de Boatswain deu a Elijah Johnson e aos demais colonos o apoio de que precisavam para iniciar a construção de suas casas. Mas ninguém — nem os colonos, nem os deys, nem os representantes — acreditava realmente que esse fosse o fim do conflito. Boatswain havia somente proporcionado tempo aos colonos para que se preparassem para a guerra inevitável.

Em junho de 1822, Elijah Johnson e os demais que optaram por permanecer dirigiram-se para a região interiorana do promontório de Montserrado. Para desgosto dos africanos nativos, começaram a derrubar árvores e a construir casas e fortificações.

E assim nasceu Monróvia.

Elijah Johnson continuou desconfiando dos africanos nativos. Quando não estava trabalhando na construção de sua casa, estava ensinando aos homens e às poucas mulheres como lutar. Ele havia lutado na Guerra Americana de 1812, contra os britânicos, no regimento dos soldados negros. Ele atribuiu aos colonos uma dupla função: construir casas durante o dia e patrulhar o assentamento à noite, armados.

Era o ápice da estação das chuvas. Enormes e caudalosas torrentes de chuva caíam todos os dias.

Os deys começaram a atacar os colonos de surpresa. Elijah Johnson contra-atacava, matando alguns deys. Um navio de guerra britânico apareceu na costa, à procura de água potável para o suprimento da tripulação. O capitão desembarcou e ofereceu ajuda aos colonos na luta contra os deys, se Elijah Johnson cedesse uma pequena porção de terra ao Império Britânico e hasteasse a bandeira do Reino Unido. Foi aí que

Elijah Johnson fez a sua recusa categórica, decorada pelos estudantes liberianos.

— Não queremos nenhuma bandeira hasteada aqui que custará mais para retirar depois do que custará para derrotar os nativos — disse ele.

Para ambos os lados, era evidente que a guerra estava a caminho. Era só uma questão de tempo.

Elijah Johnson lançou-se de corpo e alma nos preparativos para a guerra. Testava os seus homens diariamente. Alistou treze jovens krus no seu quadro de tenentes. Então, ensinou-lhes como usar os canhões da colônia, que eles levaram rio acima, posicionando-os em torno do assentamento.

Logo ficou claro que a mata ao redor da colônia teria que ser cortada; no estado em que estava, um ataque poderia ser realizado de uma distância de cem metros. Assim, os colonos, com seus aliados krus, fizeram uma clareira entre a colônia e a mata, a maior possível.

Enquanto isso, do outro lado da mata, os africanos estavam reunidos em conselho de guerra. Eles queriam que os colonos fossem embora. Aquela era a hora de atacar. Estavam cansados do rei Boatswain dizendo o que deveriam fazer.

Várias questões foram discutidas no conselho de guerra. O rei Peter e o rei Bristol eram contrários ao ataque. Os colonos eram negros, argumentaram. Eles tinham o direito de viver na África.

Mas os colonos estavam em minoria. O rei George argumentou que se os colonos negros realmente quisessem viver na África, deviam se colocar sob a proteção dos reis africanos. Se fossem deixados em paz, disse, os colonos tentariam, em poucos anos, controlar o país inteiro.

De acordo com os espiões enviados pelos colonos para assistirem ao conselho de guerra, a argumentação do rei George foi eloquente. As escunas armadas haviam partido. Os representantes brancos haviam fugido, adoecido ou morrido. Aquela era a hora.

O rei Peter deu de ombros. O rei Bristol voltou para casa. Mensageiros foram enviados em todas as direções a fim de solicitar ajuda das tribos vizinhas. O rei de Junk recusou-se a tomar parte ativamente e mandou uma mensagem aos colonos dizendo que era neutro. Mas não proibiu seu povo de participar, e alguns entraram na guerra.

O rei Tom, de Pequena Bassa, recusou a proposta de entrar na guerra. Mas os reis Ben, Bromley, Todo, Governor, Konko, Jimmy, Gray, Long Peter, George e Willy, todos aderiram.

Através de um mediador, o novo representante branco que estava com os colonos, Jehudi Ashmun, enviou uma mensagem aos africanos reunidos. Disse que estava "perfeitamente a par de suas deliberações hostis, apesar de seus esforços para ocultá-las, e que, se continuassem a fomentar a guerra contra os americanos, sem nem sequer cogitar em resolver suas diferenças de maneira pacífica, aprenderiam, da maneira mais dolorosa, o que era lutar contra homens brancos". Homens negros, em verdade. Não houve resposta à ameaça de Ashmun.

Elijah Johnson ordenou que grupos de quatro vigias assumissem postos a cem metros de distância uns dos outros. Nenhum colono do sexo masculino poderia dormir à noite. Durante o dia, os homens tinham algumas horas de sono, enviando os seus aliados africanos para patrulhar a mata. As famílias das casas mais afastadas da clareira receberam ordens para ficar longe das janelas.

O ataque aconteceu no amanhecer do dia 11 de novembro. Aproximadamente oitocentos guerreiros africanos investiram contra os patrulheiros que estavam nas cercanias do assentamento. Abriram fogo antes que os guardas pudessem se posicionar atrás dos canhões, que jamais foram acionados. Vários dos guardas foram mortos; os demais correram de volta para a colônia, gritando.

Rapidamente, as forças africanas assumiram o controle da parte oeste do assentamento. Eles invadiram, como um enxame, quatro casas da periferia. Não havia homens nas casas, somente doze mulheres e crianças.

Uma mulher foi esfaqueada treze vezes e abandonada, dada como morta. Outra mulher, que havia fugido de casa correndo com seus dois filhos pequenos, foi atingida na cabeça por um punhal; os soldados pegaram seus dois filhos. Uma terceira mulher, mãe de cinco filhos, bloqueou a porta — o que reteve os guerreiros por alguns minutos. Mas no final conseguiram arrombar a porta. Ela, então, pegou um machado e golpeou-o inutilmente ao seu redor, até que os guerreiros a dominaram e apunhalaram seu coração.

Mas, em vez de prosseguirem, em vantagem, o exército africano deu aos colonos uma trégua crucial. Eles começaram a pilhar as quatro casas que tinham atacado.

Os colonos aproveitaram a oportunidade, recuperaram dois canhões, preparando-os em novas posições. Enquanto isso, cinco mosqueteiros, liderados por Elijah Johnson, cercaram os guerreiros africanos e abriram fogo.

Os guerreiros africanos eram, agora, vítimas de sua própria formação. Amontoados, eram uma presa fácil para as armas de Elijah Johnson e dos outros mosqueteiros.

"Oitocentos homens ficaram apertados, ombro a ombro, de uma forma tão compacta, que uma criança poderia caminhar facilmente sobre suas cabeças, de uma extremidade da massa humana à outra, a qual apresentava, na retaguarda, uma ampla fileira com vinte ou trinta homens, todos expostos a uma arma de grande poder de fogo, elevada sobre uma plataforma, a uma distância que variava entre meros trinta e sessenta metros de distância!", escreveu Jehudi Ashmun mais tarde. "Cada tiro atingiu em cheio uma massa sólida de carne humana!"

"Um grito selvagem", prosseguiu Jehudi Ashmun, "elevou-se e preencheu a lúgubre floresta de um horror momentâneo".

Os mortos: cem guerreiros africanos; doze colonos americanos. A batalha terminara. Os colonos ganharam.

Não satisfeitos com sua vitória, os colonos e seus descendentes inventaram histórias sobre uma heroína fantástica, Matilda Newport, que, diziam, acendeu o pavio de um canhão com o seu cachimbo e explodiu soldados nativos. Esse mito tornou-se lenda, e finalmente a Libéria reconheceria oficialmente o dia 1 de dezembro como o Dia de Ação de Graças, o Dia de Matilda Newport.

Os descendentes dos colonos — o Povo Congo — teriam festas e banquetes para celebrar o Dia de Matilda Newport.

O restante da população liberiana, descendente dos deys, dos bassas, dos kpelles e dos krahns, não participaria dessas celebrações.

Jamais me ocorrera, até aquela época, que, por toda a Libéria, liberianos nativos estavam ficando cada vez mais irritados com coisas que, para mim, eram naturais; coisas que, para mim, eram tão normais quanto o canto do galo pela manhã. A vida na Libéria era assim, e quem questionava a vida cotidiana? Quem questionava o vermelho da terra, o odor do azeite de dendê e de peixe seco na hora do almoço, a descida brusca da noite que cobria o país com uma escuridão impenetrável? Quem questionava o Dia de Matilda Newport?

Vó Grand, diante da Primeira Igreja Metodista Unificada

Sugar Beach, Libéria, 1975

O novo carro americano da mamãe era um Pontiac Grand Prix verde que pesava duas toneladas. Ela usava luvas de couro para dirigir e enormes óculos escuros, como os da Jacqueline Onassis, e buzinava e berrava para os outros motoristas, ultrapassando todo mundo ao som ensurdecedor de José Feliciano, que tocava no gravador com capacidade para oito fitas. Mamãe sempre tinha que levantar o moral antes de visitar a Vovó Grand. Eu estava felicíssima por não ter de ir à escola, mesmo que isso significasse visitar a Vovó Grand.

Era Dia de Matilda Newport, feriado nacional.

A Vicky estava sentada no banco da frente, olhando pela janela. Marlene, Eunice e eu estávamos sentadas no banco de trás.

Eunice e eu também estávamos usando enormes óculos escuros, mas os nossos não eram estilosos, nem de longe. Duas semanas antes, mamãe tinha entrado no quarto da Marlene e pego Eunice e eu, no chão, nos esforçando para ler os nossos livros da Nancy Drew à luz fraca da luminária da Marlene. Eu estava lendo *A escada escondida*, e o livro estava tão perto do meu rosto que mamãe nem conseguiu ver os meus olhos. Eunice, com as costas apoiadas contra o espelho da parede, estava segurando o seu, igualmente próximo.

Mamãe olhou para nós e suspirou. No dia seguinte, fomos direto para o oftalmologista.

Nossas receitas eram tão parecidas que poderiam ser trocadas e poderíamos usar os óculos uma da outra.

Marlene, que saiu radiante do consultório médico porque ele disse que ela tinha uma visão perfeita, pulava de um lado do banco para o outro, subindo na Eunice e em mim, dando adeusinho para os pedestres, falando sozinha sem parar, num monólogo que narrava todas as bobagens que aconteciam em volta.

— Carro chegando perto, ai... carro chegando perto, ai — cantarolava.

Mamãe acelerou para ultrapassar um ônibus cheio de mulheres evangélicas do Povo da Terra.

— Ai!

Coloquei o rosto para fora da janela, na esperança de que o vento uivasse mais alto do que a Marlene. Eu adorava andar de carro na cidade. Como é que uma menina de nove anos podia viver a anos-luz da civilização, em Sugar Beach?

Passamos pelo hospício de Catherine Mills. Como era de se esperar, uma mulher começou a perambular bem no meio da estrada principal. Mamãe teve que desviar de repente para não a atropelar. A mulher estava com os cabelos soltos, e o seu vestido era daqueles que se encontram nos camelôs do mercado de Waterside — que vendem roupa de segunda mão em pilhas arrumadas no chão.

Olhando para o Catherine Mills ao longe, Eunice anunciou:

— Quando a guerra começar, vou me esconder no Catherine Mills.

Essa era a nossa brincadeira predileta: falar sobre o que faríamos se a Libéria um dia entrasse em guerra. Nós não achávamos realmente que a Libéria fosse entrar em guerra — isso era para todos aqueles outros países africanos pós-coloniais que nunca conseguiam conviver em paz. Mas nós adorávamos brincar de "quando a guerra começar".

— Quê? Tá maluca? Pra que que cê vai se esconder com aqueles malucos todos?

— Quem vai me procurar lá?

— Nem pensar. Quando a guerra começar, eu vou me esconder dentro do poço.

— Como é que cê vai se esconder dentro do poço? Cê nem sabe nadar!

— Vou colocar minhas boias de braço.

— Uma mulher velha que nem você, ainda usando boia?

— Não enche.

Mamãe fez "psiu" do banco do motorista.

— Se vocês não calarem essa boca, boto as duas pra fora, e vão ter que voltar andando.

— Carro chegando perto, ai — voltou a cantar Marlene.

— Por que que a Marlene pode falar e nós não? — perguntei.

— Mas você fala demais, hein? — sussurrou Eunice.

— Tá me respondendo, Helene? — perguntou mamãe.

Meu arroubo de indignação desapareceu imediatamente.

— Não.

Eu ainda estava de cara amarrada quando reduzimos a velocidade para passar diante do posto de gasolina do papai e do tio Julius, à nossa esquerda: a John L. Cooper Empreendimentos, batizada com o nome do vovô Radio Cooper. Era raro que tivesse gasolina lá, mas papai e tio Julius também tinham duas lojas. Uma vendia peças de carro e a outra vendia leite achocolatado e amendoim.

— É melhor eu não ver o John sentado debaixo da árvore bebendo — resmungou mamãe.

Se papai estava bebendo, não era debaixo da grande mangueira que tinha na frente da loja. A única pessoa aproveitando a sombra da árvore, com uma bela garrafa de cerveja gelada, era Jacob Doboyu, o braço direito do papai, que também era gerente do posto de gasolina. Jacob Doboyu acenou alegremente para nós de seu posto embaixo da árvore.

Fizemos a curva na esquina da sede dos missionários cristãos e depois a mamãe reduziu a velocidade ao passarmos pelo prédio em construção, para sorrir para o capataz branco bonitão, de braços fortes e bronzeados. Ele tinha covinhas e olhos enrugados porque estava sempre sorrindo para nós quando passávamos por ele. Como sempre, o homem estava usando um short cáqui, botas de caminhada e uma camisa de manga curta enfiada para dentro da calça. Jogou o cigarro longe com um peteleco e sorriu para nós enquanto passávamos, antes de tocar no chapéu com os dedos, nos saudando. Todas nós dentro do carro, inclusive a Vicky, explodimos em gritinhos agudos e risos estridentes, e a mamãe riu e mexeu nos óculos escuros. Eu esqueci que devia estar de cara amarrada.

Aí, chegamos à bifurcação de Paynesville, onde tínhamos que virar à esquerda, depois do posto Shell, para entrarmos na estrada principal para Monróvia, chamada Tubman Boulevard. Chegando a Paynesville, os anúncios publicitários exclamavam: "Pague sua conta de luz!!!" (do governo), "Bem-vindo ao mundo de Marlboro" (da Philip Morris), "Dedicação total no trabalho, garantia de sucesso na vida" (do governo, mais uma vez), "Brilho afro para as belas negras" (da Johnson Products).

Eunice me cutucou. Olhei para ela e sorri. Estávamos nos aproximando da cidade!

Atravessamos a Cidade do Congo, o início não oficial da civilização, e começamos a prestar muita atenção à estrada, porque nunca se sabe quando se pode topar com alguém conhecido. Os buracos no asfalto estavam rareando e ficando mais espaçados uns dos outros. Casas chiques com o glamour dos anos 1970 ficavam lado a lado com casebres improvisados. Começamos a passar pelas casas dos nossos vários parentes. Primeiro, a excêntrica casa de solteiro do tio Waldron, no estilo dos ranchos americanos, que tinha uma cama com colchão d'água e um videocassete. Sempre que íamos visitá-lo, Eunice, Vicky, Marlene e eu íamos direto para o seu quarto e rolávamos no seu colchão d'água, sobre a colcha com motivo de pele de cobra, ouvindo o barulho da água mexendo. Então, nós pegávamos seus vídeos de seriados americanos, como *Mod Squad*, para levarmos para o meio do mato conosco. Ir até a casa do tio Waldron era como ir a uma loja.

Depois, passamos pela Sorveteria da Sophie. Oba!

— Mãe, a gente pode... — comecei a perguntar, mas ela me cortou.

— Na volta pra casa. Agora, não.

Eu suspirei, imaginando que as crianças legais estavam lá *agora*. Dava para ver o meu colega de turma Richard Parker (não legal) e seu irmão mais velho Philip (extremamente legal) sentados numa das mesas do lado de fora, com um bando de outros garotos. Dois dos garotos estavam usando bonés.

Passamos pela rua da casa do tio Cecil. Ele era nosso primo, mas eu o chamava de tio Cecil. Ele era, na época, o membro da família com o cargo mais importante no governo, porque era o ministro das Relações Exteriores. O tio Julius, que era ministro da Ação para o Desenvolvimento e o Progresso, era o segundo na hierarquia, mas não ficou muito tempo nesse cargo.

Passamos pela casa do Mano Henry, em Sinkor, atrás de um imenso terreno baldio que o vovô tinha deixado para a mamãe. Era um terreno de primeira categoria.

— Você e a Marlene vão herdar ele um dia — disse mamãe, indicando o lugar com a cabeça. — Nunca vendam. Lembrem-se disso.

O Mano Henry era o próximo na hierarquia dos representantes da família no governo: assistente do ministro de Estado para Assuntos Presidenciais.

Quando chegamos ao primeiro sinal de trânsito de Monróvia, bem na frente do supermercado Sinkor, mamãe parou, batendo o pé com impaciência. Meninos descalços vestindo roupas velhas e usadas correram até o carro, carregando bandejas com ovos cozidos na cabeça.

— Ovo cozido! Olha o ovo cozido! — gritavam.

No carro, todas reviramos nossos bolsos. Eunice deu dez centavos; mamãe deu um dólar ao mais velho e disse para ele dividir com os outros.

Aí, orlamos a Mansão Executiva, residência do presidente Tolbert. Quando ele assumiu, depois da morte do presidente Tubman, prometeu que a era dos colarinhos-brancos havia acabado para o Povo Congo, e no dia da posse desfilou num Fusca para mostrar que podia ser um homem do Povo da Terra também. Tolbert fez questão de que os seus ministros seguissem o seu exemplo e usassem camisas sem colarinho, camisas de algodão de cor cáqui, de mangas curtas, e calças de algodão cáqui, que ele usou na cerimônia de posse. Daí em diante, essa vestimenta passou a ser conhecida como "roupa de posse", e os congos debocharam dela, pois preferiam cartolas e fraques em ocasiões festivas. E de jeito nenhum alguém da minha família dirigiria um Fusca, a não ser o pai da mamãe, vovô Henry W. Dennis, que foi soldado de carreira e, portanto, tinha tendências estranhas de homem do povo.

Nós passamos pela Broad Street, a rua principal de Monróvia, e pegamos o sentido oposto, para a praça do mercado de Waterside, no final da ponte que levava até a ilha Bushrod, onde Elijah Johnson e os colonos construíram suas primeiras casas, em 1822. Waterside era, normalmente, uma aglomeração de gente fedorenta, vendedores, lojas, cachorros vadios e alfaiates mandingos. Tinha cheiro de suor — não porque as pessoas não tomassem banho, mas porque elas não usavam desodorante e transpiravam o dia todo —, de azeite de dendê e de peixe seco. Eunice e eu adorávamos Waterside. Toda aquela gente! Era o contraste perfeito com Sugar Beach, com seus aparelhos de ar condicionado, seus sabonetes perfumados e seu chão de mármore.

— Levantem os vidros — ordenou mamãe, ligando o ar-condicionado.

— Ah, mãe! E se a gente encontrar uma pessoa conhecida, como é que a gente vai falar com ela? — reclamei.

— Não vem com manha. Levanta o vidro.

Olhei para a Eunice e revirei os olhos. Ela deu de ombros, empurrou seus óculos gigantescos mais para perto do rosto e levantou o vidro.

Atravessamos a ponte e chegamos à ilha Bushrod, lar dos comerciantes libaneses. Todas as lojas vendiam tecidos ou produtos eletrônicos: despertadores, rádios, gravadores, toca-discos.

E então, finalmente, viramos à direita e entramos no terreno da Vó Grand. Ela estava sentada na varanda dos fundos da casa, e acenou para nós.

Minha vida era cheia de mulheres. Além de mamãe, Vicky, Eunice, Marlene e Janice, a maioria dos meus primos eram meninas. Ambos os meus avôs tinham morrido, mas as minhas avós… "Garota, você tem uma herança e tanto, dos dois lados!", era o refrão comum que as pessoas repetiam ao se darem conta de quem eram as minhas duas avós.

Do lado da mamãe, tinha a Vó Grand: Ethel Cecilia Benedict Dunbar: capitalista formidável, ex-vendedora de mercado, milionária que se fez sozinha, motoqueira, membro do legislativo liberiano.

Vó Grand começou a vida como uma típica empreendedora africana: vendedora de mercado. Durante os anos 1940, juntou dinheiro suficiente para comprar dois quilômetros quadrados de terras cultiváveis no interior do país. Ela não tinha carro, mas tinha uma motocicleta, com a qual circulava pelas ruas de Monróvia. Ela alugava caminhões para ir até o seringal da Firestone, onde comprava mudas de seringueiras de alta qualidade, que ela plantava em sua fazenda, vendendo o produto de volta para a Firestone. A borracha a deslanchou; toranjas e mandiocas ajudaram na sua ascensão. Vó Grand vendia seus produtos em Monróvia, e, com o dinheiro, continuou a sua febre de compra de terras. Comprou terras em Freeport — antes que o desenvolvimento chegasse lá. Comprou terras no interior do país. Comprou terras no centro da cidade. "Nunca venda" era a sua instrução para os filhos.

Ela chamava os liberianos nativos de "Terra" na cara deles, e não cochichando pelas costas, como o resto da família. Vovó se gabava com os outros de como seus netos eram lindos, de pele clara e cabelos compridos. Mas, conosco, era mais malvada do que uma cobra cascavel. Podia acordar te xingando de manhã e ainda estar te xingando à noite, na hora de dormir.

Vó Grand era brava e tinha uma expressão dramática, e era evidente que tinha sido bonita quando jovem, com aqueles olhos amendoados e aquelas maçãs do rosto proeminentes. Num instante, podia parecer realmente vulnerável, como uma frágil senhora idosa, e, então, virar-se para você no outro e dar-lhe um tapa bem forte na cara.

Certa vez, cometi o erro de levar uma amiga americana até a sua casa, para uma visita. Minhas primas também estavam lá. Estávamos todas do lado de fora, no quintal, ao redor da Vó Grand, enquanto ela desfrutava da sombra de um coqueiro. No meio de uma de suas diatribes sobre como ela tinha acabado de passar uma descompostura num negociante libanês, ela se levantou da cadeira, andou mais ou menos três metros e puxou o vestido para cima, até a altura da cintura. Então agachou, ali mesmo, e começou a fazer xixi. Vó Grand continuou falando enquanto fazia xixi.

— Aquele safado daquele libanês de merda pensou que ia me passar a perna no aluguel. Eu falei pra ele: "Você deve tá completamente bêbado. Com quem você acha que tá lidando? Ninguém passa a perna na Ethel Dunbar... Eu sou a rocha de que esse país é feito. Seu libanês de merda... Você vive aqui de favor, num tem país... O teu país tá todo destruído... Você num passa de um maldito refugiado... É por isso que a gente nunca vai deixar vocês terem terra na Libéria... Você vai continuar me pagando aluguel até morrer... Os teus filhos vão me pagar aluguel..."

A minha amiga americana, a Alison, ficou lá, parada, enquanto a Vó Grand terminava de fazer xixi, se levantava, recolocava a calcinha. Minha prima CeRue estava de pé, ao meu lado. Cada músculo do seu corpo estava crispado, na sua luta contra a desvairada e física necessidade de cair na gargalhada. Seus lábios estavam brancos na área onde seus dentes estavam fincados.

Mamãe estava ao lado da irmã, tia Momsie (mesma mãe). As duas ficaram divididas entre o horror, o humor e a necessidade pungente de proteger a própria mãe. Finalmente, mamãe disse:

— Nossa! Gente, olha só que céu! Já dá pra ver as estrelas aparecendo!

Era uma mentira deslavada. Não passava das quatro da tarde, mas acho que isso foi o melhor que ela conseguiu tirar da cartola, assim de repente.

Vó Grand era filha única de uma filha única, a Vó Galley. O verdadeiro nome da Vó Galley era Helene Elizabeth Clark, mas todos a chamavam de Galley Clark. Eu fui batizada com o nome da Vó Galley, graças a Deus, e não com o da Vó Grand. Essa honra duvidosa coube à minha prima Ethello, a preferida da Vó Grand, embora isso não evitasse que ela fosse tão agredida verbalmente quanto o restante de nós.

As idas à casa da Vó Grand sempre eram temidas; nunca se sabia em que humor a gente iria encontrá-la. Às vezes nos bombardeava de amor, dando-nos um monte de dinheiro. Quando a Vó Grand conheceu a Eunice, mandou a se sentar e inspecionou-a dos pés à cabeça.

— Quem é a tua mãe? Quem é o teu pai?

Eunice, aterrorizada, começou a gaguejar:

— O me-me-me-meu no-no-no-nome é...

Eu prendi o fôlego, esperando pela explosão. Mas, depois do interrogatório, vovó simplesmente deu vinte dólares à Eunice.

Eunice havia ouvido histórias sobre a vovó, mas ainda não a havia visto em ação. Por isso, naquele dia, ela saiu do carro toda confiante.

A casa de telhas vermelhas ficava bem de frente para a estrada e cheirava a naftalina. Vó Grand morava no segundo andar; o tio Waldron tinha instalado sua empresa de revenda de gasolina no primeiro andar.

— Oi, Vó Grand — dissemos em uníssono, respeitosamente, ao entrarmos na varanda cercada de tela contra mosquito.

— Olha só as minhas lindas netas.

Nós nos aproximamos em bloco, cada uma dando dois beijinhos no seu rosto. Primeiro a Marlene, depois eu, depois a Eunice, depois a Vicky, e, finalmente, a mamãe.

Conversamos sobre várias pessoas que a vovó tinha desancado nos últimos tempos. Comemos *fufu* com sopa, preparado pela cozinheira: um grande bolinho de aipim fermentado, no centro de um prato de sopa de pimenta à moda liberiana, com peixe seco, galinha, carne de boi e até mesmo pitu.

Tentei fazer com que o meu *fufu* com sopa durasse o máximo possível, num elaborado ritual que envolvia cortar o *fufu* em pequeninos pedaços, cobrindo-os com quiabos bem babados, e depois amassar um pouco de pasta de gergelim em cima de cada pedaço, antes de afundar a colher dentro da sopa.

Quando eu acabei a minha sopa, olhei para a Vó Grand. Todo mundo estava parado diante de um prato vazio. Ela olhou para a Eunice.

— Que que foi, ainda tá com fome? Por que que cê tá parada assim? Tá pensando que eu sou uma bruxa que não dá mais comida pros convidados? Passa fora daqui e vai pegar mais um prato cheio! Vai comer, vai!

Eunice e eu corremos para os fundos, para a cozinha, e devoramos mais dois pratos. Quando voltamos para a varanda, estávamos empanturradas.

A tarde foi ficando mais calma e silenciosa. Até Freeport, que era geralmente barulhenta e não ficava longe da casa da vovó, estava em silêncio, em homenagem a Matilda Newport. Um cachorro latia de vez em quando. Fazia tanto calor, que, depois daquela sopa toda, eu podia sentir as gotas de suor escorrendo pelas costas. Eunice estava sentada na cadeira de balanço, com as costas eretas, se esforçando para continuar acordada. Marlene tinha subido na rede da vovó e estava dormindo. Eu estava entediada.

— Vó — eu disse —, fala pra gente sobre a Matilda Newport.

Eunice sentou-se ainda mais ereta, virou-se e olhou para mim como se tivesse sido traída. Eu tentei dizer "desculpa" com movimentos dos lábios, mas já era tarde demais. Vovó já tinha dado a largada.

— Ah, Matilda Newport foi uma grande mulher. Ela deu uma bela lição naqueles estúpidos nativos. Bum! Bum! Explodiu todos eles.

Com isso, vovó iniciou uma ladainha sobre como uma única senhora idosa havia enganado os liberianos nativos e salvado os congos. Marlene, supostamente adormecida na rede, abriu um olho, avaliou a situação e voltou a fingir que estava dormindo.

— Aqueles malditos nativos... Eles tiveram o que mereciam.

Vovó estava se referindo aos cem liberianos nativos que foram mortos na famosa batalha que levou ao Dia de Matilda Newport. E, olhando para a Eunice, disse:

— Esses eram os seus ancestrais, garota. Que gente idiota... Agora eles tão dizendo pra gente que não se deve comemorar o Dia de Matilda Newport... Onde é que esses caras pensam que a gente estaria se não fosse pela Matilda Newport? Maldito Povo da Terra...

E lá foi ela, se enfurecendo sozinha, cada vez mais, com o fato de que os liberianos nativos estavam finalmente começando a reclamar de que o país não deveria comemorar o Dia de Matilda Newport, a mulher que tinha explodido uma centena de liberianos nativos.

Eunice ficou sentada absolutamente imóvel na cadeira, de pernas cruzadas à altura dos tornozelos, em silêncio, enquanto vovó vociferava.

Finalmente, mamãe se levantou e disse:

— Mãe, a gente tem que ir.

Todas nós, inclusive a Eunice, demos dois beijinhos de despedida na Vó Grand e fomos embora. Eu estava envergonhada demais para olhar para a Eunice. Eu queria pedir desculpas, mas isso significaria reconhecer o grave insulto que ela havia acabado de sofrer, e eu não queria fazer isso. O carro estava silencioso. Nem a Marlene estava cantarolando aquela chateação de "Carro chegando perto, ai" enquanto passávamos pelo Sinkor e pela Sorveteria da Sophie, sem direito a parada. Pela Cidade do Congo, por Paynesville e, depois, pela sede dos missionários cristãos.

De volta para o meio do mato.

Levamos quase quarenta e cinco minutos para chegarmos à entrada para Sugar Beach, quando a Eunice finalmente quebrou o silêncio que havia pairado no carro durante todo o caminho até em casa.

— Aquela mulher é um caso sério.

Tia Momsie e a turma toda depois da igreja

Monróvia, Libéria, 1976

Usando vestidos de linho engomado, chapéus de palha elegantes e adornados de fitas, meias brancas e sapatos de couro preto, mamãe, Eunice, Marlene, Vicky e eu entramos na Primeira Igreja Metodista Unificada, na Ashmun Street, Monróvia, como se fôssemos as donas do pedaço. Papai ficou em casa, bebendo cerveja e fazendo palavras cruzadas.

Eunice e eu estávamos fervilhando de ansiedade. Nós tínhamos preparado uma surpresa.

O culto começava às dez e meia. Como sempre, nós entramos na igreja, de mansinho, em torno das onze. Eu nunca soube como a cerimônia começava; até nos domingos, quando mamãe era bedel, nós chegávamos atrasadas.

Nós nos sentávamos no banco da família, no mesmo canto inferior esquerdo ocupado pelos membros da nossa família naquela igreja desde que Elijah Johnson ajudou na sua construção, em 1822. Nosso banco ficava contra a lateral da parede, ao lado do coral, e tínhamos uma visão geral do resto da congregação. E o resto da congregação, de nós.

Mamãe dava a cada uma de nós um livro de hinos, com nossos nomes gravados em letras douradas na capa, para que acompanhássemos as músicas durante o culto. "Helene C. Cooper", estava escrito no meu, só que o gravador tinha errado o "C" intermediário, que estava em minúscula. No da Eunice, estava escrito "Eunice P. Bull". Suas letras estavam perfeitas.

Naquele domingo, mamãe estava na sua função de bedel, por isso estava toda vestida de branco, inclusive o chapéu branco com fita azul em volta. Depois de nos levar até o nosso banco e de deixar a bolsa com a Vicky, mamãe deu a volta pelos fundos da igreja, para pegar as sacolas das oferendas.

Por um triz ela não perdia o primeiro ofertório, e por isso recebeu olhares de reprovação da Vó Gene e das outras beatas que se incumbiam da tarefa de distribuir olhares de reprovação às pessoas na igreja.

Marlene saltitava atrás da mamãe, seguindo-a para cima e para baixo pelos corredores, enquanto mamãe passava a sacolinha. Um amigo da família lhe disse para se sentar, e Marlene, cinco anos de idade, informou alto e bom som:

— Essa igreja num é tua, essa igreja é do Senhor. O Senhor disse pras criancinhas irem até ele.

O órgão lançou um acorde agudo e familiar. Eunice e eu nos endireitamos no banco, ouvindo atentamente. Estaria na hora de colocar nosso plano em execução?

Não. Ainda não. Nos recostamos novamente, desapontadas.

O Coral Sênior começou a cantar. Ele era composto de congos que não sabiam cantar. Dessa vez, estavam assassinando "Velha e Áspera Cruz" — um dos meus hinos prediletos.

A coisa começou bastante melodiosa.

Sobre a colina distante
Erguia-se uma Velha e Áspera Cruz,
Emblema de dor e vergonha.

Mas quando os velhos bíblias do Coral Sênior chegaram às notas agudas, tudo desmoronou. Nenhum deles conseguia cantar. Mas cada um pensava que era uma estrela como Miriam Makeba. Eunice começou a me fazer cócegas nas costelas enquanto o coral trucidava a minha música.

— *Então, a Velha e Áspera Cruz eu vou louvaaaar* — uivavam.
— *Velha e Áspera Cruuuuz!* — ecoavam os homens, em sons graves, tentando soar másculos.
— *E meus troféus, aos seus pés vou pousaaaar* — completavam as mulheres.
Estavam trucidando a minha música preferida. Eu também não sabia cantar, mas pelo menos eu não estava lá em cima, no coral, pensei, esquecendo, convenientemente, que eu fazia parte do coral religioso da escola.
O que se ouviu depois foi um apito agudo não muito diferente do som que um caranguejo faz quando é jogado dentro de uma panela de água fervendo.
— *Eu vou me agarraaaaaarrr à Velha e Áspera Cruz!* — grasnavam as velhas.
— *Áspera Cruuuuz!* — rugiam os velhos.
— *E, um dia, trocááááááá-la por uma coroa!*
Quando a música acabou, estávamos às gargalhadas. Até a mamãe, que tinha voltado para o banco, teve que sair da igreja de fininho para que as pessoas não vissem as lágrimas escorrendo pelo seu rosto.
Depois da cantoria, o pastor Doe fez os anúncios à comunidade.
— A irmã Marion Adigibee está acamada hoje, doente. Vamos rezar pra que ela se recupere logo, pra que ela se reúna à nossa assembleia o mais rápido possível.
— Mas essa mulher esticou as canelas na semana passada — cochichou Eunice.
— Ela ainda num morreu, não! — cochichei em resposta.
— Tem certeza? Acho que morreu, sim!
Mano Henry, sentado ao nosso lado, finalmente interveio, olhando-nos zangado.
— Ela ainda num tá completamente morta! Agora, caladas, as duas!
Aquela era a nossa deixa para irmos ao banheiro, onde nos encontrávamos com nossas amigas e ficávamos de papo. Então, fomos até a tesouraria, atrás da igreja, para saudar a irmã Anna E. Cooper. A saleta dela tinha cheiro de perfume misturado com desinfetante e naftalina. Ela tinha todos os nossos nomes anotados no seu primoroso livro de contas. Cada uma lhe dava um dólar, toda semana.
Depois de procrastinar o máximo que pudemos, retornamos ao nosso banco e nos sentamos para ouvir o resto do interminável sermão.

Quando o pastor Doe anunciou que estava na hora da comunhão, Marlene berrou:

— Amém! Tô nessa!

Olhei horrorizada para ela. Será que ela tinha ficado maluca? Mamãe pegou sua mão, arrastou-a para o lado de fora e deu uma palmada no seu traseiro. Ficamos espiando do nosso posto de observação ao lado da porta. Porém, assim que a Marlene começou a chorar, mamãe começou a fazer carinho nas suas costas e a dizer que a amava, e como doía mais nela do que na Marlene quando tinha que lhe dar uma palmada.

— Mas você num pode gritar assim na igreja, meu amor, você sabe disso — disse mamãe.

— Mas eu tô com fome. Eu só quero comungar — choramingou Marlene.

— Você é novinha demais pra comungar, amor.

— Ah, mãe, por favor, por favor, deixa eu comungar.

— Não, Marlene, você é nova demais.

— Por favor, mãe, tô com tanta fome!

Ah, não dá para aguentar! Fiz cara de impaciência para a Eunice.

Finalmente, mamãe subiu os degraus que levavam ao interior da igreja, trazendo a Marlene. Ela colocou Marlene ao lado do Mano Henry. Quando chegou a hora da nossa fileira se levantar para a comunhão, Mano Henry pegou Marlene pela mão e a levou até o altar. O pastor Doe, passando os pequenos copos com suco de uva, hesitou na vez da Marlene. Mano Henry disse:

— Minha sobrinha pode comungar.

Marlene ficou exultante, tomou num só gole todo o suco de uva do seu copo.

A garota era fera.

Depois da comunhão, o pastor Doe disse:

— E, agora, elevem suas vozes para a "Certeza Abençoada".

Eunice, Vicky e eu rimos baixinho. Finalmente tinha chegado a hora.

Na noite anterior, Eunice e eu havíamos sido expulsas da sala de TV de Sugar Beach, com a ordem expressa de decorarmos o Credo dos Apóstolos para o culto do dia seguinte. Mamãe fechou a porta da sala e nos disse para não voltarmos até termos decorado tudo.

Em vez disso, nos dedicamos a alterar a letra de "Certeza Abençoada", que, nós sabíamos, seria cantada no dia seguinte, porque *todo santo domingo*, na Primeira Igreja Metodista Unificada, na Ashmun Street, Monróvia, nós cantávamos "Certeza Abençoada".

Eunice e eu havíamos exilado a Marlene, porque ela tinha tido um ataque de mordeção algumas horas antes. Ela mordeu a perna da Eunice e as minhas costas. Eunice não foi à forra — ela nunca ia à forra quando a Marlene a mordia. Eu dei um tapa na Marlene e mordi as costas dela, e ela subiu as escadas chorando até o quarto da mamãe, mostrando o seu bracinho gordo e branco com a marca vermelha que já estava aparecendo. Eu levei uma surra. Eunice e eu nos recolhemos ao meu quarto para discutirmos sobre como a vida era injusta para nós, quando mamãe entrou, atirou o livro vermelho dos hinos na nossa direção e nos disse para decorar o Credo dos Apóstolos. Mamãe não viu o lugar na minha parede cor-de-rosa, atrás da porta, onde eu tinha acabado de escrever: "Espero que a Marlene seja atropelada por um ônibus."

Marlene apareceu de trás do vestido da mamãe, onde estava escondida.

— Posso ficar com vocês?

— Pode — disse Eunice.

— Nem pensar.

Nós fomos para a sala de TV e eu bati a porta quando entramos. A porta foi reaberta num rompante.

— Se você bater a porta na cara da tua irmã de novo, vai levar outra surra — disse mamãe.

E aí ela bateu a porta.

Nessa hora, Eunice começou a rir da minha cara.

— Você num devia ter mordido a tua irmã. Você é mais velha do que ela.

— Num tô nem aí. Ela é uma garotinha mimada.

Nem é preciso dizer que a Eunice jamais morderia a Marlene, por mais que a Marlene aprontasse, porque a Eunice não era uma filha de verdade da casa, como eu. Poucas semanas antes, a Marlene tinha quebrado, sem querer, um dos discos dos Jackson 5 da Vicky.

— Sua idiota! — gritou Vicky, pegando um pedaço de disco quebrado da mão da Marlene.

Marlene logo começou a chorar, e, nesse exato instante, guiada por Satã, a porta se abriu e a cabeça da mamãe apareceu do outro lado.

— Por que que o meu bebê tá chorando?

Eu fiquei paralisada, de pé contra a parede, rezando para a Marlene não dizer nada, porque a Vicky já estava numa situação periclitante com a mamãe, porque ela vinha chegando muito tarde das suas festas de adolescente.

— A Vicky me chamou de idiota — disse Marlene, entre soluços, fazendo careta.

Imediatamente mamãe enviou a Vicky para o Mano Henry. Mamãe foi buscá-la quatro dias depois, mas, desde que voltou do seu exílio, a Vicky ficou quieta e triste, trancada no seu quarto a maior parte do tempo.

Eunice e eu trabalhamos duríssimo na nossa versão de "Certeza Abençoada". Antes de nos deitarmos, enfiamos uma cópia por baixo da porta do quarto da Vicky.

Quando o pastor Doe anunciou a "Certeza Abençoada", todos abriram os seus livros de hino, menos eu, Vicky e Eunice. Não precisávamos de livros.

— Jesus é meu: Certeza Abençoada — cantou a congregação.

— *Ontem, comi biscoito e torrada* — Vicky, Eunice e eu cantamos.

— Pequeno gosto da Divina Glória — cantou a congregação.

— *Espirrei e fiquei resfriada* — nós cantamos.

— Essa é a minha canção. Essa é a minha história — todos cantaram.

— Louvar o Senhor, missão sagrada — todos cantaram.

— *Matei minha irmã pra ela ser enterrada* — nós cantamos.

— Essa é a minha canção. Essa é a minha história — todos cantaram.

— Louvar o Senhor, missão sagrada — todos cantaram.

— *Matei minha irmã pra ela ser enterrada!* — nós terminamos, triunfalmente.

Nós contivemos o riso e explodimos de alegria porque ninguém tinha reparado no que tínhamos feito com a "Certeza Abençoada".

Depois disso, o Coral Sênior caminhou lentamente pelo corredor para fora do templo, cantando o hino de encerramento, com as túnicas cinza e azuis ondulando na direção oposta à de seus passos. As mulheres balançavam de um lado para o outro, com as saias esvoaçando atrás delas. Nós nos espalhamos pela calçada e pela rua, tagarelando e chamando a atenção de todo mundo.

Então, fomos fazer uma visita rápida à Vó Grand, que partilhava a aversão a igrejas do genro. Depois, de volta para o meio do mato com o papai. O almoço de domingo era sempre comida americana. Uma regra da casa: comida liberiana com azeite de dendê nos dias de semana, *fufu* e sopa aos sábados, e comida americana aos domingos. Isso geralmente significava ensopado de repolho com arroz e galinha com molho.

Lá pelas cinco da tarde daquele domingo, começamos a cantar a nossa música semanal de "preparação para os Upton".

— Os Upton, os Upton vêm hoje à noite! — cantávamos, marchando pela casa, jogando bastões imaginários para o alto.

Don e Ellen Upton eram um casal inglês que vinha visitar meus pais todo domingo à noite. Era certo como a lua e as estrelas nas nossas noites no meio do mato.

Quando os faróis do carro dos Upton apareciam na estrada de terra que levava a Sugar Beach, nós mudávamos a letra:

— Os Upton chegaram! Os Upton chegaram!

— Todo mundo calado! — papai gritava do banheiro, onde sempre colocava um pouco de loção pós-barba English Leather. — Se eles ouvirem essa cantoria ridícula, vou arrancar o couro de cada uma.

Então, quando chegavam, os Upton davam balas para a Marlene, livros da Nancy Brew para mim, Eunice e Vicky. Eunice e eu adorávamos a nossa coleção de livros, que arrumávamos com carinho nas estantes de nossos quartos.

O seu Upton tinha aquelas bochechas vermelhas que as pessoas brancas e gordas têm quando passam tempo demais nos trópicos. A dona Upton estava sempre muito bem-vestida e usava sapato de salto baixo. Mamãe e papai os levavam até a sala de estar e ofereciam biscoitos e bebidas. Como sempre, eles ficavam exatamente uma hora e iam embora, de volta para a cidade, levantando um lastro de poeira atrás de si.

E, mais uma vez, estávamos sozinhos em Sugar Beach.

8

Marlene e Eunice em Sugar Beach

Monróvia, Libéria, 1977

Eu estava no meu quarto, de frente para o espelho, olhando a musculatura do rosto enquanto tentava relaxar as bochechas e enrolar certas consoantes, como faziam as crianças americanas, e inventava uns "erres" adicionais.

Eunice apareceu à porta, toda fagueira, usando o seu uniforme escolar liberiano e sorrindo maliciosamente.

— Tá tentando falar que nem americano de novo, é?

— Eu num preciso tentar não, senhora. Falo muito melhor do que você.

Eunice era rápida na resposta quando se tratava de criticar as minhas pretensões americanas.

— Quando a guerra começar, eu vou dizer pra você se mandar, Helene, mas você vai ficar aí parada, praticando os seus "erres" na frente do espelho.

— Não vou ficar praticando "erres", vou praticar "sebo nas canelas".

Eu tinha que praticar o meu sotaque porque Marlene e eu frequentávamos a escola mais refinada de Monróvia: a Escola Americana Cooperativa, na Estrada Velha de Monróvia. Era uma mixórdia de expatriados americanos, estrangeiros em geral, refugiados libaneses e liberianos congos. As crianças americanas variavam desde figuras que se reuniam em grupos de estudos bíblicos (os filhos dos missionários cristãos) até cabeludos rebeldes maconheiros (os filhos dos funcionários da embaixada americana). A minha turma do sexto ano tinha doze alunos americanos, seis libaneses, seis liberianos, dois espanhóis, dois filipinos, um sueco, um irlandês, um dinamarquês, um inglês, um alemão e uma garota de Santa Helena — uma ilha que, segundo ela nos informou, ficava no meio do oceano Atlântico.

A EAC era a escola mais cara da Libéria. A única coisa melhor do que mandar os filhos para a EAC era mandá-los para estudar "longe" — ou seja, num internato no exterior. Quando eu fui para a EAC, no terceiro ano, em 1973, meu pai pagava mil dólares por ano — uma quantia espetacular. Quando eu cheguei ao sexto ano, em 1977, a anuidade tinha saltado para mil e quinhentos dólares. Mamãe e papai pagavam em quatro vezes para que Marlene e eu pudéssemos frequentar, e sempre reclamavam do preço. Mas, de três em três meses, conseguiam, de alguma forma, arrumar dinheiro suficiente, geralmente depois que a mamãe atormentava algum negociante libanês para que pagasse o aluguel.

A EAC era como uma pequena América bem no meio de Monróvia. Nós usávamos jeans e camisetas na escola, e recitávamos o Juramento de Fidelidade aos Estados Unidos da América antes do início das aulas, todos os dias. Foi fácil de decorar, porque era exatamente igual ao Juramento de Fidelidade à República da Libéria. Nós aprendemos a cantar "My Country 'Tis of Thee" e "This Land Is Your Land".

Eunice não conseguia imitar o sotaque americano porque estudava na Escola Missionária Haywood, bem ao lado da EAC. Se meus pais tivessem tido recursos suficientes, provavelmente teriam mandado a Vicky e a Eunice para a EAC também. Mas não tinham, então só Marlene e eu íamos para a EAC. Eunice e Vicky, as filhas adotivas de Sugar Beach, frequentavam escolas menos caras. Vicky estudava na Escola Episcopal B.W. Harris, bem no topo da colina, na Broad Street, no centro de Monróvia; Eunice estudava na Haywood.

Eunice e os outros alunos da Haywood usavam uniforme: blusas amarelas de mangas curtas, saias pretas plissadas para as meninas, calças para os meninos. Quando passavam para o ensino médio, usavam mangas compridas.

Não havia muitas crianças congos na Haywood. Via de regra, a Haywood era povoada de crianças liberianas nativas que estavam sendo criadas por famílias congos. Ou crianças liberianas nativas cujos pais estavam começando a se dar bem na vida.

Por isso, poucas pessoas se perguntavam por que a Eunice chegava à escola de carro e motorista todos os dias. Metade da escola tinha carro com motorista — depois que seus irmãos e irmãs congos haviam sido deixados em escolas de mais prestígio. E ninguém na Haywood se perguntava por que a Eunice morava numa mansão de luxo na beira da praia. Ou por que, durante uma apresentação da escola, ela chegou usando um vestido Christian Dior (cortesia da mamãe) e um perfume Chanel n 5. No mundo Congo-Terra da sociedade de Monróvia, as coisas eram assim mesmo.

Nossos pátios eram separados por um muro de cimento, com cacos de vidro em cima, para manter cada escola no seu respectivo lado. Naquela época, a piada que circulava era que as crianças da Haywood queriam, todas, ir para a EAC, tanto que, quando uma bola passava por cima do muro e caía na Haywood, todo mundo brigava entre si para ver quem devolveria a bola para a EAC. Eunice e eu nunca conversávamos sobre essa piada.

Naquela manhã, nós nos amontoamos dentro do Mercedes do papai, com Fedeles ao volante, e partimos para a escola.

Quando paramos na frente da EAC, Marlene berrou e esperneou, e teve que ser arrastada para fora do carro. Aos seis anos de idade, ela já tinha largado ou sido expulsa de três escolas: Hilton Van EEE, uma escola particular, onde permaneceu por duas semanas depois de algumas infrações; a Escola Particular de Paynesville, onde ficou um dia e foi "convidada a se retirar" depois que enfiou uma folha de papel dentro de um lampião de querosene e ateou fogo a uma sala de aula; e a Escola dos Missionários Cristãos, a ELWA, onde foi rejeitada por se recusar a responder às perguntas do diretor durante a entrevista porque não tinha gostado da imagem de Jesus pregado à Cruz que ele tinha no gabinete.

— Marlene, mostre ao professor Wilson como você é inteligente — mamãe cochichou para a Marlene quando estavam sentadas diante do diretor da escola, durante a "entrevista".

Marlene ficou com a boca fechada. Ela só olhava fixamente para a imagem num silêncio incômodo, até que o diretor sugeriu que talvez ela ainda não estivesse preparada para ser integrada ao corpo discente da ELWA. Naquele dia, mamãe chegou furiosa em casa.

A EAC era considerada a última chance da Marlene na escola, e ela parecia determinada a desperdiçá-la. Fedeles e Vicky nos deixaram diante da escola dando adeusinhos perversos e foram embora apressados. Marlene ficou chorando, sentada no chão, diante da entrada.

— Nããããо! Nããããо! Não me deixa aqui! — gritava. — Por favor! Por favor! Por favor! Por favor! Não! Não! Não!

— Parece um disco arranhado — eu disse, sem paciência.

— Pelo amor de Deus, não me faz entrar lá dentro!

— Marlene, vê se não dá vexame hoje.

Eu fiquei parada em pé diante dela, tentando desesperadamente fazer com que ela calasse a boca antes que os meus amigos nos vissem. A última coisa de que eu precisava era que um dos meus amigos, como o Richard Parker, aparecesse e testemunhasse esse último vexame da família Cooper; eu acabaria tendo que ouvir essa história pelo resto da vida. Olhei para a Eunice com olhar suplicante. Antes que eu abrisse a boca para implorar à Eunice que tentasse convencer a Marlene, ela já estava se afastando.

— Faz uma forcinha. Ela é *tua* irmã — disse.

Então acelerou o passo até a porta ao lado e, entrando na Haywood, sorriu enquanto desaparecia atrás do muro. Antes de me abandonar naquela situação, Eunice ainda me lançou, do outro lado do muro, uma última provocação:

— Lembra do que o Mano Henry disse? — gritou, levantando os dois dedos indicadores e esfregando um no outro. — Você e a Marlene são assim! Ha! Ha!

O ataque da Marlene ainda durou uns cinco minutos. Finalmente, arrastei-a até a sala e entreguei-a à dona Hill — a professora do primeiro ano. Foi um alívio quando finalmente entrei na minha sala do sexto ano, embora eu tivesse o que parecia ser a professora mais malvada do universo, a dona Grimes.

Eu não tinha aula de piano aquele dia, então mamãe veio nos pegar depois da escola. Assim que todas entramos no carro, comecei a fazer uma campanha de convencimento para irmos até a casa da tia Momsie. Afinal, não fazia nenhum sentido voltarmos para o meio do mato se nós já estávamos na cidade.

A casa da tia Momsie era o centro do meu universo social. Primeiro, porque ficava em Sinkor, perto do campo de pouso, e Sinkor era o melhor bairro residencial de Monróvia. A casa dela era construída em vários níveis, como a casa da Família Sol-Lá-Si-Dó. E titia tinha telefone! O número era 26597. A casa não era tão grande quanto Sugar Beach, pelo contrário, mas era o epítome do chique dos anos 1970: paredes forradas de madeira, carpete felpudo e um grande cômodo no subsolo para as crianças brincarem. Havia uma parede inteiramente coberta de discos de vinil.

Tia Momsie era sete anos mais nova que a mamãe, e as duas eram muito parecidas, só que tia Momsie tinha olhos caídos, que faziam com que parecesse estar sempre com sono. Ela tinha o nome da Vó Grand, só que seu nome completo era Ethello Greaves McCritty, e não Ethel. Tia Momsie e tio Waldron eram filhos do segundo casamento da Vó Grand, depois que ela se divorciou do meu avô.

O tio Mac era ainda mais baixo do que o papai, mas muito bonitão, com a pele de um chocolate escuro e covinhas no rosto quando sorria. Tia Momsie e tio Mac estavam sempre dando festas. A casa deles vivia cheia de gente superlegal, que bebia Martini & Rossi e fumava cigarro.

As filhas deles — minhas primas CeRue, Michelle e Ethello — eram tudo o que Eunice e eu queríamos ser: populares, sofisticadas e educadas.

As três eram bonitas. CeRue Izetta Louise McCritty herdou as melhores qualidades físicas da tia Momsie e as multiplicou por dez. Ela era divertida e inteligente. Andou saindo com o pessoal batista por uns tempos, até deixá-los para lá e voltar a frequentar o cinema e as festas.

Michelle Magauwa Juanita McCritty era a irmã do meio estudiosa. Era a preferida da minha mãe, provavelmente por ser a mais calma. Mamãe a chamava de "minha afilhada especial". Ela foi a primeira a fazer permanente na Libéria, e parecia muito com a Donna Summer.

Ethello Cecilia Benedict McCritty, mais conhecida como Tello, minha prima predileta, era exatamente o que se poderia esperar da caçula de três meninas: a pirralha sabe-tudo. Ela mandava em mim porque mandavam nela em casa e porque era quatro meses mais velha do que eu. Tinha uma boca que rivalizava com a da Vó Grand. Mesmo assim, tudo o que eu aprendi sobre como conduzir minha vida social foi com a Tello.

Eunice e eu tentávamos ir à casa da tia Momsie sempre que podíamos. CeRue, Michelle e Ethello eram tão populares que sempre tinham um monte de visitas. Por isso a casa ficava sempre cheia de gente, e andar com elas podia, por reflexo, fazer com que nós ficássemos lindas e maravilhosas também.

A casa era logo no final da rua onde a mãe da Eunice morava, em Sinkor, e a Eunice às vezes visitava a mãe enquanto nós visitávamos Tello'elas. A casa da dona Bull era de cimento, mas tinha um telhado de zinco e uma casinha do lado de fora. Eu só fui com a Eunice visitar a mãe dela uma vez — fiquei embasbacada com a escuridão dentro da casa. O quarto da Eunice só tinha uma lâmpada e um colchão no chão. Havia uma lâmpada atarraxada diretamente na parede da sala. A cozinha ficava do lado de fora, na varanda de trás — na verdade, era apenas um fogareiro a carvão. A fumaça entrava casa adentro, o que lhe conferia aquele odor familiar que caracteriza a Libéria.

— Mãe, a gente vai na casa da tia Momsie hoje? — perguntei, depois de nos sentarmos no banco de trás do carro, reparando, assustada, que mamãe já estava virando à esquerda, indo na direção oposta, rumo a Sugar Beach.

— Tá parecendo que a gente vai pra casa da Momsie? — respondeu mamãe sarcasticamente.

Ela buzinou para o segurança em frente ao portão da casa do tio Cecil quando passamos por lá e, então, entrou na Tubman Boulevard.

Suspirando, olhei pela janela, observando a civilização ficar para trás. Estava na hora de voltar para o meio do mato.

Os grandes eventos aconteciam nas matinês das tardes de sábado, no cinema Relda. A entrada custava setenta e cinco centavos, e a pipoca, vinte e cinco, com manteiga extra. Sempre havia dois filmes: um americano e um de kung fu. Eunice e eu usávamos shorts curtos e botas brancas de cano alto, que papai trouxera para nós dos Estados Unidos, e andávamos languidamente pelo corredor, fingindo estarmos procurando um lugar onde sentar. Na verdade, estávamos examinando a sala, para ver quem estava por lá.

Os filmes americanos eram sempre barulhentos, porque o Relda passava grandes sucessos hollywoodianos de ação que mostravam como os homens brancos sabiam mentir. A frase "Homem branco sabe mentir" era famosa na Libéria; datava de 1969, porque ninguém na Libéria acreditava que Neil Armstrong tivesse realmente andado na Lua.

"Um grande passo para a humanidade", disse Neil Armstrong.

"Ah, homem branco sabe mentir!", disseram os liberianos.

Era essa a litania que nós repetíamos no Relda quando assistíamos a filmes americanos, sobretudo os que mostravam robôs e viagens espaciais.

Depois do primeiro filme americano da matinê, tinha o intervalo; as luzes eram acesas e nós podíamos ver todo mundo que estava lá. Quando chegava a hora de começar o filme de kung fu, todos já se haviam reagrupado para se sentar com outros amigos.

Num sábado pouco antes do Natal de 1977, um rapaz me abordou no Relda e me pediu em namoro. Ele se chamava Lawrence Lincoln, e era um liberiano nativo adotado por uma rica família congo. Eu ainda não estava muito interessada em rapazes, além da minha quedinha pelo Fedeles, mas eu queria parecer legal, e tanto a Tello quanto a Eunice me aconselharam a aceitar essa rara proposta. Por isso, eu disse ao Lawrence um rouco "sim" — ou assim eu pretendi que fosse, segundo instruções da Eunice e da Tello.

— Vamos ver no que dá — eu disse.

Naquela noite em Sugar Beach, Eunice e eu nos sentamos na minha cama e confabulamos, durante horas, sobre como eu poderia usar esse novo relacionamento para nos tornar, a ambas, mais populares.

— Agora que cê tem namorado, os outros rapazes vão vir correndo — disse Eunice. — Até que seria bom se eles viessem pra Sugar Beach.

Nos três sábados seguintes, Lawrence e eu íamos ao Relda e ficávamos sentados em assentos separados durante a primeira sessão da tarde, rindo com os nossos primos. Então, na hora do filme de kung fu, eu deixava a Tello e a Eunice e ia me sentar sozinha, deixando um lugar vago do meu lado. Lawrence pulava para a cadeira vazia e colocava o braço em volta do encosto. Não falávamos uma palavra sequer, só ficávamos lá sentados, no escuro, vendo o Bruce Lee quebrar o pau depois do habitual assassinato do seu mestre por gangues de Hong Kong.

Com duas semanas de relacionamento, chegou a época do Natal, e eu não sabia o que deveria comprar para o Lawrence de presente. Tello, que também tinha namorado, Ronnie Weeks, tinha sido mais rápida do que eu. As estações de rádio liberianas viviam transmitindo o comercial de uma água-de-colônia americana chamada Trouble — "Problema". Anúncios capciosos diziam: "Dê um Problema para o seu homem nesse Natal."

Poucos dias antes do Natal, mamãe nos levou para fazer compras na Broad Street.

— Ô Eunice — sussurrei, ao entrarmos na drogaria Evans. — Me ajuda a comprar escondido um Trouble pro Lawrence.

— Quê? Tá maluca? Pra tia Lah brigar comigo? Não mesmo.

— Ah, vai, quebra esse galho pra mim, vai!

Ignorando-me, Eunice foi até a sessão de sais de banho e começou a brincar com os frascos coloridos. Com um olhar sub-reptício para a mamãe, me dirigi para o setor de águas-de-colônia masculinas. Mamãe percebeu o que eu estava pretendendo.

— Não deixa a Helene comprar colônia pra homem! — gritou para a Helen Gibson, uma das vendedoras da drogaria. — Ela é nova demais pra essa bobagem.

— Ora, sim senhora, tá querendo comprar perfume pro namorado? — perguntou-me Helen Gibson, beliscando a minha bochecha como se eu fosse um bebezinho.

Mamãe nos levou a todas ao outro lado da rua e me fez comprar um livro do Mark Twain, *As aventuras de Huckleberry Finn*, para o Lawrence.

Eu fiquei mortificada, mas dei a ele o livro, no dia seguinte, no Relda.

— Feliz Natal — falei baixinho.

Ele me deu um dólar e um anel folheado a prata.

Tello veio até nós. Estávamos parados, ao lado da porta lateral do Relda.

— Que foi que a Helene te deu de Natal? — perguntou Tello para Lawrence, com um sorriso sardônico.

— Ela me deu um livro. E o que foi que cê deu pro Ronnie?

Era óbvio que a Tello vinha ensaiando aquilo e aguardava por aquele momento.

— Eu dei um Problema pro meu homem nesse Natal — anunciou com voz rouca.

No sábado seguinte, estávamos assistindo a *Operação Dragão*, do Bruce Lee, sentados juntos no Relda, quando, de repente, o Lawrence se inclinou sobre mim e me deu um beijo no canto da boca. Uma coisa molhada. Pulei da cadeira e corri até o banheiro feminino. Fiquei lá por uns quinze minutos, depois voltei para o lado do Lawrence para romper com ele.

— Acho que não tá dando certo entre nós — eu disse.

Ele me olhou.

— Eu soube que cê andou dizendo por aí que ia acabar com o nosso namoro.

— Num andei dizendo coisa nenhuma! — neguei, embora eu tivesse feito exatamente isso.

Poucos dias antes, Nyemale, minha colega de sala, havia me perguntado se o Lawrence era meu namorado. Seguindo as instruções da Eunice no sentido de tentar aumentar a nossa recém-conquistada popularidade, eu disse que sim, mas acrescentei que "não por muito tempo". Eu estava tentando tirar uma onda.

Eu devia ter imaginado que a Nyemale iria espalhar a notícia e que, agora, o Lawrence sabia e estava magoado. Colocada contra a parede, menti.

— Num falei nada disso. Essa Nyemale Dennis é uma grandessíssima duma mentirosa.

Agora eu estava atacando a honra da Nyemale. E ela tinha amigas que já tinham batido em mim uma vez, dois anos antes.

Nos dias que se seguiram, as acusações jorraram. No sábado, no Relda, estava claro que haveria uma confrontação entre Nyemale e mim. E suas amigas. Na última vez que elas tinham batido em mim, pelo menos tinha sido na privacidade do banheiro feminino, na escola. Agora, seria na frente de toda a sociedade de Monróvia, em pleno Relda.

— Eunice, o que é que eu vou fazer? — perguntei desesperada, na noite de sexta-feira, véspera do dia da grande luta.

Eu estava andando de um lado para o outro na sala de TV, enquanto Eunice assistia a "Missão Impossível". Eu adorava a série, mas aquela não era hora de pensar em explodir gravadores. Eu ia levar uma surra memorável, em público.

— Mas por que cê tinha que mentir daquele jeito?

— Num sei!

Eunice olhou para mim. Eu estava arrasada.

— Elas vão te dar uma coça. Ah, se vão!

Eunice me levou para fora, pelo lado da casa que dava para o oceano, a fim de me ensinar a lutar. As ondas do mar estavam arrebentando na praia, fazendo um ruído tão alto que tínhamos que gritar para uma ouvir o que a outra dizia. A aula estava sendo dada meio tarde, já que o confronto estava marcado para o dia seguinte, mas eu estava em pânico.

— Tá bom. Isso é o que você tem que fazer se ela te chutar — disse Eunice, dando um chute na minha barriga.

— Ai! — Fui caindo para trás, de costas, na grama.

— Mas como cê é molenga!

— Por que cê me chutou assim?

— Como você vai aprender a lutar se eu não te chutar?

Eu me levantei, limpando os fundos do short. A grama molhada tinha grudado na pele; cocei a minha perna.

— Acho que um mosquito me mordeu — eu disse.

Eu sabia que estava agindo como uma menininha mimada, que merecia levar uma surra. As lágrimas começaram a rolar.

— Eunice, o que é que eu vou fazer?

Ela balançou a cabeça, decepcionada.

— A garota ainda nem encostou em você e você já tá chorando?

Virando as costas, Eunice andou até a frente da casa e depois entrou, e eu segui atrás. Descemos pelo corredor em direção aos quartos. A casa estava totalmente silenciosa, a não ser pelo zumbido dos aparelhos de ar condicionado — o ar-condicionado central do papai já tinha pifado havia muito tempo. Eunice abriu a porta do quarto da Marlene cuidadosamente; nós entramos na ponta dos pés e nos deitamos em nossos respectivos colchões, no chão.

O silêncio durou uns dez minutos. Dava para ouvir a respiração pesada da Marlene; ela estava dormindo profundamente. Mas eu não ouvia nada vindo do lado da Eunice, o que significava que ela ainda estava acordada.

— Eunice — murmurei.

— P-p-p-para de ch-ch-choramingar. Cê acha que eu vou deixar alguém te bater?

O gaguejo tinha voltado, ela estava cheia de mim.

No dia seguinte, fomos ao Relda às duas da tarde, como de costume. Eu estava com o coração na boca. Eu sabia que a nossa briga estava marcada, não oficialmente, para depois da sessão — era quando todas as brigas aconteciam. Seria no estacionamento na frente do Relda, na hora em que os pais e os motoristas pegavam as crianças. Era lá que as pessoas se reuniam e faziam longas despedidas antes de voltarem para casa.

Depois da sessão, saí do cinema me arrastando, fechando e abrindo o punho. O grupo estava reunido do lado de fora, esperando por mim. Vi o Lawrence sentado sobre a cerca, ligeiramente longe, assistindo a tudo. Nyemale, ladeada por suas amigas horrorosas, me esperava. Diante delas, havia um espaço vazio, onde eu deveria me colocar. Eu empaquei diante da porta.

—Vem cá pra fora, Helene Cooper! — gritou alguém.

Foi quando eu as vi. Ao lado do meu espaço de luta estavam Eunice, Vicky, Janice, Ethello, CeRue, Michelle e até Marlene. Elas estavam me aplaudindo. Estavam animadas e prontas para cair dentro.

Eu tinha reforço.

Andei até a Nyemale rebolando, com as mãos nas cadeiras. Parei de maneira dramática, esperando que se fizesse silêncio ao redor. Então, lancei:

— O que é que cê vai ganhar mentindo assim, Nyemale? Dinheiro?

Eu nem lhe dei a oportunidade de abrir a boca. Toda a força de minhas irmãs e primas estava fluindo dentro de mim. O sangue que herdei de Vó Grand estava pulsando nas minhas veias. Eu lhe disse os maiores desaforos que ela já tinha ouvido na vida. Aí, cercada por minhas irmãs e primas, saí pisando firme, para dentro do Mercedes que nos aguardava, com Fedeles ao volante. Arrancamos, deixando uma nuvem de poeira. Ia ser um Feliz Natal, afinal de contas.

9

Tio Julius, mamãe, Mano Henry e papai na festa de casamento

Sugar Beach, Libéria, 1977

"São considerados pessoas ordeiras e decentes; muitos dos quais, exceto pela cor de suas peles, teriam sido membros distintos da sociedade nos Estados Unidos."
Niles Weekly Register, 7 de fevereiro de 1829
Norfolk, Virgínia

Eunice e eu estávamos no meu quarto, fazendo as nossas listas de Natal, quando ouvimos o soar de tambores a distância, no final da estrada de Sugar Beach. Eunice olhou para mim, com os olhos arregalados atrás dos óculos. Exatamente no mesmo instante, nós compreendemos de quem se tratava.

— Papai Noel! — gritamos, correndo pela casa até atravessarmos a varanda da cozinha. Marlene nos seguiu, quase tropeçando escada abaixo.

Mamãe, Vicky, papai, John Bull, Janice, todos se aglomeraram atrás de mim e da Eunice. Todos os membros da casa se apinharam na varanda e se espalharam pelo gramado. Papai Noel tinha vindo a Sugar Beach! E descido a estrada até a nossa casa!

Papai Noel, usando pernas de pau e saia de folhas de palmeira, uma máscara de madeira com dois furos nos olhos e uma longa peruca loura, entrou a passos largos e rápidos no nosso quintal. Ele vinha cercado de três percussionistas. Os bassas da Cidade de Bubba se aglomeravam atrás dele, batendo palmas ao ritmo dos tambores. Palma saiu correndo de trás da mãe e subiu apressada as escadas da varanda para encontrar Marlene. As duas começaram a pular para cima e para baixo, sorridentes.

Quando Papai Noel pisou no nosso gramado, o quintal ficou silencioso. O ar úmido da noite empapava o meu rosto: cheio do odor do Papai Noel e de sua vestimenta; a crueza do osso pendurado no colar ao seu pescoço, o cheiro pungente de sua saia. Era um odor bruto, animal, semelhante ao almíscar. Era o cheiro de casa.

Os percussionistas começaram a marcar o compasso.

Bum. E outro bum.

Os pelos dos meus braços ficaram arrepiados. Eunice agarrou minha mão e apertou firme.

Bum. Bum.

Então, o pessoal da Cidade de Bubba, atrás dos tambores, começou a cantar:

Nós somos, nós somos o Papai Noel, nós somos...
Nós somos, nós somos o Papai Noel, nós somos...

Os tambores aceleraram a batida, e todos nós cantávamos a mesma frase:

Nós somos, nós somos o Papai Noel, nós somos...
Nós somos, nós somos o Papai Noel, nós somos...

Tambores ainda mais rápidos. Papai Noel, trepado em sua perna de pau, pulava de uma perna para a outra, pisando na grama dentro do ritmo. Marlene correu para trás dele, tentando imitá-lo, e ele rodopiou em torno de si mesmo para pegá-la e levantá-la. Ela ria, e seus olhos faiscavam de alegria. Palma pulou atrás dele, e ele se curvou e a levantou também. Agora Papai Noel tinha duas menininhas, uma em cada braço, balançando, enquanto continuava a rodopiar e a dançar. Aproveitando o momento, todos corremos para o quintal e dançamos com o Papai Noel.

Formamos um círculo, com Papai Noel, Marlene e Palma no meio.
Nós somos, nós somos o Papai Noel, nós somos...
Nós somos, nós somos o Papai Noel, nós somos...

Girando, girando, cantando, dançando e rindo, em meio ao ar da noite. Eu me sentia livre, feliz e radiante de alegria. O Natal estava chegando e eu estava dançando e cantando no meu quintal, com a minha família e com o Papai Noel.
Nós somos, nós somos o Papai Noel, nós somos...
Nós somos, nós somos o Papai Noel, nós somos...

Até que finalmente acabou, os tambores cessaram, nós paramos de dançar, e Papai Noel abaixou-se e, delicadamente, colocou Marlene e Palma no chão. Ambas ficaram agarradas às pernas de pau e não queriam largar. Papai Noel virou-se para o papai.

— Cadê o meu Natal? — perguntou.

Papai enfiou a mão no bolso e lhe deu uma nota de cinco dólares.

Normalmente papai estava trabalhando, ou visitando o tio Julius, na casa ao lado, ou bebendo cerveja no posto de gasolina, ou enfiado na fazenda.

Por isso, eu ficava muito animada no dia em que seus amigos vinham visitá-lo em Sugar Beach. Eu sabia que o grupo desceria as escadas, para a sala de recreação, a fim de discutir os acontecimentos do mundo, então eu pegava a revista *Newsweek* do papai e corria escada abaixo antes que eles chegassem.

Eu estava acabando de verificar se havia lagartixas na minha cadeira de veludo preferida quando eles entraram pelo corredor que ligava a escada à sala de recreação. Pulei na cadeira rapidamente, cruzei as pernas e abri a revista. Não me dei ao trabalho de ler o que quer que fosse, mas fiquei franzindo pretensiosamente a boca, como se estivesse estudando a revista.

Papai entrou com o tio Julius, o seu Upton e o Lomax. Os homens se sentaram nas poltronas de couro ao redor da mesinha de centro, enquanto papai preparava as bebidas no bar: gim-tônica para o tio Julius e para o seu Upton, brandy para o papai. Papai e tio Julius já tinham bebido cerveja durante a manhã, e eu fechei a cara. Eles raramente pareciam realmente bêbados, e não costumavam trocar as pernas. Mas estavam sempre bebendo cerveja como se fosse Coca-Cola.

Uma barata saiu de dentro das dobras da minha cadeira e subiu pela minha perna. Joguei-a no chão e continuei estudando a minha revista.

Os homens começaram a falar sobre o pacto sino-soviético. Eu sabia o que era "Sino" — era uma das nove regiões da Libéria, em algum lugar ao norte. "Soviético" eu tinha acabado de aprender na escola, e era uma outra palavra para Rússia. Pulei fora da minha cadeira e me pendurei na poltrona do papai, adotando o que eu esperava ser um ar intelectual.

— É melhor o presidente Tolbert tomar cuidado — comentou o tio Julius. — Esse pacto sino-soviético vai deixar os Estados Unidos ainda mais paranoicos com a África.

—Tolbert não tá nem aí — disse papai. — E, pra ser sincero, eu até que entendo. Os americanos vêm menosprezando a Libéria há muito tempo.

Consciente de que a conversa estava prestes a tomar rumos conhecidos — as reclamações habituais sobre como os Estados Unidos tratavam a Libéria como se fosse um filho postiço — e de que eu estava prestes a perder uma ótima oportunidade de me exibir, entrei na conversa:

— Eu também tenho andado preocupada com o pacto sino-soviético. Tem russos demais em Sino, não é mesmo?

Fez-se silêncio na sala por uns dez segundos. Então, a gargalhada explodiu e durou o que pareceram horas. Papai tinha lágrimas rolando pelas faces de tanto rir. Ele me abraçou forte. Àquela altura, eu já tinha percebido que tinha feito papel de boba, mas quase não ligava, porque tinha feito o papai rir.

— Essa é a minha garota! — papai ficava repetindo, enquanto sacudia a cabeça.

Mamãe era uma menina magricela com olhos castanhos grandes e tristonhos. Papai era um garoto espevitado, esperto até demais. Ele era o piadista da família, enquanto o seu irmão, o tio Julius, que o seguia por todos os lugares, era sério e estudioso — o que lhe valeu o apelido de "Prof".

Quando papai e o tio Julius eram pequenos, a Vó Gene, mãe do papai, sempre fazia três tranças no cabelo do tio Julius. Um dia, uma mulher viu os dois irmãos e parou para admirar a linda menininha — o tio Julius. Papai ficou ofendidíssimo.

— Ju-ju! Deixa eu tirar a tua fralda pra eu mostrar pra ela o teu pipiu. Você num é menininha, não.

Mamãe e papai se conheceram quando adultos, mas só nos Estados Unidos, quando ambos estavam na faculdade, nos anos 1950. Mamãe foi até a capital, Washington, para um casamento e pegou catapora. Ela se escondeu na casa de uma amiga até as manchas sumirem. Era primavera, uma linda tarde de domingo, quando seu irmão, o Mano Henry, apareceu de carro, acompanhado de duas pessoas. Sentada no banco de trás, estava a sua nova namorada. Sentado no banco da frente, estava o papai, sorridente. Mano Henry tocou a buzina e mamãe saiu.

— Anda, Lah. A gente tá indo pro Haines Point — gritou o Mano Henry do conversível.

Haines Point, no parque Potomac, era, havia muito tempo, o parque da cidade de Washington em que os negros eram mais bem-vindos. Mano Henry queria que o papai distraísse a mamãe enquanto ele namorava a sua nova conquista: ambos os rapazes tinham cobertores, que estenderam sobre a grama do parque.

Então lá estavam eles, os meus futuros pais, dois liberianos congos, ambos nascidos em berço de ouro. Mamãe era uma beldade esbelta, magra e alta, com pele cor de café com leite. Papai tinha exatamente a mesma altura que ela, mas possuía as bochechas rechonchudas que identificam todos os membros da família Cooper. Como muitos outros da família, adorava vinho, mulheres e música.

Com o outro casal a poucos metros de distância, mamãe e papai se sentaram no cobertor. Mamãe decidiu rapidamente mostrar ao papai que era culta e inteligente, e recitou para ele o seu poema favorito.

Serena, cruzo as mãos e aguardo
Não me importa o vento ou a maré ou o mar
Não me insurjo mais contra o tempo ou o fado
Porque o meu amor até mim virá.

Quando terminou, mamãe olhou para o papai.

— Qual é o seu poema favorito? — perguntou.
Sua resposta não podia ter sido mais incomum. Papai recitou "Invictus".

Na noite negra que me acoberta,
Como a profundeza, de polo a polo,
Agradeço aos deuses que houver
Por minh'alma indomável.

Não importa quão estreita a porta,
Quantos os castigos por vir,
Sou eu o mestre do meu destino,
Sou eu o capitão da minha alma.

Mamãe ficou logo melindrada com a escolha do papai.
— Como assim "os deuses que houver"? Só existe um Deus.
Ignorando aquele sinal precoce de incompatibilidade, os dois insistiram no erro, recitando poesia um para o outro sob o sol de uma tarde de domingo.

Mas papai só estava sendo Cooper. Eles eram obstinados desde o início, mais com relação a negócios do que a romances.
Os Cooper chegaram à Libéria em 18 de março de 1829. O meu tataravô Randolph Cooper tinha trinta e três anos quando ele e seus três irmãos — Reid, Garret e Thomas — desembarcaram tranquilamente do navio *Harriet*, ostentando a fisionomia que é a marca registrada dos Cooper, uma queda para os negócios e uma autoestima inabalável. A lista de passageiros do navio indicava a profissão de dois dos quatro irmãos Cooper: Reid e Garret, ambos marinheiros.
Os quatro irmãos Cooper haviam embarcado no *Harriet* em Norfolk, Virgínia, em 7 de fevereiro de 1829. O movimento de retorno à África estava em pleno apogeu, e havia uma forte crença, entre muitos americanos proeminentes, de que se livrar dos negros era do interesse, a longo prazo, dos Estados Unidos. O pensamento reinante, particularmente entre os que eram a favor da continuidade da escravidão nos Estados Unidos, era de que ter negros libertos andando soltos pelo país representava um péssimo exemplo para os negros que ainda eram escravos.

O *Harriet* estava cheio de negros libertos da Virgínia, inclusive Joseph Jenkins Roberts, que se tornaria o primeiro presidente da Libéria; James Spriggs Payne, que viria a se tornar o quarto presidente da Libéria; e um sujeito que atendia pelo nome de Abdul Rahman Ibrahima, príncipe da África Ocidental que fora vendido como escravo quarenta anos antes. Ibrahima havia sido capturado por guerreiros tribais em Timbo, na África Ocidental — hoje Guiné —, e vendido a traficantes de escravos, e acabou indo parar em Natchez, no Mississippi, numa fazenda de cultivo de algodão e tabaco.

Em Natchez, Ibrahima casou-se com uma escrava, teve nove filhos e veio a se tornar capataz da fazenda. Sua história teria terminado numa sepultura no Mississippi, como ocorreu com as vidas de inúmeros outros africanos, se não fosse por um insólito encontro em 1807, no mercado local, com um médico branco cuja vida havia sido salva pelo pai de Ibrahima anos antes na África. Ibrahima, que estava na cidade para vender batatas, viu o médico e, reconhecendo-o, abordou-o com a cesta de batatas equilibrada na cabeça.

O médico reconheceu Ibrahima imediatamente como o príncipe cuja família o havia acolhido na África.

— O senhor me conhece? — perguntou o médico a Ibrahima.

— Sim. Eu o conheço muito bem — respondeu Ibrahima.

O médico tentou comprar a liberdade de Ibrahima ao seu proprietário, que se recusou a vendê-lo. Anos depois, um jornalista sulista contou essa história ao secretário de Estado do presidente Adam, Henry Clay — membro fundador da Sociedade Americana de Colonização —, que, pessoalmente, convenceu o senhor de Ibrahima a libertá-lo e a colocá-lo a bordo do *Harriet* rumo à Libéria.

Infelizmente para Ibrahima, foi aí que ele conheceu os Cooper.

Muitos dos colonos a bordo do *Harriet* levavam consigo estruturas pré-fabricadas para construir suas casas quando chegassem à Libéria. Além das tábuas de madeira e dos encaixes do esqueleto das casas, os colonos também transportavam caixas de pregos e outras ferramentas.

Ibrahima não tinha uma estrutura pré-fabricada, mas um representante da Sociedade Americana de Colonização disse que a companhia havia comprado, a bordo do navio, uma das estruturas de um dos irmãos Cooper.

Ibrahima abordou os Cooper, ainda no navio; os irmãos se recusaram a lhe dar a estrutura pré-fabricada. "Lamento informar que McPhail me desapontou", escreveria depois Ibrahima à Sociedade Americana de Colonização, referindo-se ao representante que dissera ter comprado a estrutura modelar dos Cooper. "Ele me disse que havia comprado a mordura [sic] da casa para mim, e que ela estava a bordo do navio, mas quando cheguei aqui descobri que ele não tinha pago." Um colono chamado Cooper, proprietário da moldura, "não me deixou levar o material". Uma caixa de pregos, também prometida, não foi entregue. "Não tenho casa nem posso construir uma, pois não há um prego sequer à venda na colônia, nem posso obter um, mesmo apelando para o atrativo do dinheiro."

Assim, os Cooper ficaram com a sua moldura. Eles saíram do *Harriet* e contemplaram Monróvia, seu novo lar. Elijah Johnson havia estado ocupado nos últimos sete anos. Tinha construído dois fortes, com vinte armas cada, protegidos por duas companhias de forças armadas uniformizadas, que agiam sob seu comando. Àquela altura, havia umas cem casas em Monróvia, além da igreja — que se tornaria um ponto cardeal para minha família —, a Primeira Igreja Metodista Unificada, na Ashmun Street. Havia uma escola e uma biblioteca. Havia até uma cadeia.

Ibrahima escreveu para a Sociedade Americana de Colonização que ia "passar as chuvas na colônia sem uma casa".

A estação das chuvas começou em maio, como sempre ocorre na Libéria. Os irmãos Cooper construíram a sua casa e se protegeram das chuvas entre paredes sólidas. As paredes de bambu da casa improvisada de Ibrahima mal conseguiam mantê-lo seco. Em meados de junho, quando as ruas de Monróvia ficaram inundadas, Ibrahima ficou doente.

No dia 6 de julho de 1829, apenas quatro meses depois de seu retorno às terras africanas, Ibrahima morreu. Ele tinha sessenta e sete anos de idade.

Será que a Sociedade Americana de Colonização pagou aos irmãos Cooper pelas estruturas de madeira e eles não honraram o negócio?

Espero que não, mas creio que jamais saberei a verdade sobre o que aconteceu.

Só sei que o meu tataravô Randolph Cooper e seus irmãos permaneceram saudáveis, na casa que construíram com sua madeira vinda da Virgínia.

Eles começaram a vender as mercadorias que trouxeram consigo de Norfolk. Reid e Garret foram trabalhar na navegação, e, quando completou quarenta e cinco anos, Reid Cooper já era comandante da escuna *Lark*, do governo liberiano, e responsável pela segurança da costa liberiana.

Os Cooper estavam em plena ascensão enquanto o tempo de Elijah Johnson estava chegando ao fim. Elijah Johnson liderou várias campanhas militares pelo interior do país para lutar contra os africanos nativos, inclusive um ataque relâmpago, com cento e setenta militares e cento e vinte escravos africanos libertos, ao coração da Libéria, contra o chefe nativo Brumley, que havia acabado de vender escravos para traficantes. Em 1847, Elijah Johnson foi delegado da Convenção Constitucional da Libéria e um dos signatários da Declaração de Independência.

Elijah Johnson viveu o suficiente para ver o país que ele supostamente fundou tornar-se a primeira república negra da África. Até a data de sua morte, em 1849, a Libéria havia declarado sua independência dos Estados Unidos, expandido o seu território até a Costa do Ouro, colônia britânica, e a Costa do Marfim, colônia francesa, e, com o apoio dos britânicos, exterminado o tráfico negreiro naquela minúscula faixa de terra.

O obituário que saiu no *Liberia Herald* falando sobre Elijah Johnson, morto de causas naturais, soa como uma ode:

> *Seus serviços nos conflitos em que a colônia tem se envolvido com os nativos — na maioria dos quais ele exerceu um papel fundamental — foram de valor inestimável. Seu peito era sede de um espírito que jamais vergava. Sua energia mental elevava-se com as exigências da ocasião; e o choque furioso de povos em conflito, como a colisão entre o aço e o sílex, só fez emergir o fogo que permanecia oculto em seu ser.*

Os Cooper assumiram as rédeas da luta para manter a colônia — agora um país — viva. Em 1851, Reid Cooper comandou o *Lark* quando o navio levou o novo presidente liberiano, Joseph Jenkins Roberts, e setenta e cinco dos homens da antiga milícia de Elijah Johnson até o Refúgio Bassa, subindo pelo litoral, a fim de resgatar um grupo de colonos que estava sendo perseguido. Em 1854, Reid Cooper voltou sua ira contra os britânicos, quando um capitão britânico tomou um navio liberiano, o

Anna Maria, que veio em seu auxílio quando o navio britânico *Wellington* afundou. O comandante do *Wellington* tentou navegar o *Anna Maria* até Freetown. Randolph Cooper, a essa altura comodoro da Marinha liberiana, recapturou o *Anna Maria*.

Randolph Cooper casou-se e teve um filho, a quem deu o nome de seu irmão, Reid. E Reid teve um filho chamado Randolph Cassius Cooper, que teve um filho chamado John Lewis Cooper, conhecido em toda a Libéria como Radio Cooper. E Radio Cooper teve um filho chamado John Lewis Cooper Jr.

Meu pai.

Quanto a Elijah Johnson, antes de morrer, em 1849, teve vários filhos também. Um deles, Hillary R. Johnson, tornou-se o primeiro presidente liberiano nascido no país. Mais importante para mim, porém, foi a filha mais velha de Elijah Johnson, Ellen Ray. Ela nasceu em Monróvia, em 1825. Casou-se com Gabriel Moore, um negro liberto do Mississippi. O casal teve cinco filhos, inclusive uma filha, Rachel. E Rachel teve uma filha, Johnette Louise, que se casou com Wilmot E. Dennis. Johnette Louise teve uma vida curta, falecendo aos vinte e oito anos. Mas, antes de morrer, teve três filhos: o meu tio-avô Gabriel, minha tia-avó Louise e o meu avô Henry — conhecido em toda a Libéria como Capitão Dennis. E o Capitão Dennis teve Calista Esmeralda Dennis. Minha mãe.

A poesia não foi suficiente para unir mamãe e papai. Papai voltou para a Libéria e casou com Toulia Dennis, a filha gorducha de um outro ramo da família Dennis. Quando papai e Toulia se divorciaram, cinco anos depois, mamãe e papai retomaram sua história.

Àquela altura, mamãe estava com trinta anos de idade, uma verdadeira solteirona para os padrões liberianos. Ela também tinha voltado à Libéria e estava morando na casa da Vó Grand, depois de dez anos nos Estados Unidos. Estava cansada de ouvir a vovó gritando com os empregados. Mamãe queria seus próprios empregados com os quais gritar.

Certa manhã, um mensageiro foi até sua casa para informá-la de que Vó Galley, a avó adorada da mamãe e mãe da Vó Grand, havia morrido em casa. Elas correram até a casa da Vó Galley.

Mamãe soluçava, segurando a mão fria da avó. Vó Grand estava perambulando agitada pela casa. Ela precisava de um pouco de tempo sozinha naquela casa, por isso pediu à mamãe que desse uma saída:

— Lah, vai chamar um médico.

— Pra que que a gente precisa de médico? Ela tá morta.

Vó Grand explodiu.

— A gente precisa de um atestado dizendo que ela morreu! A gente tem que provar que ela morreu! Vai chamar um médico!

Mamãe pegou o carro, um Ford Galaxy, da casa da Vó Galley na Randall Street. Ainda era cedo naquela manhã de domingo, e a Broad Street estava vazia. Foi quando mamãe viu o papai saindo de um bar das redondezas. Ela buzinou, e ele aproximou-se da janela do motorista. Ele cheirava a cerveja.

— Mas onde é que você pensa que vai a uma hora dessas?

— Vó Galley morreu. Tenho que encontrar um médico.

— Por que você tem que procurar um médico se ela tá morta?

— Porque mamãe diz que a gente precisa de um atestado de óbito.

Papai lhe disse para voltar para casa.

— Vou encontrar um médico pra você.

Mais tarde, quando a Vó Grand mandou a mamãe buscar alguém para fazer o discurso no enterro da Vó Galley, papai ajudou de novo. O primeiro pastor que ela tinha requisitado recusou o pedido.

— Não posso — disse o pastor à mamãe. — Ela não gostava de mim, e, pra dizer a verdade, eu também não ia lá muito com a cara dela.

Papai levou mamãe até o reverendo Faulkner. A caminho de casa, mamãe encontrou por acaso um amigo do papai, que a convidou a ir a um bar, tentando consolá-la. Mamãe não aceitou, mas o amigo comentou com o papai que ela era linda. Papai falou para ele ficar na dele.

Mamãe resolveu que iria seduzir o papai. Ela estava cansada de viver com a Vó Grand. Suas amigas estavam todas casadas. As pessoas estavam chamando-a de solteirona. Ela sabia que papai vivia bebendo com os amigos no Bar do Max — um bar no centro da cidade. Mamãe estacionou o carro a três quarteirões de distância, ajeitou o cabelo e entrou no bar. Houve uma explosão de surpresa.

— A Lah entrou num bar! Quem morreu?

Papai estava lá, mas todos os amigos dele também: Lomax, Clarence Parker, Cecil Dennis. Até o irmão caçula da mamãe, Waldron (mesma mãe).

— O meu carro tá com problema. Vim pedir uma carona pra voltar pra casa — disse mamãe, olhando ostensivamente para o papai. Ele estava prestes a levantar quando o tio Waldron deu um pulo.

— Eu te levo!

Ela começou a berrar com ele assim que saíram do bar. Parados na calçada de terra, diante do Bar do Max, mamãe disse:

— Quem foi que te pediu pra me levar em casa? Eu quero que o John me leve!

— Tá bom — disse o tio Waldron, já começando a rir. — A gente volta lá pra dentro e eu digo que não consigo achar as chaves do carro.

Era uma mentira deslavada, mas ela não se importava, e voltou para dentro do bar. Dessa vez, papai aproveitou a deixa, mas todo mundo entendeu o que estava acontecendo. Lomax zombava baixinho, enquanto os dois saíam do bar:

— Tá na cara que a Lah só tava querendo que o John levasse ela pra casa.

Papai a levou de carro. Andaram por toda a cidade de Monróvia, passando direto pela casa da Vó Grand, pela ilha Bushrod, em direção à margem do rio Saint Paul, onde estacionaram. Mamãe tentou lhe dizer que queria casar com ele, mas, em vez disso, acabou só dizendo que estava cansada da mãe enchendo a paciência dela o dia todo.

— É assim que você me vê? Uma oportunidade de sair de casa? — disse papai. Primeiro ele riu. Depois parou. — Isso não é brincadeira pra mim.

Vó Gene, a mãe do papai, não gostava nem um pouco da mamãe; ela se sentia em competição com a Vó Grand, lembrando dos tempos em que a Vó Grand cuidou do seu filho caçula, o tio Julius. Vó Gene e Radio Cooper viviam na fazenda quando o tio Julius, ainda bebê, contraiu malária. Vó Gene ficou desesperada, sem saber o que fazer. Vó Grand interveio, instalou-se na fazenda com eles e passou a dormir no quarto do bebê. Ela fazia chá antitérmico — uma concocção horrível de folhas de chá africanas e manjericão. Dava-lhe banho de água fria para baixar a febre e o enrolava em cobertores quando tiritava de frio. Cantava para ele. Ficou lá durante seis dias, até que o bebê melhorasse.

Vó Gene agradeceu, mas nutriu uma mágoa desde então. Ela não reagiria muito bem se a filha da Vó Grand casasse com o seu precioso filho.

Mamãe sabia disso tudo. E, no entanto, falou para o papai:

— Isso também não é brincadeira pra mim.

Eles se casaram no dia 15 de julho de 1964.

Na festa do casamento, Vó Gene disse para quem quisesse ouvir:

— Durante décadas, aquela mulher pôde se vangloriar de ter salvo a vida do Julius quando ele era bebê. Bem, considero a minha dívida de gratidão paga — concluiu.

Cyrus Vance, Jimmy Carter, William Tolbert e primo Cecil no almoço
oficial em homenagem a Jimmy Carter na Mansão Executiva

Monróvia, Libéria, 1978

Sempre temi que os meus pais se divorciassem. Era o meu terceiro maior medo, logo depois de que um deles fosse sequestrado na estrada para Sugar Beach por um feiticeiro-curandeiro, ou do meu maior medo — ser tragada para o fundo da lagoa por um *neegee*. Desde que eu tinha completado cinco anos, eu tinha uma frase final para as minhas orações noturnas: "Por favor, não deixe que mamãe e papai se divorciem."

Eles brigavam o tempo todo, geralmente pelo fato do papai, como a maioria dos homens liberianos, ter namoradas. Mamãe não gostava daquilo. Ela começava a chorar e a cobri-lo de perguntas, e papai ficava quieto e não respondia. E ela continuava fazendo perguntas, e ele continuava não respondendo, até que ele finalmente explodia e berrava com ela. Eu conseguia ouvi-los porque o meu quarto era ao lado do deles.

Mas quando não estavam brigando, os dois riam muito. Eu adorava quando eles implicavam um com o outro, o cinismo do papai provocando a mamãe, o sorriso debochado que se espalhava pelo rosto dele, os olhos revirados dela quando percebia que tinha sido enrolada de novo. Papai estava sempre zombando da cara da mamãe, porque ela levava tudo muito a sério. Certa manhã de sábado, papai acordou espirrando. Ele espirrou uma vez por minuto, durante aproximadamente uma hora. Andou pela casa espirrando. Toda vez que espirrava, gritava consigo mesmo, como se mamãe estivesse gritando com ele.

Espirro.

— John, vai colocar o roupão!

Espirro.

— John, vai calçar o chinelo! Esse chão tá frio!

Espirro.

— John, sai dessa despensa gelada!

Espirro.

— John, vai assoar o nariz!

Espirro.

Por quase uma hora, papai espirrou e recebeu ordens diferentes de mamãe que, supostamente, explicavam a razão de tantos espirros. Jack, o empregado; Velho Charlie, o cozinheiro; e Sammy Cooper estavam às gargalhadas: era uma rara oportunidade para rir da mamãe. Eunice, Marlene e eu o seguíamos pela casa, rindo baixinho.

Como retaliação, mamãe colocou uma ópera bem alto, o mais alto que o aparelho podia tocar: *La Traviata*. Isso só nos fez rir ainda mais da mamãe. *La Traviata* pontuada por espirros e gritos do papai para si mesmo, como se ele fosse a mamãe.

Naquela noite, íamos a um baile de gala no Pavilhão Executivo, em Monróvia. Eunice e eu nos sentamos na cama dos meus pais e ficamos vendo mamãe se maquiar no banheiro, enquanto papai colocava as abotoaduras diante do espelho. Mamãe colocou um vestido Oscar de la Renta preto, justo e de estilo japonês que papai tinha comprado para ela em Tóquio. Colocou uma sombra verde-escura nos olhos. Então, aplicou, com todo o cuidado do mundo, o rímel — preto, sempre preto. Enquanto aplicava, ficou mordendo a ponta da língua para se concentrar.

Quando mamãe foi calçar os sapatos de salto alto de tirinha, Eunice e eu nos entreolhamos e suspiramos.

Claro, a briga estourou, como um mecanismo preciso.

Papai:

— Eu não gosto desses sapatos.

Mamãe:

— Esses sapatos são Charles Jourdain!

Papai:

— Eles fazem os seus pés parecerem grandes.

Mamãe:

— John, eu vou usar salto alto, quer você queira ou não. Se você queria tanto ser mais alto do que a sua mulher, não devia ter casado com uma Dennis.

Resmungando, papai tirou do fundo do armário os seus sapatos com sola de cinco centímetros e eles saíram apressados, mais ou menos com a mesma altura.

Um mês depois, papai teve hepatite. Mamãe disse que era por causa da bebida. Ele ficou na Clínica Cooper durante duas semanas. Íamos visitá-lo todos os dias, maravilhadas com os seus olhos amarelos. Ele tinha sido diagnosticado com diabetes um ano antes, e suas seringas de insulina estavam na mesinha de cabeceira. Todas as vezes que nós o visitávamos, eu via as seringas de insulina e me arrepiava só de imaginar o meu pai picando o braço ou a perna.

A família toda, incluindo a Vó Gene e o tio Julius, o acompanhou até Sugar Beach quando ele teve alta, com ordens médicas expressas de não colocar um pingo de álcool na boca. Durante todo o caminho de volta para casa, mamãe o repreendeu por causa da bebida e disse que ficaria de olho nele.

Depois que papai voltou para casa, comecei a vigiá-lo sub-repticiamente. Eu o estava espiando, escondida na despensa, quando ele entrou na cozinha, abriu o congelador e encheu uma das bandejas de gelo com vodca.

Alguns dias depois do papai deixar o hospital, a Vó Gene apareceu lá em casa e mandou que todos os presentes se reunissem na sala de jantar para uma oração. Todos nos postamos ao redor da mesa de jantar, enquanto ela entoava a lenga-lenga. Seus olhos estavam fechados, mas Eunice e eu, de pé, lado a lado, mantivemos os nossos olhos bem abertos. De que outra maneira saberíamos quem estava de olhos fechados durante a oração?

Eunice olhou para mim e envesgou os olhos. Eu contive o riso e tentei envesgar também. Eunice virou os olhos para cima e balançou a cabeça dizendo que não. Tentei novamente, e continuei tentando até sentir um globo ocular se mover. Lentamente, Eunice se tornou duas Eunices. Rapidamente, descruzei os olhos, porque a Vicky tinha dito que, se você estiver brincando de vesga e o vento mudar de direção, você fica vesga para o resto da vida.

Eunice sorriu e levantou o polegar discretamente.

— Alguém nessa casa tem um coração negro — anunciou Vó Gene.

Os olhos da mamãe ficaram arregalados. Estava com cara de que queria defenestrar a vovó. Um grito de espanto escapou da garganta da Eunice. Todos sabíamos que a vovó estava se referindo à mamãe. Olhei em volta. Papai estava olhando para o teto. Vicky estava com cara de quem queria muito rir.

Mamãe, que estava de mãos dadas com a Vó Gene, soltou bruscamente sua mão e saiu da sala de jantar.

— Acho que a oração terminou — falei.

Mais tarde, de noite, ouvi papai consolando mamãe, que ainda estava muito zangada.

— Não liga praquela velha — disse ele, consolando-a.

Adormeci ao som de suas vozes.

Mas a história das namoradas não tinha fim. Papai ainda tinha algumas. Mamãe nos disse que, se eles se divorciassem e um juiz nos perguntasse com quem nós gostaríamos de ficar, era melhor que nós a escolhêssemos Todas prometemos que a escolheríamos. Certa tarde, mamãe me encurralou na sala de TV e me fez prometer, no mesmo instante em que olhei para cima e dei com o papai parado na porta.

Ele virou as costas e foi embora, e me deixou me sentindo um Judas.

Mamãe e papai mal estavam se falando quando o presidente Jimmy Carter, dos Estados Unidos da América, veio à Libéria. Isso tornou toda a empolgação que nós vínhamos sentindo ainda mais difícil de suportar: aqui estava o presidente norte-americano, o líder do mundo livre, vindo em visita ao nosso pequeno país, e meus pais continuavam brigando conosco e sem se falar entre si. Mamãe ficava emburrada em casa, trancada no quarto o dia todo, ao som de ópera, enquanto papai chegava cada vez mais tarde à noite, às vezes muito depois de termos ido para a cama. Papai começou a ir à fazenda todos os fins de semana e parou de nos levar com ele.

Todas as vezes que eu corria para perguntar alguma coisa sobre o presidente Carter, um me mandava perguntar ao outro.

Os preparativos para a vinda de Carter deixou Monróvia enlouquecida de entusiasmo. O governo declarou feriado nacional. O presidente Tolbert encomendou limusines americanas novinhas em folha para levar a sua comitiva até o aeroporto, ao encontro do presidente Carter.

Nós ficamos enfileirados na beira da estrada, entre o Aeroporto de Robertsfield e Monróvia, apertando os olhos para tentar ver o presidente Carter. Pelo menos era isso que a maioria das pessoas queria; Eunice e eu estávamos tentando ver a Amy Carter. Nós tínhamos feito, com outras crianças liberianas, um mural gigante que tinha o retrato de uma menina loura usando aparelho nos dentes rodeada de um bando de crianças africanas.

Sob o retrato, nós escrevemos: "As crianças da Libéria te dão as boas-vindas, Amy."

Todo o gabinete de Tolbert foi a Robertsfield. Como o Mano Henry era assistente do ministro de Estado para Assuntos Presidenciais, ele estava bem ao lado de Tolbert quando o presidente Carter desembarcou. Do outro lado de Tolbert estava o tio Cecil, ministro das Relações Exteriores. O tráfego foi interditado, e as ruas, recém-lavadas, brilhavam sob o sol da tarde.

No nosso posto à beira da estrada de Sugar Beach, Eunice e eu esperamos e esperamos, interminavelmente, que o comboio passasse. Estávamos nervosas. Será que íamos ver a Amy?

— O que que cê vai dizer pra Amy quando estiver com ela? — Eunice me perguntou.

Nós estávamos sentadas uma ao lado da outra nos baldes que tínhamos levado de casa. Não tinha nem um fiapo de sombra na beira da estrada. Podíamos ver o coqueiro de três galhos, que sempre fora a nossa referência ao nos aproximarmos de Sugar Beach, bem do outro lado da estrada, mas sabíamos que, se nos sentássemos debaixo daquele coqueiro, não somente teríamos azar pelo resto de nossas vidas, como também não conseguiríamos ver direito o comboio.

— Num sei.

O universo de coisas que eu precisava dizer a Amy Carter se expandia diante de mim, infinito demais para que eu pudesse cerceá-lo a uma única frase. O que eu lhe diria?

— Eu vou pedir pra ela pra gente se mudar pra Sinkor — optei, finalmente.

— Como é que a Amy vai fazer a gente se mudar pra Sinkor?

Boa pergunta.

— Então, vou pedir pra ela não deixar a mamãe se divorciar do papai.

— Não fica preocupada. A tia Lah não vai deixar o tio John.

— Como é que cê sabe?

— Ela não vai deixar ele, Helene. Você vai ver.

Eunice disse aquilo com tanta autoridade que eu acreditei nela.

— Tá bom. Mas e você? Vai pedir o quê?

Eunice vinha pensando nisso havia bastante tempo.

— Vou pedir pra ela me levar pros Estados Unidos com ela.

Agora eu me sentia culpada. Eu sabia que não era justo que eu e a Marlene fôssemos aos Estados Unidos, à Espanha e à Suíça nas férias, todos os anos, e que a Eunice, não. Eu não sabia o que dizer, e o silêncio foi se prolongando. Então, a Eunice riu.

— Eu só tava brincando! Quem quer ir pros Estados Unidos?

Voltamos a olhar o horizonte de asfalto, na direção de Robertsfield. Onde estava o comboio? Por toda a extensão da estrada, as pessoas estavam começando a sair de dentro da mata, amontoando-se na margem. Nós éramos as únicas que tínhamos trazido baldes para usar como assento. Um monte de meninos sentou-se no asfalto, de costas para a estrada e de frente para o mato.

O suor escorria pelas minhas costas, enquanto esperávamos uma, duas, três horas. Sammy Cooper chegou com laranjas, enviadas pelo Velho Charlie.

— Cês ainda tão aqui? — debochou, sorrindo, e nos entregou as laranjas.

O Velho Charlie já tinha descascado as laranjas para nós e cortado as tampas para que pudéssemos chupar o suco. Gulosa, peguei a maior de todas.

— Tô ouvindo eles chegando! — gritou Eunice, levantando-se num pulo.

Muito ao longe, ouviam-se as sirenes. Olhando para o fim da estrada, finalmente, finalmente eu vi as primeiras luzes. Agarrei o braço da Eunice.

— Como cê acha que ela é?

Ah, como nós queríamos nos encontrar com a Amy! Ela era a filha do presidente americano, e tinha cabelo louro!

As luzes foram ficando maiores, e o barulho das sirenes, mais alto. E, então, lá estavam eles, bem ali, bem diante de nós, passando muito rápido. As motocicletas passaram por nós primeiro. Os policiais que as pilotavam olharam-nos como se fossem importantíssimos.

Então, uma após a outra, as limusines desfilaram na nossa frente. Em qual delas estava a Amy?

A comitiva se estendeu por quase meio quilômetro. Qualquer pessoa que fosse importante tinha simplesmente entrado com o carro no comboio e estava seguindo as sirenes.

Antes de nos darmos conta, o comboio tinha passado. Em qual carro estava a Amy? Nós nem tínhamos visto a Amy!

Eunice e eu corremos pela estrada de terra, de volta a Sugar Beach, pulando, saltitando e berrando.

— Nós vimos a Amy! Nós vimos a Amy!

O presidente Carter ficou na Libéria por exatamente quatro horas. Depois foi embora e partiu para a Nigéria, onde ficou três dias.

Alguns meses depois, um programa da televisão americana, o *60 Minutes*, veio à Libéria fazer uma daquelas famosas reportagens. Morley Safer tinha ouvido dizer que a Libéria era um país fundado por escravos americanos libertos, que, hoje, eram a elite governante. O Povo Congo foi rápido em corrigi-lo: nossos ancestrais eram *negros americanos libertos*, não escravos.

— Mas os ancestrais dos negros americanos libertos não eram escravos? — perguntei à mamãe.

Ela me ignorou.

Na reportagem, A.B. Tolbert, filho do presidente Tolbert, falou longamente sobre os seus planos de, um dia, governar toda a África. Quando Safer perguntou a William Tolbert por que ele, pastor batista praticante e presidente da Libéria, tinha tantos filhos com mulheres diferentes, que não eram suas esposas, Tolbert respondeu que o sistema liberiano de homens cometendo adultério constantemente funcionava "muito bem".

Foi quando os irmãos Bernard (mesmo pai) apareceram. Morley Safer lhes perguntou quantos filhos o pai deles tinha com mulheres que não eram suas esposas, e Archie Bernard respondeu, sorrindo:

— Treze.

A melhor coisa do *60 Minutes* foi uma aparição, que durou um minuto, da Vó Grand sentando o malho no presidente Carter no legislativo liberiano. O seu dente de ouro brilhava à luz dos holofotes enquanto ela dava voz à sua ira.

— Vocês estão vendo? O presidente passou por aqui, depois foi para a Nigéria e ficou três dias, enquanto ficou aqui poucas horas. É assim que tratam um filho?

Acumulando energia, ela continuou. Toda a sua postura repelia a constante negligência dos norte-americanos com relação ao país que eles colonizaram.

— Você passa pela casa do seu filho, nem coloca a cabeça no travesseiro dele, vai pra casa de outra pessoa e fica lá dois, três dias? Nós temos que dizer: não gostamos nada disso! E isso tem que mudar. Obrigada.

Em vez de viajarmos para a Espanha no verão seguinte ao meu aniversário de doze anos, mamãe, Marlene e eu fomos a Knoxville, no Tennessee, para visitar a tia Jeanette e os meus primos Bridget e Gabriel, que tinham acabado de se mudar para os Estados Unidos. Nós estávamos lá havia uma semana, envolvidas em compras no K-Mart e no shopping, quando chegou uma carta do papai, com selo de Monróvia. Ele deve ter colocado no correio no dia da nossa partida. Estava endereçada à mamãe. Ela sentou na varanda dos fundos da casa da tia Jeanette e ficou olhando para as folhas de papel.

— O seu pai quer o divórcio.

Sua voz estava desprovida de qualquer emoção. Senti um frio na barriga.

Sempre que eu imaginava mamãe e papai se separando, eu pensava na mamãe deixando o papai, e não o contrário. Foi por isso que eu considerei a afirmação da Eunice — de que a mamãe nunca deixaria o papai — como se fosse um evangelho; se a mamãe não deixasse o papai, eles não se divorciariam. Era a mamãe que estava sempre falando em deixar o papai se ele não desistisse das namoradas. E se a mamãe deixasse o papai, eu achava que ele imploraria, e todos nós imploraríamos e convenceríamos a mamãe a voltar. Eu acreditava muito na minha capacidade de convencer a mamãe a voltar para o papai, caso ela o deixasse.

Nunca, nem uma vez sequer, eu pensei que seria o papai quem deixaria a mamãe. Eu nem tinha praticado convencê-lo a não ir embora.

Abri a boca, mas nenhum som saiu. Dei as costas e deixei a mamãe na varanda.

Toda a família e seus agregados estavam nos aguardando no aeroporto quando retornamos à Libéria. Eles estavam reunidos na sala VIP, no que deveria ser uma demonstração de apoio à mamãe, mas que, pensando melhor, foi uma horrível intrusão num momento doloroso e particular. Num lado da sala estavam Vó Grand, Mano Henry, tia Momsie, CeRue, Michelle, Ethello e tio Waldron. Eunice e Vicky também estavam lá, meio que no centro da sala, sem saber a quem se aliar. No outro lado, sentado sozinho no bar, bebericando um gim-tônica, estava o papai.

Desde que o vi sentado sozinho, eu o odiei. Eu não conseguia acreditar que ele estivesse nos deixando, provavelmente por uma sirigaita que ele largaria cm dois minutos. Será que ele não nos amava?

Mas papai parecia extremamente solitário ali, sentado sozinho, esperando a nossa chegada. Mamãe foi imediatamente rodeada por sua família, que vinha lançando olhares implacáveis para o papai. Papai se levantou e veio em direção a mim e à Marlene, como se não tivesse certeza do que devia dizer ou fazer. Marlene deu as costas para o papai e correu para a mamãe. Eu lhe ofereci o rosto para um beijo, ele deu a volta por trás de mim, passando o braço pelos meus ombros de maneira desajeitada, e foi até o setor de bagagens. Eu podia sentir o cheiro da sua loção pós-barba e do seu tônico capilar.

Papai voltou para Sugar Beach sozinho no carro, enquanto o restante de nós se apinhou nos carros da família. Eu estava ansiosa para me livrar logo daqueles familiares todos, porque eu tinha certeza de que, quando nos reuníssemos sozinhos em Sugar Beach, papai diria que tinha cometido um erro e que não ia embora, afinal de contas. E, se não dissesse, eu já tinha planejado uma forma de convencê-lo.

Em Sugar Beach, corri escada acima, direto para o quarto da mamãe e do papai, e abri o armário.

Todos os ternos do papai tinham desaparecido. Suas camisas tinham desaparecido. No banheiro, só haviam ficado os produtos de beleza da mamãe. O tônico capilar do papai tinha desaparecido. Assim como a água-de-colônia.

Fiquei parada, sozinha, olhando para dentro do armário por vários minutos. Ao longe, eu podia ouvir o restante da família trazendo nossas malas e andando ruidosamente dentro de casa.

Finalmente, Vó Grand e os outros partiram. Mamãe e papai foram até a sala de estar, enquanto eu fiquei com Marlene, Eunice e Vicky no quarto da Marlene, uma olhando para a cara da outra, em silêncio. Depois de uns trinta minutos, papai entrou no quarto e pediu que Marlene e eu o acompanhássemos até a sala de estar. A separação entre os dois grupos de filhas de Sugar Beach não foi surpresa para ninguém. Marlene e eu deixamos Vicky e Eunice no quarto e seguimos o papai.

Marlene e eu nos sentamos num lado da sala, do lado oposto de onde mamãe e papai estavam. Os dois deveriam conversar conosco, mas, na verdade, papai era o único a falar. Mamãe não olhava para nós, olhava apenas para o canto da sala, com as costas eretas.

— Por favor, num vai embora — disse eu, finalmente.

Eu sabia que se eu implorasse, papai ficaria. Ele disse:

— Às vezes as coisas simplesmente não dão certo.

Papai disse que amava a mamãe, mas que eles não conseguiam viver juntos. Disse que nos amava, que nada mudaria. Disse que passaríamos os fins de semana com ele. Disse que iria morar com a Vó Gene.

Eu queria lhe dizer: "Nem pensar! Se você num vai mais morar com a gente, então num vou passar fim de semana nenhum com você." Mas de que adiantaria? Eu estava com raiva. Será que ele estava pensando que encontraria coisa melhor do que nós? Nós queríamos ficar com ele; por que ele não queria ficar com a gente?

Marlene ficou sentada no sofá, chorando. Mamãe parecia estar em transe.

Finalmente, papai se levantou. Eu o segui até a cozinha e saímos pela porta dos fundos.

Papai, por favor, num deixa a gente.

Ele se virou para mim inclinando a cabeça para o lado, naquele gesto que eu conhecia tão bem.

— Papai, por favor, por favor.

Ele não disse nada, só contraiu os lábios. Seus olhos estavam rasos d'água. Colocou a mão no meu ombro e começou a dizer alguma coisa. Mas aí parou, virou-se e saiu pela varanda, desceu correndo os degraus e entrou no carro.

Fiquei parada nos degraus da varanda dos fundos, vendo-o ir embora. Pareceu demorar uma eternidade até que as lanternas traseiras do carro desaparecessem.

No dia seguinte, mamãe foi até a cidade. Quando voltou, tinha novas placas de carro. Elas não eram mais CDC-1 e CDC-2. Agora, eram só CD-1 e CD-2.

Daquele dia em diante, a não ser pelos empregados, só havia mulheres em Sugar Beach.

Eunice, Helene, Marlene, Michelle e Jim em Caesar's Beach

Sugar Beach, Libéria, 1979

A primeira batalha da nossa guerra foi no dia 14 de abril de 1979. Foi apenas uma pequena rixa, apenas o primeiro tiro. Mas, na época, achamos que o mundo tinha desabado.

Os liberianos nativos ainda estavam zangados com o Povo Congo. Os dois lados nunca tinham resolvido problemas relativos à posse da terra, que os colocou um contra o outro quando se encontraram pela primeira vez, em 1822. Durante cento e cinquenta anos, os congos tinham empreendido uma das maiores aquisições fundiárias do planeta. Algumas famílias haviam comprado propriedades de até vinte mil acres, pela bagatela de cinquenta centavos o acre. Os liberianos nativos foram, progressivamente, acordando e descobrindo que haviam vendido o pouco de terra que tinham para os congos, gastado o dinheiro e se tornado arrendatários em sua própria terra ancestral. Em 1979, 4% da população possuíam 60% da riqueza.

O exemplo perfeito disso foi Bentol, a recém-renomeada cidade que a família do presidente Tolbert controlava completamente. Antes dos negros libertos chegarem à Libéria, essa área era propriedade dos deys. Nos anos 1860, foi renomeada para Bensonville, em homenagem ao presidente Stephen Allen Benson. Os ancestrais dos Tolbert se instalaram nessa área ao chegarem da Carolina do Sul. Quando Tolbert se tornou presidente, Bensonville foi renomeada para Bentol, em homenagem a si mesmo, e o lugar foi transformado numa Versailles em estilo liberiano. Cada membro da família tinha a sua própria casa opulenta, com muros altos e sistemas de segurança para afastar os ladrões. Enquanto crianças liberianas nativas descalças esmolavam comida e dinheiro nos acostamentos das estradas, os Tolbert construíam um zoológico particular e um lago artificial para corrida de lanchas e jet skis — passatempos nada comuns entre os liberianos. Eles transformaram Bentol na nova sede do condado de Montserrado.

Monróvia tinha uma classe média crescente, mas essa classe média crescente estava enfrentando uma inflação crescente. As matrículas de crianças na escola primária haviam dobrado para 66% (de 31% em 1960), mas o índice de analfabetismo entre os adultos do país ainda ficava em torno de 75%. Novas estradas pavimentadas ligando o interior do país proporcionavam melhores condições para os coletores do odioso "imposto de cabana" do governo.

O Povo da Terra estava finalmente reivindicando mudanças. Depois de cento e cinquenta anos de governo de um único partido — o True Whig, de congos conservadores —, as pessoas se perguntaram por que não havia partidos de oposição. A dissidência começou na Universidade da Libéria, quando Amos Sawyer, professor de ciências políticas de Greenville, no condado de Sinoe, deu a entender que concorreria a prefeito de Monróvia contra o candidato do Partido True Whig, Edward Davis, sobrinho do presidente Tolbert. O governo congo linha-dura rapidamente rotulou Amos Sawyer de agitador, mas outros agitadores estavam brotando como formigas na savana.

O presidente Tolbert ficou dividido. Diferentemente de seu antecessor, ele não tinha uma base política liberiana nativa, porque não tinha subornado os chefes das aldeias. O presidente anterior, William V.S. Tubman, manteve as tensões entre os congos e os nativos sob controle, garantindo que os chefes poderosos do interior do país vivessem saudáveis e felizes mediante pagamentos habituais por parte do governo. O dinheiro raramente chegava até a população local, mas mesmo assim o presidente Tubman dependia dos chefes para manter seus povos dentro da ordem.

Quando Tolbert chegou ao poder, ele acabou com esse sistema de pagamento de suborno, a pretexto da modernização do governo e da eliminação da corrupção e das fraudes.

Só que Tolbert não tinha força suficiente para fazer frente aos linhas-duras do seu próprio governo, que o instavam a acabar com a dissidência política. O Partido True Whig havia se dividido em duas facções: os reformistas e os linhas-duras. No início, a ala progressista parecia estar em vantagem. Os reformistas progressistas — incluindo o tio Cecil Dennis, ministro das Relações Exteriores; Clarence Parker, tesoureiro do Partido True Whig; e James T. Phillips, ministro das Finanças — defendiam a supressão do ridículo artigo da constituição liberiana que exigia que os eleitores possuíssem terras. Eles defendiam a legalização dos partidos de oposição. Diziam que a dissidência devia ser estimulada.

A ala progressista era a favor de uma reforma lenta — lenta demais para satisfazer uma população cada vez mais irrequieta. Tio Cecil, alto, bigodudo, de pele escura como o mogno, com a cara do Omar Sharif, só que negro, sempre foi uma figura imponente em seu terno branco de duas peças — a vestimenta supostamente informal que o presidente Tolbert fazia os seus ministros usarem. Os meus pais sempre debocharam das "roupas de posse".

— Ninguém nunca vai me ver usando uma coisa dessas — disse papai, certa vez, vestindo o terno e a gravata ocidentais habituais.

— É vulgar demais — concordou mamãe.

Tio Cecil nunca deu muita bola para a mamãe quando ela gozava dele por causa da roupa.

— Ria o quanto quiser. Só estou fazendo o meu trabalho.

Tio Cecil convidou o líder dos agitadores, Amos Sawyer, para a sua casa em Sinkor, a fim de repreendê-lo por estar indo longe demais no seu ímpeto de concorrer a prefeito de Monróvia. Os dois se sentaram na sala de estar da casa de vários níveis do tio Cecil, com o segurança no portão.

— Você está pressionando demais — disse tio Cecil a Amos Sawyer. — Vai mais devagar.

Disse a Amos Sawyer que os reformistas do Partido True Whig estavam tendo dificuldades em conter linhas-duras como Joseph Chesson e Richard Henries, os poderosos ministro da Justiça e porta-voz da Câmara.

— Se dependesse desses dois — disse tio Cecil —, todos os agitadores políticos seriam trancafiados atrás das grades.

O encontro dos dois não foi muito bom.

— Estamos esperando há cento e cinquenta anos — retrucou Amos Sawyer.

Ele deixou a casa do tio Cecil enraivecido e logo lhe escreveu uma carta expressando essa raiva.

Três dias depois, Amos Sawyer recebeu uma resposta do tio Cecil. Sawyer abriu o envelope e olhou para a carta, estarrecido.

Estava escrita no dialeto dos advogados. Ele não conseguiu entender praticamente nada, além de "Caro senhor Sawyer". Tio Cecil havia escrito páginas e mais páginas de algaravia legal, temperando as frases com palavras que ninguém, salvo um advogado experiente, poderia entender, como "*sua sponte*" ("de sua própria vontade", em latim).

"Que raios esse cara tá querendo me dizer?", pensou Amos Sawyer. Ele levou um dia para resumir a carta a uma única mensagem: "Não me culpe por eu estar fazendo o meu trabalho."

Amos Sawyer acabou vendo o humor na carta do tio Cecil. Mas isso não o impediu de reivindicar mudanças. Aquela era a hora, pensava ele.

Ignorando o rebuliço político, os liberianos congos se empenharam na preparação das grandes festas que tinham planejado para a reunião da Organização da Unidade Africana que estava por vir. Em 1979, a Libéria tinha a presidência da OUA — organização que incluía a totalidade dos países africanos (exceto a África do Sul, cujo governo branco do *apartheid* não era bem-vindo). A Libéria sediaria a reunião da OUA em julho, e tentava impetuosamente aplicar reparos cosméticos sobre os seus buracos sociais. Ricos homens de negócios congos, auxiliados por comerciantes libaneses igualmente ricos, estavam construindo hotéis à beira das praias. O Hotel África foi inaugurado, com a sua discoteca e seu salão de dança; o Bacardi's, com seus chalés e vilas. Era o assunto da cidade: os liberianos tinham um novo lugar onde dar festas. O Hotel África logo se tornou o local das recepções de casamentos e festas temáticas dos anos 1970. Todas as danças *disco* vindas dos Estados Unidos chegavam até o Bacardi's: a Bus Stop, a Robot e a Hustle.

Novos carros americanos começaram a aparecer no porto — todos destinados aos orgulhosos proprietários congos e libaneses. O tio Waldron, que tinha acabado de chegar de Las Vegas, onde ganhara mais de cem mil dólares, apareceu com um carro novo para cada um de seus parentes: tia Momsie ganhou um Thunderbird laranja; o Mano Henry ganhou um Lincoln Town Car marrom; e mamãe, um Chevrolet Caprice Classic bege de quatro portas — do jeito que ela gostava — para se juntar ao seu Pontiac Grand Prix, que tinha dois anos e dois tons de verde. O velho Lincoln Continental Mark IV (CDC-1) foi imediatamente posto de lado.

O tio Waldron, solteirão de quarenta anos, comprou um Corvette preto e o estacionou bem na frente do Hotel África. Todas as moças casadoiras liberianas ficaram de olho comprido quando ele entrou no Bacardi's usando os seus óculos escuros estilo aviador. As mulheres nunca falavam muito, mas faziam pose, sentadas sozinhas nos banquinhos do bar, de pernas cruzadas e usando salto agulha, ou ficavam languidamente de braço dado com homens congos ou libaneses que andavam para cima e para baixo fumando cigarros e bebendo cerveja.

Outdoors gigantescos de cada chefe de Estado membro da OUA foram colocados ao longo da Tubman Boulevard, embora seis dos outdoors estivessem em branco, porque aqueles países estavam em meio a vários golpes de Estado e revoluções e ninguém sabia ao certo quem seria o chefe de Estado quando a conferência começasse. O governo comprou quarenta motocicletas para escoltar os comboios dos chefes de Estado africanos em visita. Em três dias, a metade havia sido destruída pelos próprios motoristas. Mas e daí? A Libéria estava se preparando para o maior espetáculo em palco africano.

Em meio a toda essa preparação frenética, o presidente Tolbert anunciou um aumento de 50% no preço do arroz — base da alimentação liberiana. A explicação que ele apresentou era de que, aumentando o preço do arroz, consumido por 99% da população, os liberianos seriam obrigados a plantar o próprio arroz e parariam de depender do arroz estrangeiro, tornando-se autossuficientes.

Durante várias semanas, as estações de rádio não pararam de transmitir anúncios, financiados pelo governo, do novo plano do presidente Tolbert relativo ao aumento do preço do arroz:

Tenho orgulho de ser filha de fazendeiro! (voz de liberiana nativa no comercial)
Tenho orgulho de ser filho de fazendeiro! (homem nativo)
Nada de arroz parboilizado depois de 1980! (homem congo)
Quem não trabalha não come! (mulher congo)
E se você não consegue se alimentar, não conseguiremos alimentar a nação! (homem congo)

Só que a renda mensal média dos liberianos que moravam na cidade ficava em torno de oitenta dólares. O novo aumento dos preços de Tolbert elevaria o preço do saco de arroz a trinta dólares. Para piorar, comentava-se que, anos antes, a família Tolbert havia plantado milhares de acres de arroz em suas fazendas particulares no interior do país. O aumento do preço do arroz estrangeiro resultaria, indubitavelmente, no aumento da demanda pelo arroz da família Tolbert. Assim, a família Tolbert se beneficiaria diretamente com o aumento do arroz.

Tolbert disse que estava tentando tornar a Libéria mais independente, mas o estrago estava feito. O caso do arroz foi visto pela comunidade congo como negócio rotineiro; para a comunidade nativa, foi a gota d'água. Insuflados pelo incipiente movimento de estudantes e professores da Universidade da Libéria, milhares de liberianos nativos fizeram uma passeata de protesto numa manhã de sábado, no dia 14 de abril.

Tolbert dispôs policiais e soldados ao longo da rota da passeata, e colocou vários tanques nos cruzamentos, numa demonstração de poder pouco sutil. Os soldados não atiraram nos manifestantes desarmados. Mas a polícia de Monróvia não se conteve, logo abandonou o gás lacrimogêneo que deveria usar e atirou indiscriminadamente na multidão. A manifestação organizada imediatamente degenerou em quebra-quebra generalizado. No final do dia, mais de cinquenta manifestantes morreram e centenas ficaram feridos. Pilhagens continuaram nos dois dias seguintes.

Tolbert, descontrolado, mandou chamar Amos Sawyer e vários outros dissidentes políticos e líderes religiosos naquela tarde de sábado, enquanto o quebra-quebra prosseguia em Monróvia. Os homens compareceram à Mansão Executiva, onde o presidente Tolbert e seu ministro da Justiça, Joseph Chesson, os aguardavam.

— Estão vendo o que vocês fizeram? Estão felizes agora? — perguntou Tolbert, furioso.

— Senhor presidente, a polícia abriu fogo sobre manifestantes desarmados — disse Amos Sawyer. — Não abandonaremos as reformas agora.

O presidente Tolbert desdenhou.

— Reforma? Tem um motim lá fora e você vem me falar em reforma?

O presidente se virou para Joseph Chesson e lhe disse para reprimir o motim a qualquer custo.

Chesson enfiou a mão no bolso e retirou uma folha de papel. Nela constavam os nomes dos líderes da manifestação que estavam sendo procurados. Eram em sua maioria estudantes, mas incluía Gabriel Baccus Matthews, Teepoteh e Chea Cheapoo, que, coincidentemente, havia sido protegido de Joseph Chesson.

— Há mandados de prisão contra eles — disse Chesson a Amos Sawyer.

— Diga-lhes que, se não se entregarem, serão caçados.

Amos Sawyer saiu apressado da sala para transmitir a mensagem.

O presidente Tolbert pediu reforços à vizinha Guiné. O presidente guineano Sékou Touré enviou aviões de caça MiG para fazer voos rasantes sobre Monróvia. Isso, por si só, já bastou para aterrorizar a maioria dos liberianos. Um protesto que começou com cerca de dois mil estudantes manifestando-se pacificamente degenerou em quebra-quebra com aviões estrangeiros estrondeando sobre a capital.

Na manhã do sábado em que estava programada a manifestação contra o aumento do arroz, Fedeles e Eunice foram me buscar depois da minha aula matinal de balé, perto da embaixada americana, em Mamba Point. Consegui convencer Fedeles a me deixar dirigir. Eu já ia fazer treze anos e vinha dirigindo escondido com o Fedeles havia um mês. Papai tinha me deixado dirigir sua picape na estrada de terra da fazenda, mas tinha proibido que eu dirigisse na cidade, então fui obrigada a dirigir escondida na cidade quando eu estava sozinha com o Fedeles. Mamãe não sabia de nada.

— Vou contar pra tia Lah! — gritou Eunice no banco de trás, assim que me sentei ao volante.

— Então eu vou contar que cê foi pra festa com a Vicky, em vez de ficar na casa da tia Momsie!

Eu era uma grande defensora da retaliação nuclear contra armas convencionais. Infelizmente, Eunice também.

— Então vou contar pra ela que você tem lido os livros da Vicky!

Vicky tinha escondido livros eróticos e revistas *PlayGirl* debaixo da cama. Eu tinha descoberto e vinha devorando tudo, abafando o riso diante das fotos de homens brancos pelados a bordo de lanchas. Eunice me pegou trancada no quarto da Vicky, numa tarde em que a Vicky não estava em casa, e vinha me ameaçando com essa história.

Nós ainda estávamos discutindo quando viramos a esquina e demos de cara com o motim do arroz. Em uma questão de segundos, centenas de jovens cercaram o carro.

— Sai do volante! — gritou Fedeles para mim.

Pulei para o banco de trás com a Eunice, esbarrando com o joelho no freio de mão. Fedeles se contorceu para passar do banco do passageiro para o do motorista e pegou o volante, pisando fundo no acelerador e dando ré. Do lado de fora, um bando de jovens empurrava o carro. Um deu um murro no vidro. Fedeles baixou imediatamente o vidro da janela para que não o quebrassem. De repente, o carro foi invadido pelo cheiro de corpos imundos e pelo som de uma saraivada de tiros. Durante alguns segundos, tudo o que eu consegui ver foram as camisetas rasgadas dos garotos. Um braço se enfiou pela janela de trás, na minha direção, e eu me encolhi para mais perto da Eunice. Eunice me abraçava e gritava para Fedeles:

—V-v-v-volta! V-v-volta!

Ignorando o amontoado de gente que havia a essa altura atrás do carro, Fedeles deu marcha a ré. Ele estava decidido a atropelar quem não saísse do caminho. Ouvi alguém gritando:

— Sai da frente! Sai da frente!

Girando o volante impetuosamente, Fedeles virou o carro enquanto a multidão atrás de nós se dispersava, e voltamos voando por onde tínhamos vindo. Nós pegaríamos o caminho mais longo para casa, atravessando a ponte, passando pela ilha Bushrod.

Eunice e eu estávamos completamente alucinadas quando finalmente chegamos a Sugar Beach. Eu nunca havia usado antes o termo *motim* numa frase em toda a minha vida, e não sabia que era o que tinha acabado de presenciar. Eu só conseguia falar da multidão irada do Povo da Terra.

— Eles cercaram o carro! Eles iam matar a gente! — exclamei.

— Tia Lah, a senhora tinha que ter visto toda aquela gente! — disse Eunice. — A senhora tinha que ter visto eles! Tinha que ter visto eles!

Passamos o dia inteiro em Sugar Beach, sem telefone, ouvindo o rádio. Representantes do governo não paravam de falar em "agitadores" na Universidade da Libéria que haviam insuflado o Povo da Terra a se amotinar contra o preço do arroz. Naquela mesma tarde, passadas algumas horas, chegou alguém com a notícia de que o meu primo de segundo grau, Gabriel Scott — que não deve ser confundido com o meu primo de primeiro grau, Gabriel Dennis —, havia sido morto num tiroteio perto da universidade. Gabriel era policial de Monróvia.

— Que covardia — repetia mamãe.

O dia 14 de abril, para mim, se tornou o dia da morte do meu primo de segundo grau. Nós não éramos muito chegados — ele era dez anos mais velho do que eu, e sempre parecia muito sofisticado, a anos-luz de distância do meu mundinho adolescente bobo. Mas ele era um de nós. Um de nós havia sido morto. Como aquilo podia ter acontecido? Comecei a me preparar para o enterro.

Mas houve outros mortos. Estimativas do número de manifestantes mortos em 14 de abril variam de quarenta a cento e quarenta. Dois dias depois, operários públicos usaram pás para cavar, ao lado do cemitério, um grande buraco que se tornaria a cova daqueles que haviam sido mortos pelo governo liberiano. Os corpos foram jogados na cova comum, bem ao lado do Cemitério de Palm Grove, na Center Street, onde a sociedade congo era enterrada. Os membros mortos da família Cooper estão enterrados no jazigo dos Cooper, que fica, coincidentemente, ao lado de onde os membros mortos da família Dennis estão enterrados, no jazigo dos Dennis.

Logo após o motim do arroz, o presidente Tolbert perseguiu todos os adversários políticos que conseguiu encontrar. Suspendeu o direito ao *habeas corpus* e acusou trinta e três organizadores do protesto e dissidentes políticos, inclusive Gabriel Baccus Matthews — liberiano congo educado nos Estados Unidos e agitador supremo —, de "traição e tentativa de derrubar o governo", crimes sujeitos a pena de morte. Tolbert mandou fechar a Universidade da Libéria — aquele antro de descontentamento político. Chegou à conclusão de que a melhor maneira de restaurar a paz era suspender as poucas liberdades civis existentes na Libéria.

Com a máxima discrição, Tolbert rescindiu a medida que aumentava o preço do arroz, mas poucos perceberam a manobra, devido à presença dos setecentos soldados guineanos marchando em plena Monróvia. Também não foram muitos os que notaram o crescente afastamento dos próprios militares liberianos, cuja dignidade havia sido afrontada pela convocação dos guineanos.

A Libéria era como uma panela d'água que tinha sido colocada em fogo baixo e esquecida. Durante anos eu pensara que a Libéria fosse um dos poucos países pacíficos onde não ocorriam desastres. Não tínhamos terremotos, maremotos nem enchentes, e definitivamente não tínhamos guerras. Guerras eram coisa de lugares como o Líbano. A panela d'água esquecida estava esquentando cada vez mais e eu nem percebia.

Com a aproximação da tão esperada reunião da OUA, e com todos aqueles chefes de Estado chegando à cidade, pareceu improvável que Tolbert mantivesse todos aqueles dissidentes trancafiados nas casernas do Centro de Treinamento Barclay. Assim Tolbert fez um acordo com Matthews, que, como líder do novo partido dissidente, o APL (Aliança Progressista da Libéria), era o representante dos amotinados do arroz. O acordo era verdadeiramente liberiano — estilo acima de substância. De sua cela na prisão, Matthews se humilhou escrevendo uma carta de desculpas a Tolbert e prometeu se abster de atos públicos contra o governo.

Tolbert respondeu no mesmo estilo pitoresco e "estendeu a mão de perdão", declarando uma anistia geral. Então, libertou os presos do motim do arroz.

Monróvia poderia voltar às festas e celebrações por conta do encontro da OUA. Tanto liberianos nativos quanto congos, que não tinham nada a ver com a OUA, apareceram no Hotel África todos os dias, vestidos com suas roupas mais finas para se exibir. *Rhythm-and-blues* e música africana *highlife* estouravam nas noites e madrugadas adentro. O governo comprou um navio de quarenta anos de uso, que ficava atracado no porto, e o transformou num hotel para jornalistas e delegados. O navio tinha um cassino e um bar, e os liberianos ficaram loucos com a ideia de apostar alto, no melhor estilo de Las Vegas. Na verdade, foram tantas as pessoas que apareceram na noite de encerramento da cimeira que o capitão ordenou que todos saíssem, temendo que o navio afundasse. Os liberianos, em festa, se recusaram a ir embora. Foi necessária a intervenção da tropa de choque da polícia de Monróvia, equipada de capacetes e cassetetes, para finalmente esvaziar o cassino.

Iniciamos o novo ano letivo na EAC em setembro de 1979. Pela terceira vez consecutiva, concorri a representante do grêmio — dessa vez, para representar a minha turma do nono ano no conselho estudantil. Durante a minha campanha, eu terminava meu discurso com um ousado aviso à turma: "A vida é você quem faz. Faça a coisa certa, e ela será boa. Faça a coisa errada, e você se arrependerá."

Eu lhes disse que essas eram as palavras imortais de Paul Lang, um poeta americano. Eu tinha inventado tudo, inclusive o Paul Lang. Eu tinha ouvido um ditado semelhante em algum lugar, mas não conseguia lembrar onde. Imaginei que ninguém mais na escola o conheceria. Funcionou. Ganhei a eleição, que permitia dois representantes eleitos, junto com Michelle Veakins, uma garota irlandesa que tinha passado toda a sua vida na Libéria e que falava inglês liberiano que nem uma bassa.

Nós ganhamos do Aloysius Tarluh, um aluno novo na nossa turma, liberiano nativo.

— Dá pra acreditar? — sussurrei ao ouvido da Michelle. — Ele mal acabou de chegar na escola, ainda por cima é nativo, e já tem a ousadia de concorrer pra representante do conselho estudantil?

No primeiro dia de aula, Aloysius apareceu usando uma camiseta "Sawyer para prefeito"! Quando ele entrou na sala, minha amiga Veda Nyoth apontou para a camiseta dele e caiu na gargalhada.

— Sawyer pra prefeito! — exclamou ela. —Tá maluco?

Aloysius sentou na cadeira, cruzou os braços, recostou-se e ficou nos olhando com expressão de escárnio. Suas roupas não eram tão na moda quanto as dos outros da turma: além da camiseta, estava usando calças cinza que claramente não cabiam mais nele.

Aloysius parecia ter um ar de deboche permanente na cara. Sempre que olhava para mim, com os meus jeans americanos novos e minhas camisetas da moda, eu sentia como se ele estivesse me julgando e condenando. Ele não parecia ligar nem um pouco para o fato de não ter amigos. Na verdade, parecia que não queria ser nosso amigo.

— Ele age como se desprezasse a gente — cochichei para a Veda.

Ela fez que sim com a cabeça.

— Isso é complexo de inferioridade, só pode ser — comentou.

Não demos muita bola para o Aloysius. Nem demos muita bola para outros sinais de que a panela d'água estava chegando ao ponto de ebulição.

No Ministério das Relações Exteriores, encabeçado pelo meu tio Cecil Dennis, um jovem liberiano nativo chamado Joseph Guannu foi contratado. Tio Cecil lhe deu um título pomposo: diretor de treinamento e desenvolvimento. O sr. Guannu, formado pela Universidade de Montana, tinha dois doutorados.

A princípio, o sr. Guannu estava animado com o novo cargo. Mas a frustração o tomou rapidamente. O tio Cecil não o deixava treinar ninguém. Os cargos em que se treinavam futuros diplomatas estavam nas mãos dos congos conservadores, enquanto que o sr. Guannu, com seus dois doutorados, se limitava a escrever discursos para o tio Cecil.

Mais ou menos na mesma época em que o sr. Guannu estava ficando cada vez mais frustrado no cargo, mamãe levou a Eunice para ver o tio Cecil no Ministério das Relações Exteriores.

As duas entraram como um vendaval, certa manhã chuvosa de agosto. O ministério ficava ao lado da Mansão Executiva, do lado oposto à Universidade da Libéria e à prefeitura. Eunice estava usando um terninho que mamãe tinha acabado de mandar fazer no seu alfaiate mandingo, o Gay.

— Cecil, você conhece a Eunice, minha filha adotiva — disse mamãe, fazendo uma apresentação formal. — Ela vai terminar o ensino médio no ano que vem.

Eunice sentou-se numa cadeira de couro e pulava a cada trovoada, de tanto medo que tinha de tempestade. Tio Cecil era um dos homens mais poderosos da Libéria.

Ele sorriu para a Eunice e ela se acalmou. Meia hora depois, as duas saíram do Ministério das Relações Exteriores com uma promessa do tio Cecil de que a Eunice obteria uma bolsa do governo para ir à faculdade nos Estados Unidos.

Eunice voltou para casa pulando de felicidade. Ela, Eunice Patrice Bull, que jamais havia saído da Libéria e praticamente de Monróvia, iria para a faculdade nos Estados Unidos. As possibilidades eram imensas. A primeira coisa que ela disse quando me viu foi:

— Vou pros Estados Unidos.

— Uau! Eunice! — exclamei, boquiaberta de admiração.

Eu sabia que eu não iria a lugar nenhum até terminar o ensino médio — o que levaria ainda quatro anos.

— Quando eu voltar dos Estados Unidos — vangloriou-se Eunice — vou ser uma "tive-lá".

Minha admiração logo se transformou em inveja. Eu já tinha ido para os Estados Unidos, para a Espanha e para a Suíça, mas somente de férias, e não podia reivindicar o status de "tive-lá".

E agora a Eunice seria uma "tive-lá" antes de mim.

Mesmo assim, em 1979, as possibilidades para mim pareciam igualmente imensas. Eu estava finalmente no nono ano. Eu era, finalmente, popular — resultado de simplesmente ter permanecido mais tempo do que os alunos em trânsito na EAC. A vida tinha ficado mais calma desde o divórcio dos meus pais. Mamãe e papai pareciam passar mais tempo juntos agora do que quando eram casados, e papai às vezes passava os fins de semana na nossa casa.

De repente, fiquei alta. E finalmente desenvolvi seios. As pessoas, de uma hora para outra, estavam me dizendo que eu parecia muito com a mamãe.

E ao longo desse ano, o último e trágico ano do regime congo na Libéria, eu finalmente descobri os rapazes.

Felizes e contentes: Earl, Tello, Philip Parker e Helene em recepção de casamento

Sugar Beach, Libéria, 1979

De agosto de 1979 a maio de 1980, o meu nono ano na Escola Americana Cooperativa, na Estrada Velha, Monróvia, Libéria, África Ocidental, englobou tudo que constituiria a Primeira Parte da minha vida.

Está tudo lá: o gosto dos biscoitos Tuc (versão mais amanteigada e salgada das bolachas Ritz), que eu comia todos os dias quando ia até a loja do outro lado da rua; o cheiro das arquibancadas do ginásio (terebintina misturada com borracha); a sensação da minha blusa verde de linho, que eu sempre acabei usando nos grandes eventos daquele ano: o baile Sadie Hawkins — em que as meninas convidam os meninos —, o concurso de beleza Miss EAC, e a noite de 16 de maio, quando fomos ao Aeroporto de Robertsfield.

Só preciso fechar os olhos e estou, novamente, com treze anos de idade. Tenho a minha melhor amiga, Eunice, muitos amigos, um lugar no coral da escola, uma cadeira cativa nos passeios da turma à praia aos sábados e uma quedinha pelo Philip Clarence Parker IV.

Ele era *veramente simpatico* — expressão que mamãe usava quando queria mostrar que sabia um pouco de italiano, geralmente referindo-se a homens estrangeiros bonitões que haviam tentado se casar com ela. ("Bertil Solander era *veramente simpatico*! Não entendo por que papai não queria me deixar casar com ele! Ele queria me levar para Hong Kong!")

Philip era, sem sombra de dúvida, *veramente simpatico*. Ele pertencia a uma velha família congo, filho de Philip Clarence Parker III, banqueiro que foi tesoureiro do Partido True Whig e fundador da empresa Parker Paint. Sua mãe, farmacêutica, era da família Bright, que ostentava dois ou três ministros do governo.

Philip era atlético. Era titular do time masculino de basquete da EAC. Era inteligente. Estava no último ano da EAC e pensava em fazer mestrado em engenharia química depois que se formasse e fosse à faculdade nos Estados Unidos. Philip e seu irmão Richard tinham, por assim dizer, me acompanhado ao longo de toda a minha vida. Philip era três anos mais velho do que Richard, e Richard e eu nascemos com um mês de diferença. Richard era da minha turma na EAC desde o quarto ano.

Todos chamavam o Philip de PCP: tanto os caras maneiros, que ficavam de bobeira na frente da loja do outro lado da rua, quanto as adolescentes maneiras, que pareciam ser, todas, apaixonadas por ele. Eu tinha ouvido dizer que PCP era o nome de uma droga, então eu sempre ria de uma forma que esperava ser sofisticada quando as pessoas diziam "Tem PCP no pedaço" e o Philip entrava na sala.

Ele estava sempre sorrindo. Tinha um daqueles sorrisos tímidos que enrugavam os seus olhos e davam a impressão de que ele não tinha certeza de que você queria mesmo falar com ele, mas que, se você quisesse, ele ficaria superfeliz de conversar com você.

Philip era "feroz", palavra que usávamos para "bonitão": 1,80m, pele cor de chocolate, bumbum lindo e durinho, barriga de tanquinho e uma covinha.

— Tá, Helene — disse-me Eunice uma noite em que eu a regalava com as virtudes do Philip. — Você fala dos olhos sorridentes dele. Você fala do bumbum durinho. Agora você fala da covinha dele. Por favor, por favor, por favor, não enche mais a paciência das pessoas com o PC.

PC era outro dos apelidos do Philip, se PCP fosse comprido demais para falar.

Nós estávamos à toa no meu quarto ouvindo música no meu novo toca-discos. Eunice e eu estávamos maravilhadas com os últimos sucessos de discoteca.

A música de que nós duas gostávamos mais era "I Don't Love You Anymore", do Teddy Pendergrass. Era dramática, cheia de frases expressivas. Diante do espelho do meu quarto, Eunice e eu ensaiávamos como arrumaríamos namorados para, depois, dar o fora neles (eu não tinha a menor intenção de dar o fora no Philip numa remota eventualidade dele, algum dia, reparar em mim, mas eu entrei na brincadeira da Eunice mesmo assim). "Desculpa", repetíamos, praticando. "É como diz o Teddy Pendergrass: eu simplesmente não te amo mais."

Eunice até que conseguiu pôr o plano em prática. Ela escolheu o momento perfeito — depois da escola, quando a garotada da Haywood estava conversando com o pessoal da EAC na rua. O namorado dela, James Sirleaf, seu colega de sala da Haywood, estava inocentemente comprando uma Fanta Laranja e nozes-de-cola na loja do outro lado da rua.

Eunice vinha saindo com o James havia um mês. Já estava mais do que na hora de dar o fora nele mesmo. Ele era muito bonzinho, mas chato, e nunca tinha muita coisa a dizer além de como achava a Eunice bonita. Qualquer cara legal sabia que essa era a receita para levar um chute. Para piorar a situação do James, a Eunice, assim como eu, tinha encontrado um novo amor. Na mesma hora em que eu decidi que o Philip Parker era o cara certo para mim, a Eunice decidiu que estava apaixonada pelo Cherif Abdullah — um garoto congo-mandingo rico. Cherif era alto e esguio, com pele cor de chocolate e cabelo afro, e falava bem baixinho, como se fosse muito maneiro para ter cordas vocais.

O Cherif piscava para a Eunice às vezes quando íamos ao cinema aos sábados, e tinha pedido para dançar com ela na festa do Philip duas semanas antes. Eles só dançaram uma música rápida, mas isso foi o suficiente para a Eunice. Depois de praticar bastante em casa comigo à noite, ela estava pronta para o encontro dramático com o pobre James.

Ainda usando o uniforme da escola — camisa amarela e saia preta —, Eunice atravessou a rua até a loja, seguida por mim, Marlene, Vicky e algumas amigas da EAC.

— James! Vem cá! Eu preciso falar com você.

James nem teve tempo de anotar a placa. Antes mesmo de abrir a boca, Eunice já estava mandando ver:

— Acabou. Eu encontrei o verdadeiro amor.

— O quê?

— Tá tudo acabado entre nós. Por favor, não fica muito triste. Não era pra ser.

James começou a falar. Eunice e eu tínhamos praticado na noite anterior o que fazer se ele quisesse falar alguma coisa. Ela foi espetacular.

— Para! — interrompeu Eunice, erguendo a mão espalmada num gesto dramático. — Pelo amor de Deus, não consigo mais ouvir isso! É doloroso demais.

Com essas palavras, ela girou o corpo, triunfante, e caminhou lentamente até o Fedeles, que nos aguardava dentro do Mercedes. Nós a seguimos, cutucando uma à outra nas costelas. Fantástico!

Na semana seguinte, o Cherif apareceu na escola no maior grude com a Nyemale Baker. No pátio, na saída da aula de inglês, fiquei olhando para o casal, horrorizada. Quando foi que aquilo tinha acontecido? Por que ele vivia piscando para a Eunice?

Já com Philip Parker, eu estava tendo os meus problemas.

Comecei minha investida amorosa da maneira testada e aprovada: eu o ignorava todas as vezes que o via. Ao vê-lo vir andando pelo corredor na minha direção, eu olhava para todos os lugares, menos para ele. Quando ele finalmente passava por mim, eu tinha a liberdade de virar e ficar olhando a sua bunda até ele sumir de vista.

Várias semanas fazendo isso não deram em nada. Certa tarde, depois da escola, Michelle Veakins e eu estávamos esperando pelo Fedeles perto das colunas triangulares na frente do colégio. Tínhamos acabado de sair de uma reunião do conselho estudantil.

— Não vou contar pra você de quem eu gosto — falei para a Michelle.

— Você vai contar pra todo mundo.

Esse era um convite ardiloso para fazer a Michelle tentar adivinhar, e, com sorte, chegar ao Philip por conta própria, percebendo que eu era maneira o suficiente para conquistar um cara do último ano. Michelle imediatamente pensou que fosse algum menino da nossa sala, como o Lennart van den Ende, o garoto holandês bonitinho.

— Não, o Lennart não! — respondi secamente. — O meu grande amor é um *homem*, não um garoto do nono ano!

— Emmett Dennis?

— Michelle, cê vai levar uns tabefes.

De repente, a porta do ginásio se abriu, e Philip saiu todo suado, usando o seu uniforme do time de basquete — camiseta larga e short — com uma bola debaixo do braço. Congelei no mesmo instante.

Ele andou até nós e parou.

—Tudo bem, Cooper?

Eu só fiz que sim com a cabeça, sorrindo como uma bobalhona.

Philip sorriu e andou até a sua Honda azul. Eu fiquei lá, parada, com o coração batendo, olhando para a bunda dele, completamente esquecida da Michelle, quando eu a ouvi gritar:

— Ehê!!!

"Ehê" é uma dessas expressões que qualquer liberiana, ou irlandesa que cresceu na Libéria — e, portanto, pensa ser liberiana —, conhece. Significa: "Ahá! Te peguei!"

— Cala a boca — sussurrei, furiosa. — Ele vai te ouvir!

— Ehê! Ehê! Ehê!

Michelle ficou pulando de um lado para o outro, fazendo aquele gesto de "te peguei!" que os liberianos fazem com os dedos, pegando um dedo e encurvando-o até encostá-lo no polegar.

— Michelle, tô te avisando, se você não calar a boca, eu te bato.

Mas o estrago estava feito.

Michelle não perdeu tempo. No dia seguinte, entrou na aula de álgebra I, me lançou um olhar e, então, anunciou ao Richard Parker:

— A Helene tá a fim do teu irmão.

Senti o sangue esquentando o meu rosto, enquanto o Richard pulava da cadeira. A princípio, tentei negar.

— Não sei do que ela tá falando!

Logo percebi que seria inútil, então mudei de estratégia.

— Richard, pelo amor de Deus, não conta pra ele.

Mas isso também era inútil. Eu tinha passado as últimas semanas torturando o Richard por causa da namorada dele, Patience Jabba. Eu tinha escrito mensagens no quadro-negro, inventado músicas implicando com o nome da garota. Não tinha a menor possibilidade dele ignorar o prato cheio que a Michelle tinha acabado de lhe entregar de bandeja.

Depois da aula, segui o Richard até a frente da escola, ainda implorando.

— Richard, pelo amor de Deus. Por favor.

Ele só ficava rindo.

— Não esquenta, Helene Cooper. Não vou contar pra ninguém.

Richard viu o irmão, que vinha se aproximando de onde nós estávamos, e disse:

— Oi, Philip! Adivinha só!

Em menos de cinco segundos eu já estava diante do portão da Haywood, procurando pela Eunice. Durante todo o caminho até em casa, ela tentou me reconfortar, mas eu estava inconsolável. No nono ano, parecia que não havia nada pior no mundo do que o rapaz de que você gostava ficar sabendo que você gostava dele.

De volta ao mundo real, as tensões entre congos e nativos estavam esquentando. Cada vez mais as pessoas se definiam por um dos lados. De repente, alguns congos estavam dizendo que eram nativos, declarando ter ascendências tribais como se fossem medalhas de honra.

— Num me chama de congo, minha avó era vai — minha prima CeRue teve o descaramento de me dizer.

— Ah, dá um tempo, CeRue! — exclamei. Mas murmurei depois: — Eu também tenho sangue nativo!

— Como é que é? — esbravejou CeRue. — Ô Eunice, olha só quem tá dizendo que é nativa! Essa garota superCooper!

Eunice ficou rindo.

Richard contou para o Philip e para todo mundo na escola, em Relda e na grande Monróvia. Fiquei furiosa. Mas logo, logo o Richard teve o troco que merecia.

Um dia à noitinha, pouco tempo depois, Richard pegou um atalho para chegar em casa passando pela praia, tentando evitar os pastores alemães que viviam na rua próxima. Ele sabia que não devia caminhar na praia à noite, mas pensou que conseguiria chegar em casa antes que ficasse totalmente escuro. A lua já estava no céu, e o céu estava bastante claro. Richard caminhava na parte alta da praia, onde tem areia fofa. As ondas fortes do oceano Atlântico arrebentavam na praia. Talvez tenha sido essa a razão dele não ter ouvido o feiticeiro arrancador de coração se aproximar por trás dele.

Finalmente, Richard sentiu que alguém estava se aproximando e virou-se para olhar. A uns cem metros de distância, mas correndo na sua direção a uma velocidade inacreditável, havia um homem com uma machadinha. Tinha também duas facas penduradas na calça. E estava sem camisa.

Richard não perdeu tempo e disparou como se um demônio o estivesse perseguindo. No início, conseguiu abrir uma boa distância entre ele e o feiticeiro, mas a sua primeira explosão de energia rapidamente o cansou, e o feiticeiro começou a diminuir a vantagem.

Richard percebeu que uma das razões pelas quais o feiticeiro estava se aproximando dele era que ele estava correndo na parte molhada da areia, enquanto o Richard corria na parte fofa. Então, o Richard se aproximou da água. Isso lhe permitiu correr mais rápido, mas tinha o inconveniente de afastá-lo ainda mais das casas.

O feiticeiro diminuía paulatinamente a distância, e se aproximou tanto que, quando o Richard olhou para trás, pôde ver as cicatrizes no seu rosto. Agora ele estava a pouco mais de dois metros e chegando cada vez mais perto. Fazendo um esforço enorme, Richard acelerou novamente e deu uma guinada para a esquerda, voltando a afundar na areia fofa. Estava perto o suficiente para ver as luzes da sua própria casa.

O feiticeiro o seguiu até a subida para a estrada, e pela estrada que levava até a sua casa. Ele levantou a machadinha num arco para trás, preparando-se para arremessá-la. Richard começou a gritar:

— Mãe! Philip!

Richard deu outra guinada, atirando-se no portão do seu quintal, rezando para que não estivesse trancado.

Philip e a sra. Parker estavam na frente da casa, junto com o vigia, quando o Richard entrou desembestado pelo quintal. Ele mal conseguia falar. Caiu no chão, ofegante, apontando para fora.

— Feiticeiro! Feiticeiro!

Philip e o vigia correram para fora e viram o frustrado feiticeiro passar correndo pela casa. O vigia o seguiu, e viu dois outros se unirem a ele logo mais adiante na estrada. Eles também tinham machadinhas. E sacos de lixo, provavelmente para carregar a carcaça do Richard.

No dia seguinte, na escola, Richard não parou de falar sobre como tinha escapado por pouco do feiticeiro. Ao ouvi-lo, um arrepio percorreu a minha espinha. Então eles existiam mesmo, pensei. Na Libéria, nós tínhamos ares civilizados, mas a verdade é que nós continuávamos, ainda, a um passo oscilante de algo obscuro e selvagem.

Pensei nas inúmeras noites que passei em meu quarto cor-de-rosa em Sugar Beach, assim que chegamos lá; os pensamentos sombrios e incontroláveis que enchiam minha mente até mamãe e papai trazerem a Eunice para morar conosco. Até os meus treze anos de idade, nós continuávamos dormindo todas no quarto da Marlene, sobre colchões dispostos no chão, protegendo-nos umas às outras de curandeiros, ladrões e feiticeiros.

E agora eu tinha prova de que eles existiam. Eu nem queria pensar no assunto.

— Que pena que o feiticeiro não arrancou a língua do Richard — resmunguei com uma amiga.

A escola inteira agora sabia da minha paixão pelo Philip.

— E o que é que você vai fazer se, por acaso, ele chamar você pra sair? — perguntou-me um dos garotos do último ano.

Eu estava torcendo para que esse dia chegasse. Eu tinha a minha resposta na ponta da língua. "Os relacionamentos podem ser muito difíceis", eu diria, baixando a voz de maneira sofisticada e sexy, "mas estou disposta a tentar". Sem muito entusiasmo, dando a entender confusões românticas passadas, sem de fato mentir, e dizendo que já tinha tido um namorado firme antes.

O time de basquete da escola ia dar uma festa Sadie Hawkins em outubro, para encerrar o Hick Day — festival anual em que usávamos roupas caipiras, fazíamos guerra de esponja molhada e competições de quem come mais torta. Durante o show de talentos do Hick Day, apresentei uma dança de sapateado que havia aprendido na aula de balé. Era um número de jazz ao som de "The King of the Road". Éramos três dançarinas usando *collants* pretos idênticos, cartolas pretas, meias-calças brancas, sapatilhas de sapateado pretas. E bastões.

Foi realmente um equívoco chamar a nossa festa de Sadie Hawkins, porque nenhuma das meninas chamou os meninos para dançar. As garotas ficaram todas paradas de um lado do ginásio e esperaram que os rapazes fossem convidá-las para dançar. Eu fui com a minha amiga Veda. Estávamos usando saias até a altura dos joelhos e sandálias de salto alto. A minha saia era de linho cor fúcsia, além da minha blusa preferida, de linho verde-escuro, e do cinto fúcsia.

Veda, pequena e exótica, de olhos puxados, usava um conjunto de saia e blusa que a mãe dela tinha mandado fazer no alfaiate.

O ginásio estava escuro, decorado com lanternas de papel crepom. Haviam levado cadeiras e mesas para dentro da quadra, embora a maioria das pessoas ainda estivesse sentada nas arquibancadas. Mamãe tinha dito que só podíamos ficar na rua até as dez da noite, apesar do baile acabar às onze. Eu não estava contente, mas determinada a aproveitar ao máximo.

O Philip estava usando calças brancas apertadas, como o John Travolta em *Os embalos de sábado à noite*. Perambulou pelo ginásio a noite toda, e praticamente não dançou. Conversou com os seus colegas do basquete. Eu fiz um esforço determinado e bem-sucedido de não falar com ele.

Quando a música do Michael Jackson "Don't Stop 'Til You Get Enough" começou a tocar, todos correram para a pista de dança. O meu colega de turma Lennart me chamou para dançar, e um rapaz do ensino médio convidou a Veda. Fiz de tudo para dançar no ritmo, olhando bem em volta para me certificar de que ninguém estava me olhando com cara de que eu não sabia dançar. Todo mundo estava concentrado nos seus próprios passos.

Vi o Philip do outro lado da quadra dançando com a Olga Madiou, que era uma das integrantes do grupo de dança da escola. Era uma haitiana muito bonitinha, atlética, e dançava como se estivesse pegando fogo, com um monte de movimentos furiosos dos braços e tremeliques na parte superior do corpo. As integrantes do grupo eram as melhores dançarinas da escola: Olga, Karen Mygil, Lisa Cooper, Veena Kaul e Zinnah Holmes, a garota mais bonita da Libéria. Murmurei uma oração de agradecimento pelo fato de que, pelo menos, o Philip não estava dançando com a Zinnah, seguida de um pequeno adendo pedindo que a Olga tropeçasse e caísse.

A Olga não caiu, ficou mudando os passos e fazendo umas coisas que só ela conseguia fazer. Agora ela estava mexendo o pescoço como uma egípcia. Eu sabia que não conseguiria fazer aquilo, então sacudi o corpo mais freneticamente. Ela ia ver só.

Finalmente a música parou, e Veda e eu corremos até o nosso lugar nas arquibancadas.

— Você viu a... — comecei, furiosa.

Veda me interrompeu:

— A Olga não quer o Philip. Você sabe que ela acha ele baixinho.

Suspirei. Eram dez da noite, hora de partirmos, e eu não tinha trocado nem uma palavra com o amor da minha vida. Peguei o meu bastão, que eu tinha colocado num canto, e Veda e eu nos dirigimos até a porta.

Os acordes da versão do Barry White para "Just the Way You Are", do álbum do Billy Joel, soaram no ginásio, envolvendo-o com o espírito suave do *soul* dos anos 1970. Eu estava me concentrando tanto em não olhar para o Philip que quase não o vi esquadrinhando o ginásio e me encontrando parada na porta com a Veda.

— Ele tá vindo pra cá — disse ela.

Ele andou até onde estávamos e pegou a minha mão. Eu ia dançar uma música lenta com o Philip Parker! A meio caminho da pista de dança, percebi que eu estava segurando o bastão com a outra mão. Merda. Dei um tapinha no ombro dele e disse:

— É que eu tenho que botar o bastão ali.

Corri, atravessando a pista de dança, praticamente joguei o bastão na Veda, me virei e voltei correndo.

Philip colocou as mãos na minha cintura e eu coloquei minhas mãos nos seus ombros. Barry White cantava suavemente: "*I just want... someone to talk to... I want you just the way you are.*"

Obviamente, o Philip tinha escolhido aquela música porque as palavras expressavam o que ele sentia em relação a mim, pensei, exultante. Deixei-me embalar completamente pelo momento e me enrosquei em torno dele. Meu coração parecia que ia pular para fora do peito.

Cedo demais, a música terminou. Os meus olhos ainda estavam fechados e eu não notei, até que o ouvi dizendo:

— Obrigado.

Dei um pulo para trás.

— Ah, uhm, de nada! — respondi, e voltei radiante para o lado da Veda. Fui flutuando numa nuvem até em casa.

— Como é que a gente parecia de longe? — perguntei várias vezes à Veda.

Veda era uma amiga de verdade, e sabia que sua resposta era extremamente importante. Ela respondeu certo.

— Que nem dois namorados.

— Que nem dois namorados — suspirei.

De volta ao mundo real, o presidente Tolbert e o grupo de liberianos no poder estavam se preparando para o julgamento de Gabriel Baccus Matthews. A trégua pós-OUA entre Tolbert e Matthews tinha acabado depois que o partido político de Matthews, a APL, foi registrado oficialmente. A APL foi renomeada, tornando-se o Partido Progressista do Povo (PPP), e organizou uma manifestação noturna pela derrubada de Tolbert.

— Estou cansado de ser bonzinho — anunciou Tolbert. — Vou ser duro, cruel e bruto de agora em diante. Quero lhes mostrar que esse é o momento de colocar em prática as leis desse país com o máximo rigor. Se no passado fui indulgente, quero que o povo me perdoe. Não serei mais indulgente com eles... E sei que sou duro como uma rocha, porque tenho o apoio do povo liberiano.

Tolbert exigiu que os seus "eleitores" e delegações de várias seções do seu Partido True Whig viessem em peso de todas as partes do país para lhe jurar fidelidade e lhe mostrar apoio. Eles, por sua vez, "exigiram" que Matthews e outros fossem julgados por traição. "Exigiram" que a Libéria se declarasse um Estado de um único partido, sob a liderança do Partido True Whig. Tolbert "respondeu" fechando o PPP e prendendo trinta e oito dissidentes políticos, incluindo Matthews, que foi acusado de sedição.

Também foi preso Chea Cheapoo, o mais ingrato dentre todos os liberianos nativos, na opinião do Povo Congo. Chea Cheapoo era filho adotivo do ministro da Justiça linha-dura Joseph Chesson. Cheapoo havia sido criado na casa de Chesson, até resolver se filiar à APL.

Então, Chesson mandou prender o filho.

Tolbert marcou os julgamentos por traição de Matthews, de Cheapoo e do restante dos agitadores para 14 de abril de 1980 — o aniversário de um ano do motim do arroz.

Eu estava experimentando um novo penteado no dia em que o Philip carregou os meus livros até o carro, depois da escola. Nós não tínhamos trocado nem uma palavra desde a memorável dança na festa de semanas antes, e eu estava ficando cada vez mais frustrada com o ritmo lento do meu caso amoroso.

Eu tinha repartido o cabelo no meio, com um rabo de cavalo na diagonal, e o resto do cabelo caindo solto sobre o rosto. Era o penteado que eu tinha visto a Kelly, de "As Panteras", usar.

Mamãe vinha me pegando todos os dias depois da escola naquela semana, porque não confiava em deixar Eunice e eu virmos direto para casa com o Fedeles. Eu estava de castigo porque a minha turma inteira, menos a Janine Padmore e, estranhamente, o Richard Parker, havia tirado "D" em álgebra I. Mamãe ficou fula da vida e me disse que eu estava de castigo por um ano. Então, passou a nos pegar na saída da escola pessoalmente, como se isso pudesse, de alguma forma, se transformar num A em álgebra.

Eu estava me afastando do meu armário depois da aula quando vi o Philip saindo da aula de música da professora Ross. Rapidamente desviei os olhos, como costumava fazer perto dele, mas dessa vez ele andou direto até onde eu estava e colocou o braço em volta de mim.

— Você tá uma gracinha hoje, Cooper — disse, sorrindo.

Fiquei sem fala.

Quando nos aproximamos do portão, ele se inclinou e pegou os meus livros.

— Eles estão pesados — disse, com o mesmo sorriso.

Finalmente recuperei a fala e comecei a tagarelar, dizendo que ele tinha sido ótimo no jogo de basquete no outro dia, e que eu adorava vê-lo jogando, e que eu era fã incondicional de basquete. Estávamos nos aproximando do carro, e eu percebi, apavorada, que mamãe, Eunice e Marlene já estavam sentadas lá, olhando-nos caminhar juntos, embasbacadas. Eunice sorria, radiante.

— Eu estava jogando pra você — disse ele.

Philip abriu a porta, mandou um beijinho de longe para a mamãe, sorriu para a Marlene e a Eunice, e me entregou os livros. Fechou a porta, debruçou-se na janela e me deu um beijo no rosto. Tentei virar a minha boca para a dele, mas não fui rápida o suficiente. Então, Philip saiu correndo de volta para a escola.

Todo mundo dentro do carro ficou em silêncio por uns dez segundos. Aí eu fiz uma careta e dei um grito de guerra.

13

Mamãe e filhas

Sugar Beach, Libéria, 12 de abril de 1980

Nas primeiras horas da manhã de sábado, 12 de abril de 1980, soldados nativos do Exército liberiano, liderados pelo primeiro-sargento Samuel Kanyon Doe, de vinte e oito anos, invadiram a Mansão Executiva.

Tolbert havia acabado de voltar de um discurso no centro de Monróvia. Estava nos seus aposentos privativos no último andar da mansão construída pelos israelenses e que tinha vista para o Atlântico. O seu quarto tinha um elevador de segurança que podia levá-lo rapidamente ao subsolo, onde um túnel o levaria à praia próxima e, supostamente, a um lugar seguro, caso isso algum dia fosse necessário. Mas Tolbert não vinha fazendo a manutenção do elevador, e por isso não estava funcionando.

Tolbert colocou o pijama e foi dormir. Lá pelas duas da madrugada, dezenove soldados liderados por Doe — membro da tribo Krahn —, auxiliados por alguns rebeldes da guarda presidencial, escalaram as grades da mansão. Rapidamente eles mataram a equipe de segurança do presidente. Durante o confronto, uma bala perdida cortou a linha telefônica entre a Mansão e o Centro de Treinamento Barclay — o quartel militar conhecido como CTB —, fato que um jornalista, mais tarde, qualificaria de "um tiro com chances de uma em um milhão que evitou que Tolbert convocasse o seu exército".

Eles levaram menos de uma hora para chegar ao último andar. O presidente Tolbert, de roupão, havia saído do seu quarto seguro e estava tentando atravessar o saguão para chegar até os quartos da esposa e dos filhos. Os soldados o atacaram a golpes de baioneta, arrancaram seu olho direito e o estriparam. Colocaram a esposa e os filhos de Tolbert em prisão domiciliar. Depois, foram até a rádio para anunciar que a Libéria estava agora sob novo governo. Pediram que todos os ministros e seus assistentes se apresentassem no quartel do Exército.

Tio Cecil Dennis foi até a embaixada americana e pediu asilo político. O embaixador recusou. Então, tio Cecil foi dirigindo sozinho até o quartel e se entregou. O pai de Philip e Richard, Clarence Parker, tesoureiro do Partido True Whig, foi preso, assim como os pais de inúmeros colegas meus da EAC que tinham cargos no governo.

A vinte quilômetros de distância, em Sugar Beach, acordei naquela manhã de sábado de céu claro. Eu tinha aula de balé pela manhã. E à tarde, um casamento, no qual eu seria dama de honra. Saí do meu quarto e ouvi mamãe dizendo a Eunice:

— Não conta nada pra Helene ainda. Você sabe como ela fica nervosa.

— Não conta pra Helene o quê? — perguntei.

— Deram um golpe.

— O que que é um golpe?

Um golpe de Estado, aprendi naquele dia, significava que "o governo tinha sido derrubado", ou, literalmente, que deram "um golpe nas cabeças do Estado, cortando-as fora". No rádio, o locutor dizia que as pessoas deviam ficar calmas e que todos os ministros do governo deviam se dirigir ao CTB.

— O que é que vai acontecer com o papai? — perguntei.

O cargo governamental mais alto que papai teve foi o de diretor-geral dos Correios — e ele tinha pedido demissão em 1974. Depois de passar anos lamentando que o trabalho independente do papai significava que dependíamos mais das oscilações e dos caprichos do capitalismo do que da segurança de altos cargos na hierarquia governamental, de repente eu me sentia extremamente aliviada.

— Que ele fique lá na fazenda, em Kakata, e não vá pra Monróvia — disse mamãe.

Entrando na cozinha, ouvi o Tommy, o novo cozinheiro, cochichando para a Eunice que os soldados tinham uma lista de congos que iam matar, e que o papai estava na lista. Sem telefone em Sugar Beach, não tínhamos como saber se ele estava bem.

Nunca nosso isolamento naquela casa havia sido tão absoluto. Eunice e eu estávamos sentadas no chão da sala de TV, tentando nos concentrar em nosso jogo de cartas, quando mamãe entrou, ligou o rádio e sentou na poltrona.

O programa de rádio já tinha transmitido metade do hino nacional liberiano — "All Hail, Liberia, Hail". Então, um nativo entrou no ar. Ele não tinha o habitual sotaque de radialista, uma mistura de inglês americano, britânico e liberiano. Esse nem sequer aspirava ao inglês liberiano, falava nativo puro.

— O Conselho de Redenção do Povo assume o poder neste momento para colocar um fim a toda essa corrupção — anunciou. — O primeiro-sargento Samuel Kanyan Doe está no comando. Todos os ministros do governo devem se apresentar no CTB.

Mamãe revirou os olhos.

— Ah, que ótimo. Você já sabe que tem problema quando eles dizem "do povo"!

— Por quê? — perguntei.

— É o código pra comunismo.

— O que é comunismo?

Eu tinha ouvido aquela palavra várias vezes.

— É quando o governo pega a tua terra e diz que ela pertence a todos.

— O quê?!

Aquilo era loucura.

— É isso aí. E aí eles dizem: "Tudo pertence a todos."

O rádio repetia aquela transmissão ininterruptamente. Primeiro, o hino nacional, na versão da orquestra completa. Depois, aquele pronunciamento: "O Conselho de Redenção do Povo assume o poder neste momento para colocar um fim a toda essa corrupção. O primeiro-sargento Samuel Kanyan Doe está no comando. Todos os ministros do governo devem se apresentar no CTB."

Eunice e eu ficamos encolhidas na sala de TV. Vicky tinha partido quatro meses antes para ingressar numa faculdade americana em Toledo, Ohio. Por isso, só havia Eunice, Marlene, mamãe e eu em casa.

— Pelo menos a gente tá longe da cidade — disse Eunice. — Ninguém vai conseguir encontrar a gente aqui.

O dia parecia pesado, com aquele programa de rádio horrível sendo retransmitido sem parar, interrompido apenas por músicas patrióticas. O Estado tinha assumido o controle da nossa casa, então só nos restava ficar sentadas, ouvir o rádio e pensar na Libéria. Eu nunca tinha pensado na Libéria como um "Estado" antes. Eu não queria refletir sobre o Estado. Eu queria ir à aula de balé e ao casamento que eu tinha programado.

O dia passou vagarosamente. Naquela noite, fomos dormir cedo, lá pelas nove, por nenhuma razão em especial, a não ser para tentar pôr um fim àquele dia.

* * *

O domingo amanheceu tão claro e abafado quanto o dia anterior. Eunice e eu estávamos sentadas à mesa da cozinha, bebendo Ovomaltine, quando a mamãe entrou e anunciou que iríamos à igreja.

— Quê? — falei.

— Nós vamos pra igreja, e depois vamos ver a minha mãe. Não vou ficar aqui acovardada o dia todo.

Nem precisava dizer que a Vó Grand era a última pessoa que você queria ver rodeada de soldados armados. Dava para imaginá-la dizendo-lhes os maiores desaforos e sendo morta por desacato. Compreendi por que estávamos indo ver como ela estava. O que eu não entendia era por que íamos à igreja primeiro.

Entramos todas no Caprice Classic da mamãe — eu, mamãe, Eunice e Marlene — e fomos para a cidade. As cidades não tinham nenhum congo...

e estavam desertas de liberianos nativos também, embora houvesse muitos grupos de soldados sedentos por vingança e aguardente. Ninguém parecia prestar muita atenção em nós, e chegamos sem problemas até a igreja. Não havia praticamente ninguém. O coral requisitado para se apresentar naquele domingo consistia de dois velhinhos. O pastor resmungou algo sobre perdão e reconciliação, e o culto se resumiu a isso.

Depois da igreja, pegamos o carro e atravessamos a ponte até a casa da vovó. Entrando no quintal, a casa parecia estar deserta. Saímos do carro e subimos as escadas até a porta dos fundos. Mamãe bateu na porta durante uns dois minutos. Silêncio. Enfiou a mão na bolsa e tirou a chave, e estava prestes a abrir a porta quando um senhor que morava por perto entrou no quintal.

— Eles levaram a dona pro CTB — disse ele.

Mamãe mandou que voltássemos para o carro, mas, antes que pudéssemos entrar, dois soldados com metralhadoras entraram pelo portão.

— A senhora é filha da dona da casa?

Mamãe fez que sim com a cabeça.

—Vem, vocês todas vão pro CTB.

Eles nos empurraram para dentro do carro da mamãe. Sentei atrás com a Eunice e um dos soldados. O outro soldado sentou no banco do motorista. Mamãe foi no banco da frente com a Marlene no colo.

O carro foi tomado pelo cheiro dos soldados: álcool misturado com suor forte.

O soldado ao volante não sabia dirigir. Ele arrancava, freava e girava o volante violentamente. Marlene começou a chorar.

— Não chora, Marlene — disse mamãe.

— É, num chora, Marine — disse o soldado, rindo.

Mamãe começou a gritar com ele.

— Escuta aqui, você vai matar a gente!

O soldado que estava atrás parecia nervoso.

— Cara, vai com calma — disse.

As mesmas pessoas que pareciam dóceis no caminho para a igreja agora estavam, de repente, dando sinal de vida — e de festividade. Um grupo de mulheres estava cantando e dançando, batendo palmas no mesmo ritmo. Algumas correram até o nosso carro e atiraram pedras, gritando:

"Congos! Congos!" Estávamos usando as nossas roupas de domingo — vestidos, meias e chapéus.

Eunice e eu ficamos no banco de trás apertadas uma contra a outra. Ela segurou a minha mão, em silêncio, e a apertou forte.

Finalmente, chegamos ao quartel do CTB e saímos do carro. O lugar estava, como de costume, empoeirado e agitado. Só que, em vez de soldados andando de um lado para o outro, havia congos sendo empurrados para dentro de prédios militares. Numa rápida olhada, procurei pelo papai, mas não o vi.

Parecia uma mistura de urina, poeira e peixe seco. Não dava para acreditar que a vovó estivesse lá, em algum lugar. E o Mano Henry, também? Ficamos paradas ao lado do carro, sem saber o que iria acontecer depois. Foi quando...

— Ei! Essa é a filha do Capitão Dennis!

Um sargento veio correndo até nós, olhando para a mamãe.

Estávamos livres cinco minutos depois. O meu avô, morto havia nove anos, tinha sido um capitão militar de carreira, promovido a general antes de morrer, mas era venerado e conhecido pelos soldados como Capitão Dennis. O sargento que reconheceu a mamãe entrou no carro conosco e nos levou de volta até Sugar Beach. Ele recusou a oferta de dinheiro da mamãe.

— O seu pai era um homem bom — foi só o que ele disse antes de nos deixar. — Dessa vez, fiquem em casa.

No dia seguinte, 14 de abril, aniversário de um ano do motim do arroz, nós ficamos em casa.

O sol já estava quente às dez e meia da manhã. Seria mais um dia denso e abafado, cortesia da estação chuvosa que estava se aproximando. Na cozinha, o rádio ainda estava ligado; àquela altura, vinha tocando alto por mais de quarenta e oito horas seguidas. A equipe da ELBC, a estação de rádio do governo, tinha voltado a trabalhar e estava ocupada transmitindo os planos do novo Conselho de Redenção do Povo. Esses planos tratavam, basicamente, de prender os ex-ministros do governo no CTB.

Eu estava na cozinha, novamente bebendo o meu Ovomaltine matinal, quando percebi que todos os criados tinham desaparecido. Onde estava o Tommy, nosso novo cozinheiro? E o Jack?

Tomando o restinho de Ovomaltine, andei lentamente pela varanda da cozinha. O terreno da casa estava vazio; a casa dos criados, deserta.

— Eunice! — berrei.

— Que que você quer? — berrou ela de algum lugar de dentro da casa.

Eu não respondi, sabendo que a curiosidade era a maneira mais eficaz de fazê-la sair. Como previsto, Eunice apareceu um minuto depois, descalça. Assim que saiu da casa climatizada, seus óculos ficaram embaçados.

— Cadê todo mundo? — perguntei.

— Hein?

— Todo mundo sumiu.

Nós ficamos, as duas, paradas nos degraus da cozinha do segundo andar, olhando para o terreno da casa e para a estrada de Sugar Beach, até onde nossos olhos alcançavam. Até mesmo a porta do Bolabo estava escancarada, e dava para ver que ele não estava deitado na cama, tirando a sua soneca habitual.

Assim como eu, Eunice ficou nervosa.

— Como é que pode, todo mundo sumir assim?

Então, num relance, vimos o caminhão aparecer por entre as árvores num ponto distante da estrada, vindo em direção à nossa casa, uma nuvem de poeira levantando em sua trilha.

Meu estômago congelou. Dessa vez não eram ladrões vindo para Sugar Beach. Aqueles intrusos não estavam se dando ao trabalho de se camuflar sob o manto da noite. Eles eram audazes. Não tinham nada do que se esconder e nada a temer, e podiam entrar no nosso quintal e na nossa casa, levar tudo o que quisessem e fazer tudo o que quisessem conosco.

Eunice e eu voamos para dentro de casa, gritando:

— Tia Lah! Mamãe! Soldados!

Os cães da Marlene, todos os quatro, latiam furiosamente, corriam na direção do caminhão que se aproximava e depois voltavam para casa, como se quisessem se assegurar de que o caminhão cheio de soldados fosse devidamente escoltado até nós. Mamãe, que vestia uma camiseta preta e shorts verdes, foi até a varanda da cozinha e gritou para dentro:

—Vocês fiquem aí dentro.

Mas nós ficamos olhando pela janela da cozinha, nós três — Marlene, Eunice e eu —, com uma visão nítida dos soldados, que agora saltavam do caminhão dentro do jardim da frente de casa.

Eram oito. Alguns usavam calças verdes de camuflagem, outros usavam camisetas sem manga, exibindo os ombros e braços com cicatrizes e marcas.

Um usava um uniforme que parecia com o dos oficiais do Exército. Ele puxou o cinto para cima e andou lentamente até a frente da casa. Olhou para a mamãe, parada na varanda, olhando-o de cima, e sorriu. Depois olhou para nós, espiando da janela da cozinha, e sorriu novamente.

—Todo mundo pra fora — disse ele, acenando na nossa direção.

Marlene, Eunice e eu seguimos mamãe escada abaixo. Os cachorros — Christopher, Christopher Júnior, Savage Sam e Happy — continuaram agitados, latindo e correndo a esmo. Como mamãe, eu estava usando chinelos, camiseta e shorts. Marlene e Eunice estavam vestidas da mesma maneira, só que Eunice ainda estava descalça.

— O que vocês querem? — perguntou mamãe, articulando com cuidado.

— Cadê o John Cooper? — perguntou o líder dos soldados.

Mamãe disse que papai não estava em casa. Disse que ele não morava mais lá. Ela fez aquilo soar como se nós nunca o tivéssemos visto.

Passando o peso do meu corpo de um pé para o outro, eu estava dividida entre raiva e alívio por meu pai não estar conosco. A raiva surgiu de repente, enquanto eu via mamãe responder às perguntas dos soldados, ficando claramente mais agitada. Papai devia estar ali para cuidar de nós! Ele tinha mais sangue-frio do que a mamãe, que tinha a cabeça quente da vovó e poderia gritar com os soldados a qualquer momento. Que espécie de pai era ele?

Mas se ele estivesse lá, eles o machucariam?

— O meu pai não é do governo — falei.

Os soldados me ignoraram. Eles andaram pelo jardim por algum tempo, conversando entre si. Depois, nos mandaram ficar de pé contra a parede da casa.

Nós quatro andamos até a parede. Um soldado agarrou o braço da Eunice.

— Você não — disse ele, puxando-a para o lado.

Mamãe, Marlene e eu ficamos alinhadas de costas para a casa, perto da lavanderia. Três soldados apontaram suas armas para nós.

— A gente vai espirrar o sangue de vocês nessa parede, que nem tinta — disse um deles.

Então atiraram para o ar, por cima das nossas cabeças.

— Para, por favor, para, por favor, para, por favor — repetia Eunice.

Agora os soldados estavam todos sorrindo e gargalhando. O cachorro da Marlene, o Christopher Jr., correu até um deles, latindo furiosamente. Um soldado apontou a arma para o cachorro e fingiu que ia atirar. A Marlene saiu de onde estava, correu até o soldado e agarrou-se ao seu braço armado. Ele a jogou longe. Mamãe correu e pegou a Marlene.

Mamãe começou a gritar com os soldados.

— Mas o que é que vocês têm na cabeça? Querem matar mulheres? Então atirem logo! Nós vamos entrar. Não vamos continuar aturando essa merda.

Mamãe agarrou o meu braço e fez um gesto para que entrássemos na casa.

— Vai você — murmurei.

Não achei que a sua cena de Senhora Congo da Mansão tinha sido uma boa ideia. Entramos na casa e os soldados nos seguiram. Um deles virou-se para a Eunice:

— Onde é que você dorme? No chão?

Eunice estava calma.

— Vem, vou te mostrar o meu quarto.

Ela levou os soldados até o seu quarto. Quando eles duvidaram que aquele fosse o seu quarto, ela mostrou suas roupas e seus sapatos nos armários.

— Esse aqui é o meu uniforme da escola.

Um soldado virou-se para mim e me pegou pelo braço. Arrastou-me até a sala de TV e fechou a porta. Estávamos sozinhos.

Eu não sabia o que ele queria, nem quando se aproximou de mim e colocou a boca perto do meu rosto.

— Você é casada? — me perguntou, passando a mão pelo meu braço.

Ele estava perto, perto demais, e começou a roçar o corpo contra o meu. Cheirava a bebida.

— Não, eu só tenho treze anos! Como é que eu posso ser casada?

— Ah, você é uma gracinha — disse, agarrando o meu outro braço.

Antes que eu dissesse alguma coisa, a porta se abriu com violência. Era a mamãe com dois soldados ao seu lado.

— Afastem aquele homem da minha filha.

Ela veio, me agarrou e me arrastou até a cozinha.

De repente, os soldados foram embora. Assim, sem mais nem menos. Nós quatro nos sentamos à mesa da cozinha. O peito da mamãe estava arfando. Ela ainda estava tremendo.

— Você acha que eles foram atrás do papai? — perguntou Marlene.

Mamãe não se deu ao trabalho de atenuar sua resposta.

— Acho.

Marlene abriu o berreiro. Olhei com raiva para a mamãe. O mínimo que ela podia fazer era ser menos direta.

— Acho que a gente devia ir embora — disse mamãe.

— Pra que que a gente vai embora? Aquele soldado ontem disse pra gente ficar em casa — eu disse.

Mamãe e Eunice trocaram olhares expressivos e depois saíram da cozinha. Marlene foi para fora dar uma olhada nos seus cachorros, enquanto eu fui para a sala de estar e me aninhei na minha poltrona predileta, que ficava no cantinho, porque assim não dava para saber se eu estava lá, mesmo entrando na sala, a não ser que você olhasse diagonalmente para trás.

Uma hora depois os soldados voltaram, entraram pela porta da cozinha e foram direto até a sala de estar, perto do piano, como se a casa fosse deles. Marlene, Eunice e eu ficamos diante da sala de TV enquanto eles levaram a mamãe para um canto. Não dava para ouvir o que eles diziam para ela. Ela olhava fixamente para o líder, e ficava virando e olhando para o sujeito que tinha me levado para a sala de TV e me perguntado se eu era casada. Ele olhou para mim e sorriu, e então disse alguma coisa para a mamãe. Ela sacudia a cabeça violentamente. Ele continuou falando, e ela continuou sacudindo a cabeça furiosamente. O líder começou a falar de novo, também sorrindo. Não dava para ouvir o que diziam.

Mamãe apontou para o que tinha me levado para a sala de TV e disse alguma coisa ao líder. Ele olhou para os outros soldados. Todos sorriram.

Mamãe andou até a Eunice e colocou uma chave na mão dela.

— Vão vocês três pro meu quarto e tranquem a porta pelo lado de dentro. O que quer que aconteça, não deixem ninguém entrar.

Àquela altura, eu estava chorando.

— Aonde é que vocês vão levar a mamãe? — perguntei.

Os soldados a estavam acompanhando escada abaixo até o porão. Ela gritou por sobre o ombro:

— Entrem no quarto!

Suas botas batiam contra os degraus da escada. Eles riam e mexiam uns com os outros, até que desapareceram de nossas vistas.

Nós trancamos a porta do quarto da mamãe e sentamos no chão, nos entreolhando.

Ouvimos três tiros no andar de baixo.

O meu coração deu um pulo.

Era inconcebível para mim sequer imaginar que eles tivessem atirado na minha mãe. Nem pensar. Nem pensar.

— Eunice... eles atiraram nela?

Não chora, não chora — dizia Eunice para Marlene.

Marlene tinha engatinhado para o colo da Eunice, e Eunice ninava-a como a um bebê, embalando-a para frente e para trás.

Eunice olhou para mim.

— Eles não tão atirando nela. Só tão dando um susto nela — disse, calmamente. — É só isso, eles só tão querendo dar um susto nela.

Ouvimos mais três tiros.

— Vou descer — falei, me levantando.

— Não! — gritou Eunice, com a voz dura, estranhamente sem qualquer gaguejo. — Senta aí. Pelo menos uma vez na vida, faz o que a tia Lah mandou você fazer.

Lentamente voltei a me sentar. Finalmente, lá no fundo comecei a entender o que estava acontecendo.

Agora eu também me balançava para frente e para trás, sentada no chão, de costas para o espelho. Eunice se levantou e ligou o ar-condicionado. Ele começou a fazer barulho, como sempre acontecia quando era ligado, antes de se acalmar e encher o ar com o seu zumbido suave. Olhei confusa para a Eunice; numa hora dessas ela estava pensando em ar-condicionado? Ainda por cima, não dava para ouvir mais nada. Nós não conseguiríamos ouvir o que estava acontecendo lá embaixo.

Eu queria ouvir.

Levantei e desliguei o ar-condicionado.

— Para — disse Eunice.

Olhei para ela.

— Para. Num é culpa sua.

Balancei a cabeça.

Nem com o ar-condicionado desligado dava para ouvir alguma coisa, a não ser os soluços da Marlene.

Ô meu Deus, por favor, não deixa eles machucarem a minha mãe.

Finalmente, ouvimos o caminhão deixando o terreno da casa. Estávamos morrendo de medo de destrancar a porta.

Então, ouvimos uma batida forte na porta.

— Abram a porta, sou eu — disse mamãe.

Ela entrou no quarto, com os olhos faiscando de raiva. Ela estava suja, com a camiseta folgada no corpo, como se tivesse sido puxada ou esticada. O cabelo estava desgrenhado, um grampo pendia de uma mecha na nuca.

Mamãe tirou a roupa e foi direto para o chuveiro.

— Aqueles malditos soldados me estupraram.

Ela não estava chorando. Parecia enfurecida. Deixou a porta do banheiro aberta enquanto tomava banho, e Eunice, Marlene e eu ficamos andando nervosas diante da porta. Eu queria entrar no chuveiro e abraçá-la, mas tive medo. Então, ficamos em pé na porta, ouvindo a água cair, observando-a atrás do vidro, enquanto mamãe se ensaboava. Ela se lavou repetidamente. Ficou no chuveiro por quase uma hora.

Eu estava tomada de uma ira tão intensa que ela fervia dentro de mim. Eu queria machucar aqueles soldados que tinham machucado a minha mãe. Eu queria vê-los sangrar, eu queria me sentar e ficar vendo-os morrer lentamente, conscientes de que estavam morrendo. Eu queria estar por perto para rir enquanto eles morriam. Parada ao lado da porta, meus músculos estavam tensos, meus punhos, fechados.

Finalmente mamãe fechou o chuveiro, e nós três nos afastamos da porta. Quando ela saiu do banheiro, estava segurando uma arma.

— Se eles voltarem, mato eles.

Naquela noite, eles voltaram.

Os criados tinham voltado para a nossa casa. Ouvi o Tommy e o Galway conversando na cozinha, mas nós quatro não saímos do quarto da mamãe. A minha raiva estava concentrada nos soldados, não nos criados. Eu sabia que eles tinham fugido porque estavam com medo dos soldados. O que poderiam ter feito se tivessem ficado? Eles não tinham armas. Agora que tinham voltado para casa, e continuavam lá apesar do monte de soldados dentro daquele caminhão, senti quase que uma estranha forma de gratidão, por eles não terem nos abandonado, por terem talvez percebido que não deviam ter nos deixado, e por estarem tentando compensar aquilo.

O caminhão de soldados estacionou no jardim novamente. Em silêncio, nós os ouvimos batendo na porta da cozinha.

—Vão pra trás da cama — disse mamãe.

Ela se colocou entre a porta do quarto e nós, e ficou parada, com o revólver na mão, engatilhado e pronto para atirar.

Então, ouvi o Galway dizendo para os soldados:

— O pessoal foi embora.

Houve um longo silêncio, e eu imaginei que ouviria os soldados vindo na nossa direção. Mas não vieram. Conversaram um pouco mais com o Galway. Não dava para ouvir o que diziam, mas ouvi um deles rindo. Depois, foram embora.

Não saímos do quarto naquela noite. Eunice e eu deitamos no chão, e Marlene deitou na cama ao lado da mamãe. Mamãe deu um calmante a cada uma de nós, um Valium. Fiquei deitada acordada, tentando entender por que as pessoas diziam que os calmantes eram remédios fortes. O que a mamãe tinha me dado não era nem um pouco forte.

Fiquei olhando para as sombras no teto até o amanhecer. E, quando o dia raiou, nós deixamos Sugar Beach.

Samuel Doe e seus guarda-costas

Monróvia, Libéria, 22 de abril de 1980

Na manhã seguinte ao estupro, mamãe acionou o piloto automático. Ela andava rigidamente, quase como um robô. Eunice, Marlene e eu andávamos pisando em ovos ao seu redor, sem saber o que dizer.

Mamãe estava com uma mancha roxa debaixo do olho, que tentou disfarçar com maquiagem. Como isso não funcionou, recorreu aos óculos escuros Christian Dior, que usou tanto em casa quanto no carro, para dirigir até a cidade. Ficou em silêncio durante todo o caminho, e suas mãos agarravam o volante sempre que passávamos pelos postos de *blitz*, onde os soldados paravam o carro e apontavam as suas armas para as janelas.

Eu estava finalmente realizando o meu antigo desejo: minha família estava se mudando de Sugar Beach para a casa da tia Momsie, em Sinkor.

Quando chegamos lá, mamãe logo contou o que havia acontecido ao tio Mac e à Vó Grand, que havia sido libertada do quartel e que também estava refugiada na casa da titia. Tia Momsie estava fora do país naquela ocasião. Mamãe, Vó Grand e tio Mac foram para a varanda, conversar do lado de fora da casa. O capitão Stevens, funcionário da embaixada americana e amigo da família, também estava lá. Os quatro ficaram sentados conversando.

Eunice, minha prima CeRue, Marlene e eu monitoramos o grupo da janela da sala de estar. Ao longe, dava para ouvir o Povo da Terra cantando e festejando.

— Os soldados me disseram que, se eu não descesse com eles, eles iam violentar as minhas filhas — contou mamãe para o capitão Stevens. — Eram três. Primeiro, um soldado tentou impedir os outros, mas acabou desistindo. A última coisa que ele me disse antes de me estuprar foi: "Você pensa que os americanos vão vir ajudar vocês? Eles estão nos apoiando."

Quando chegou a essa parte, mamãe olhou bem na cara do capitão Stevens. Ele olhou para ela por alguns instantes, e depois desviou o olhar.

Naquela noite, Eunice, Marlene, CeRue e eu assistimos ao *Exorcista* na TV. Estávamos todas dormindo no chão no mesmo quarto que a vovó, que roncou a noite toda. O ronco soava exatamente como a garota do filme antes da cabeça dela dar voltas no pescoço.

No dia seguinte, fomos todas à escola. A EAC parecia estranhamente normal, a não ser por alguns dos garotos liberianos, que tinham marcas de machucados, e algumas das meninas, que tinham sido estupradas, de acordo com os comentários em voz baixa nas salas de aula. Mas mesmo as que tinham sido violentadas foram à aula.

Os alunos cochichavam pelos corredores:

— Os soldados foram até a casa do Ronnie e fizeram o diabo com eles.

— Ouvi dizer que eles bateram no pai do Joseph com a coronha dos revólveres, e que usaram os mesmos revólveres pra estuprar a mãe dele.

— Eles levaram a Jackie pra praia atrás da casa dela, e sete deles a estupraram.

— Eles levaram a família inteira do John pro CTB.

Eu não sabia o quanto eu devia contar. Não queria que os meus amigos ficassem sabendo que soldados tinham estuprado a minha mãe, mas, ao mesmo tempo, parecia sem sentido fingir que nada tinha acontecido conosco, enquanto tantos alunos, de uma hora para outra, estavam com os pais presos no CTB, aguardando julgamentos militares. Cicatrizes de guerra provavam que sua família tinha sido importante.

— Eles vieram à nossa casa também — contei finalmente à Veda. — Eles queriam estuprar a gente, mas mamãe não deixou.

Nós ainda não tínhamos recebido notícias do papai, embora houvesse boatos de que tinha sido preso e levado para o CTB. A ELTV transmitia julgamentos militares todas as noites, e todas as noites nós assistíamos, divididas entre o medo de que papai aparecesse no julgamento e a esperança de que aparecesse, porque assim pelo menos isso significaria que ele estava vivo.

—Você acha que eles vão matar o tio Cecil?

Eunice fez que não com a cabeça. Nós sabíamos que não era uma resposta, apenas uma constatação de que o mundo tinha virado de cabeça para baixo. Os principais membros do gabinete de Tolbert estavam sendo julgados. Os acusados eram todos nomes e rostos conhecidos: tio Cecil, Clarence Parker, J.T. Phillips — ministro das Finanças e pai de um colega meu de sala, Elbert Phillips —, Joseph Chesson, Frank Tolbert, Frank Stewart, e sete outros. Havia, ao todo, treze acusados.

Além da imprensa liberiana, jornalistas americanos, inclusive Leon Dash, do *Washington Post*, e David Lamb, do *Los Angeles Times*, estavam presentes para registrar os processos.

Os julgamentos aconteciam na sala de audiências do segundo andar, com paredes de cimento vazias. Os acusados, em sua maioria vestindo apenas cuecas, ficavam sentados diante do tribunal militar composto de cinco integrantes. Na praia, do lado de fora, quatro postes telefônicos haviam sido fincados no solo.

O público se aglomerava na sala de audiências para assistir aos julgamentos, enquanto, do lado de fora, centenas de liberianos nativos dançavam e festejavam quando os ex-membros do governo eram levados para dentro. O ex-ministro das Finanças J.T. Phillips foi espancado com coronhadas de revólver a caminho da sala de audiências. A multidão em sua volta cantarolava: "Quem nasceu soldado? Mulher nativa! Quem nasceu ministro? Mulher congo!"

Tio Cecil, só de jeans, sem camisa, disse ao tribunal que via muitos problemas com o sistema conservador, e que tinha solicitado à ala direitista do Partido True Whig que liberalizasse sua política. Clarence Parker disse o mesmo, assim como J.T. Phillips. Na verdade, a maioria dos treze ministros afirmou que o sistema que eles estabeleceram era injusto. O diretor financeiro Frank Stewart, com o cabelo coberto de serragem, declarou-se inocente das acusações de corrupção feitas pelo tribunal.

David Lamb, do *LA Times*, gravou a seguinte conversa entre Stewart e o tribunal:

Oficial: Sr. Stewart, diga a esse tribunal quantas casas, terrenos e fazendas o senhor possui.

Stewart: Vou responder a essa pergunta contando como eu, por acaso, obtive...

Oficial: Não estamos interessados em histórias. Quantas casas o senhor tem?

Stewart: Bem, casas, tenho... deixa eu ver, quatro.

Oficial, levantando quatro dedos, olhando para o datilógrafo: Quatro. Anotou isso?

Datilógrafo: Anotei o quê?

Oficial: Quatro casas. O sr. Stewart tem quatro casas.

Datilógrafo: Quatro casas. É, tá anotado.

Stewart: Sim, mas em 1957 o preço do cimento era muito baixo, então a minha mulher, que estava ganhando cento e vinte e cinco dólares por mês no Departamento de Justiça, e eu — o meu salário era de duzentos e cinquenta dólares —, nós pegamos pequenos empréstimos no banco, e trabalhamos durante sete anos fabricando os blocos que precisávamos para construir...

Outro oficial: Pelo amor de Deus, encurta essa conversa, senão a gente vai ficar aqui sem poder sair pra almoçar.

Outro oficial: Não, deixa ele acabar. Sr. Stewart, é certo uma autoridade construir uma casa, como o senhor fez, e depois revendê-la para o governo? Isso é uma pergunta.

Datilógrafo: Como é essa última parte?

Oficial: Eu disse "Isso é uma pergunta". Você não precisa anotar isso.

Datilógrafo: Nada?

Oficial: Não, só a última parte, a parte sobre a pergunta.

Na terça-feira, 22 de abril, eu fiz quatorze anos.

Mamãe me acordou naquela manhã. Ainda estávamos hospedados na casa dos meus primos. Ela sempre fez questão de festejar os nossos aniversários, e aquele dia não seria uma exceção, com ou sem golpe.

— Feliz aniversário, querida — disse mamãe, e me estendeu um pingente de diamantes numa delicada corrente de ouro.

— Um colar de diamantes — suspirei, maravilhada. — Você me deu um colar de diamantes!

Fui à escola, onde todos acreditávamos cada vez mais que o nosso mundo, de alguma forma, voltaria para o seu devido lugar. Eu estava me sentindo estranhamente eufórica, não somente porque era o meu aniversário, mas também porque alguém tinha ido à casa dos meus primos naquela manhã com um recado de que alguém conhecia alguém que disse que o meu pai estava vivo. Mas que não sabiam onde ele estava.

A oito quilômetros de distância da minha aula de álgebra I, o novo ministro da Informação, Gabriel Nimely, convocou uma coletiva de imprensa na Mansão Executiva.

— Senhores da imprensa, os senhores estão convidados para algumas execuções na praia de Barclay.

Quando perguntado sobre quem seria executado, Nimely respondeu:

— Inimigos do povo.

Os jornalistas americanos pularam dentro de seus táxis e voaram até o CTB. Eram umas duas e meia da tarde, e o sol equatorial fazia com que os repórteres ocidentais suassem em bicas, com gotas pingando de seus rostos.

Centenas de liberianos nativos se aglomeraram e dançaram na praia, perto dos quatro postes de execução que haviam sido colocados em frente ao oceano Atlântico. Depois, duas grandes escavadeiras foram levadas para o local, assim como cinco postes adicionais, que logo foram erigidos.

Agora, havia nove postes de execução erguidos. Dentro de uma Kombi branca, treze homens, incluindo tio Cecil, Clarence Parker, Frank Stewart e J.T. Phillips, estavam sentados espremidos, olhando os postes sendo levantados.

Quase uma centena de soldados bêbados andava a esmo, dando tapinhas nas costas uns dos outros e acenando suas metralhadoras na direção da Kombi branca. Uma multidão se acotovelava ao redor da Kombi para vociferar contra os treze homens que estavam lá dentro. Eles batiam nos vidros e chutavam as portas.

A música era conhecida: "Quem nasceu soldado? Mulher nativa! Quem nasceu ministro? Mulher congo!"

Leon Dash, repórter do *Washington Post*, saltou do táxi, incrédulo, e olhou para um colega repórter da revista *Time*.

— Eles não estão brincando — disse.

Até aquele instante, Dash pensava que o assassinato de Tolbert na noite do golpe tinha sido cometido no calor do momento. Achava que havia grandes chances de que os novos líderes da Libéria evitassem mortes vindicativas, e que questões práticas, como administrar o país e estabelecer relações diplomáticas com o resto do mundo, seriam mais importantes do que matar mais congos.

Os soldados abriram as portas da Kombi e retiraram nove homens. Frank Tolbert, irmão do presidente Tolbert; J.T. Phillips, ex-presidente do senado. Tio Cecil.

Conduziram os nove homens até os postes e os amarraram a eles. Frank Tolbert teve um ataque cardíaco e foi caindo lentamente no chão, incapaz de ficar de pé. Escorria um líquido de sua boca.

Os jornalistas americanos protestaram, dizendo aos soldados que a lei internacional declara que não se pode executar um homem inconsciente. Os soldados os ignoraram e atiraram em Frank Tolbert.

O soldado designado para atirar no tio Cecil estava bêbado e era ruim de mira. Tio Cecil, vestindo somente jeans, olhava-o direto nos olhos. As balas não o acertavam. Então, fechou os olhos e murmurou uma oração. Um soldado berrou para ele:

— Mentira! Você não conhece Deus!

O soldado continuava errando o tio Cecil, que se mantinha de pé, agora de olhos fechados, enquanto os outros oito homens caíam, um após o outro. Houve uma breve discussão quando um dos soldados tentou tomar o lugar do soldado designado para matar o tio Cecil.

Finalmente, o soldado que não acertava o tio Cecil cedeu seu lugar ao outro soldado, que engatilhou sua Uzi, andou até perto do tio Cecil e atirou bem no seu rosto.

A multidão aplaudiu, e os soldados arrastaram os corpos dali. Leon Dash andou até a Kombi, onde ainda havia quatro homens, inclusive Clarence Parker — pai do Philip e do Richard.

Ele olhou pela janela para Clarence Parker, que olhou para ele, sorriu discretamente e acenou. Leon Dash também acenou. Clarence Parker então deu de ombros. Leon Dash lembrou-se de uma coisa que havia ouvido mais cedo naquele dia: durante a semana anterior, no CTB, Clarence Parker vinha dizendo aos demais presos que estavam com ele que, com ou sem julgamento, achava que seriam todos executados.

— Parece que vocês não entendem — dissera aos outros. — Esses garotos vão nos matar.

Os soldados foram até a Kombi para pegar os quatro restantes. Clarence Parker caminhou rapidamente até o poste, virou-se e encarou o pelotão de fuzilamento. Sorriu ligeiramente. Um único tiro, e ele estava morto.

Os soldados, então, incendiaram os treze corpos, esvaziando neles seus lança-chamas. Depois, trocaram os cartuchos de suas armas.

Os jornalistas americanos voltaram para dentro dos táxis, para seus hotéis, e escreveram suas matérias.

Naquela noite, assistimos às execuções na televisão. Assistimos ao tio Cecil morrer, reparando como manteve a cabeça erguida até o fim; como não parecia estar com medo, mas orgulhoso; como não implorou; como o soldado não conseguia acertá-lo, e o que aquilo significava. CeRue ficou com uma das mãos segurando a garganta a noite toda. O gaguejo da Eunice ficou mais forte, tornando praticamente impossível entender o que ela dizia.

— E-e-e-eles m-m-mataram a-a-aquelas p-p-p-pessoas — repetia sem parar.

Finalmente, mamãe e tio Mac nos mandaram para a cama, mas eu não conseguia dormir. No meio da noite, fui de mansinho até a cozinha para beber água e vi mamãe sentada na sala de estar, no escuro. Não estava chorando, só se balançava para frente e para trás.

No dia seguinte, voltamos para a escola.

Na aula de álgebra, a sala toda só falava de quem ia embora da Libéria e quando.

— Ouvi dizer que o Richard e o Philip já foram embora — disse um aluno. — A mãe deles levou a família pros Estados Unidos ontem à noite, depois que mataram o pai deles. Foi por isso que eles não vieram pra escola hoje.

De repente, a porta da sala se abriu com um grande estrondo, e Richard fez mais uma de suas entradas características, escancarando a porta com um chute, como ele sempre fazia quando entrava numa sala. Houve um momento de choque, então eu gritei "Richard!", pulei da minha carteira e corri para abraçá-lo.

A sala toda se aglomerou em volta dele.

— Puxa, Richard, sinto muito.

— Richard, meus pêsames.

— Sinto muito.

— Pô, cara, lamento muito.

Richard sorria e sacudia a cabeça. E um pensamento invadiu minha mente: *Como você deve se comportar na escola no dia seguinte à execução do seu pai por um pelotão de fuzilamento?* A professora Boyce desistiu das equações quadráticas. Ela andou até o Richard, colocou a mão no seu ombro e saiu da sala.

— Ô Helene Cooper! — chamou-me Richard, de repente.

Antes que ele abrisse a boca, eu sabia o que ele ia dizer. Claro.

— Isso não vai te ajudar com o meu irmão. Ontem foi teu aniversário.

Olhei para o Richard de cara feia. Mas sabia que ele tinha razão.

Eu estava tão envergonhada pela coincidência entre o meu aniversário e a execução que eu não disse nada ao Philip quando o vi no corredor depois da aula. Fiquei sem saber o que dizer, paralisada pela minha angústia adolescente. Eu me sentia parcialmente responsável, porque eles mataram o pai dele no meu aniversário.

Eu faria a mesma coisa pelo resto da minha vida quando algo ruim acontecesse: pensaria em outra coisa. Eu me concentro em detalhes irrisórios. É a única maneira de continuar seguindo em frente depois que o mundo acabou.

Meu pai apareceu no dia seguinte — no hospital.

Soldados tinham ido até a fazenda à sua procura. Já que papai não estava na lista principal, eles queriam dinheiro. Levaram-no para fora e atiraram na sua direção, mais para assustá-lo.

— Seus soldados duma figa, vocês estão tão bêbados que nem conseguem me acertar — disse papai.

Então atiraram na sua virilha.

Mas depois levaram-no para o Hospital Católico de Monróvia. Corremos para vê-lo — mamãe, Eunice, Marlene e eu.

— O que foi que te deu pra você dizer uma coisa dessas pra eles? — perguntou mamãe inúmeras vezes.

Olhei para a mamãe e ri, debochada. Quem era ela para criticar alguém que dizia coisas estúpidas para soldados armados?

Naquele dia, no hospital, mamãe e papai resolveram que nós deixaríamos a Libéria. Mamãe nos levaria para os Estados Unidos, e papai iria depois que sua ferida cicatrizasse.

Eunice estava no meio do último ano do ensino médio, porque a sua escola seguia o sistema de ensino liberiano. Ela disse que queria ficar para terminar os estudos. Ela voltaria para a casa da mãe, com quem todos nós mantínhamos contato frequente. Mamãe não insistiu no assunto.

Eunice não viria conosco.

Nós voltamos à casa de Sugar Beach uma última vez para fazer as malas. Cada uma poderia levar duas malas. Mas como se coloca uma vida inteira dentro de duas malas?

Minhas escolhas foram as de uma adolescente de quatorze anos, ingênua demais para entender que as coisas nunca mais seriam como antes.

Assim, coloquei na mala o álbum *Off the Wall*, do Michael Jackson, um disco dos Commodores, e *Just the Way You Are*, do Barry White, que eu vivia ouvindo. Não coloquei nenhuma das partituras de piano que o papai me fez estudar ao longo de oito anos sofridos de tentativa de aprendizado. Nos anos seguintes, eu continuaria ouvindo todas as músicas do *Off the Wall*, mas nunca mais tocaria piano.

Coloquei o meu ursinho, o Ben, e a minha Bíblia, que eu jamais lia, mas não coloquei o meu livro de hinos da Primeira Igreja Metodista Unificada, apesar de ter usado tanto aquele livro que eu sabia de cor em que página estava o "Certeza Abençoada".

Coloquei a calça roxa que eu estava usando quando o Philip me levou até o carro, a blusa de linho verde que eu usei no baile Sadie Hawkins, e os álbuns anuais do colégio. Não coloquei as três bonecas japonesas em miniatura — uma sorrindo, outra franzindo a testa, e a outra chorando de boca aberta — que papai trouxe de Tóquio quando eu tinha sete anos e que ficavam na minha mesinha de cabeceira.

Fui até a sala de música e peguei dois álbuns de fotografia da família. Mas esqueci, sobre a escrivaninha do meu quarto, a foto de mamãe, papai, eu, Eunice, Marlene, Vicky, John Bull e Janice diante da nossa árvore de Natal de plástico em dezembro de 1975, com os cabelos desgrenhados por estarmos acordando, com os olhos arregalados de alegria diante da perspectiva de abrir os presentes. Era a única foto que eu tinha da família toda em Sugar Beach, e eu esqueci de colocar na mala.

Agarrada aos dois álbuns de fotografias, andei até as portas da varanda, atrás do piano da sala de música, e olhei da sacada para o oceano, além do jardim. Nuvens assustadoras estavam se armando no céu; ia cair um temporal. Uma espuma branca cobria toda a água.

— Menina, que que cê tá fazendo com esses livros?

Eunice estava parada atrás de mim. Em sua mão, tinha o primeiro livro da Nancy Drew da nossa coleção: *O segredo do velho relógio*.

— Num consigo carregar os álbuns — eu disse.

— Quer que eu pegue eles?

Fiz que sim com a cabeça e a segui escada acima, passando pela sala de TV, até os nossos quartos. Cada uma entrou no seu respectivo quarto, que quase nunca usávamos para dormir, em lados opostos do corredor.

Coloquei os álbuns na mala. As lágrimas estavam começando a escorrer. Durante toda a minha vida eu tinha desejado ir embora de Sugar Beach, e agora eu não queria ir. O meu quarto cor-de-rosa parecia estar ralhando comigo: *Viu? Você não gostava de mim quando me tinha!*

Lutando contra o choro, fui até a minha estante e comecei a retirar livros, que eu levava para a Eunice. Fiz três viagens até o quarto dela, até que ela me fez parar.

— Epa, já chega. O que que você vai fazer com esses livros todos?
— Mas e os livros da Barbara Cartland?

Nós tínhamos começado a ler romances históricos, sonhando sermos damas inglesas. Nossa autora predileta era Barbara Cartland, que escreveu *O duque torpe* e *A dama e o salteador*.

— Eu num vou levar essa bobagem.

Olhei para a Eunice. Então, ela começou a rir.

— Tá bom. Me dá *O noivo entediado*.

Mamãe apareceu na porta.

— Tá todo mundo pronto?

Do lado de fora da casa, os criados estavam enfileirados. Fedeles, alto e esguio, vestindo sua inconfundível calça jeans e camisa cor de abóbora. Tommy, o novo cozinheiro que tinha ficado no lugar do Velho Charlie, depois que mamãe e papai se divorciaram. Galway, sempre de cara amarrada. E Bolabo, ligeiramente afastado, de pernas entreabertas.

Marlene correu para o Fedeles e o abraçou. Depois ele a passou para o Tommy, o Galway e o Bolabo. Eu a segui, indo na direção contrária, apertando a mão de todos até chegar no Fedeles, que eu beijei no rosto. Um aceno silencioso, e entrei no carro.

No instante em que atravessamos o portão de entrada da casa, Sugar Beach estava recebendo os primeiros pingos grossos de chuva de uma tempestade.

No dia 16 de maio de 1980, um mês depois do golpe, deixamos a Libéria.

— Num chora — falei para a Eunice, quando deixamos ela e o Mano Henry no Aeroporto de Robertsfield. — Você vai pros Estados Unidos logo, logo.

Eu precisava me apegar àquela ideia, embora não tivesse como saber se aquilo era verdade. Eunice sacudiu a cabeça.

— Num tô chorando.

— Tá sim.

— E você?

— Eu tô indo pros Estados Unidos. Por que eu taria chorando? — falei às lágrimas.

Eunice riu.

— Sua garota Cooper bobalhona. Cê tá indo pros Estados Unidos!

Na fila do controle de passaportes, o soldado arrogante pediu os nossos vistos de saída — nova artimanha que Doe tinha inventado para conseguir dinheiro fácil dos congos em fuga. Mamãe mostrou os vistos, comprados com um rápido suborno de quarenta dólares de alguém no Ministério das Relações Exteriores que sabia que mamãe era parente do tio Cecil. Enquanto isso, Eunice e eu nos despedíamos.

— Eunice, cê vai cuidar direito dos meus livros da Nancy Drew?

— Ah, para com isso, num me faz rir numa hora dessas.

— Cê podia vir com o papai quando ele vier.

Ela não disse nada, só me abraçou, e depois agarrou-se à Marlene, que estava aos prantos. Mamãe virou-se para a Eunice, cochichou algo no seu ouvido e colocou algo em sua mão.

Então, andamos pela pista de Robertsfield, subimos os degraus e entramos no DC-10 da Pan Am. A cabine nos engoliu com o seu ar estrangeiro; era como se já estivéssemos nos Estados Unidos, com os seus carpetes, ares-condicionados e perfumadores de ambientes.

Eu não tinha visto a mamãe chorar durante todo o mês que se seguiu ao golpe. Mas quando os motores do avião foram acionados e ele acelerou pela pista, o seu peito começou a arfar com soluços descontrolados.

SEGUNDA PARTE

CeRue, Bridget, Tello e Helene em Knoxville

KNOXVILLE, TENNESSEE, 1980

O voo 150 da Pan Am de Monróvia rumo ao Aeroporto JFK de Nova York era uma das linhas lendárias da companhia aérea, rotulada pela propaganda comercial como o portal para a África Subsaariana, o único voo norte-americano que conectava, diretamente, pessoas dos Estados Unidos ao Continente Negro.

Mais significativo para mim era o fato de que ele conectava massas de congos fugitivos recém-empobrecidos, cansados e desorientados do Continente Negro aos Estados Unidos.

Depois que decolamos, pareceu que mamãe não pararia mais de chorar.

Tentei colocar a mão no seu braço e confortá-la, mas não sabia como. Marlene soltou o cinto de segurança, sentou no colo da mamãe e a abraçou. As duas ficaram balançando para frente e para trás durante o que me pareceram horas. Olhando-as, senti um buraco no estômago que nunca mais voltaria a ser preenchido.

Trocamos de avião no JFK e pegamos outro, da Delta Air Lines.

Destino: Knoxville, Tennessee.

Nas minhas fantasias sobre a obtenção do status de "tive-lá" entre os liberianos, depois de viver nos Estados Unidos ou na Europa, eu me imaginava vivendo em Minneapolis, como Mary Tyler Moore. Mamãe tinha alugado o seriado para que assistíssemos em Sugar Beach. Eu sonhava em ser uma mulher com uma carreira profissional e andar apressada pelas ruas de Minneapolis, "iluminando o mundo com o meu sorriso", como diz a musiquinha de abertura. Ou, talvez, que eu parasse em Los Angeles, como a Kelly de "As Panteras", correndo pelas praias de biquíni e pulando dentro do meu conversível quando o Bosley me chamasse.

Não em Knoxville. Nunca em Knoxville, Tennessee.

Quando entramos no voo 150 da Pan Am, éramos congos privilegiados, da elite. Quando chegamos a Knoxville, éramos refugiados africanos.

Tia Jeanette, Bridget e Gabriel foram nos pegar no aeroporto e nos levaram para a pequena casa estilo rancho em que moravam, em Meadowland Drive, n 5921 — a mesma casa onde estivéramos dois anos antes, quando mamãe recebeu a carta do papai dizendo que queria o divórcio.

Mamãe dividiu o quarto com a tia Jeanette; eu fiquei com a Bridget; Marlene, com o Gabriel.

Na condição de habitantes refugiados, Knoxville assumiu outra personalidade. Já não era mais um destino exótico para as férias, onde passávamos duas semanas correndo para cima e para baixo comprando apliques para cabelo e xampus para levarmos para a Eunice e a Vicky na Libéria. Muito pelo contrário. Agora, parecia um lugar onde eu estava enclausurada, uma prisão longe de casa.

O número de restaurantes fast-food era inacreditável. Na Libéria, tínhamos ouvido falar em McDonald's e Burger King, que pareciam muito mais exóticos do que o único restaurante de Monróvia que servia sanduíches — o Restaurante da Diana, na Broad Street. Em Knoxville, havia Biscuitville, Bojangles, Sizzlin Steakhouse; havia CrackerBarrel e Shoney's. Havia International House of Pancakes, Arby's, Hardee's e Kentucky Fried Chicken. Tinha Wendy's, Po-Folks, Taco Bell, Long John Silver's, Dairy Queen, Arthur Treacher's, Chick-Filet, Pizza Hut, GodFather's e Picadilly.

A Estrada I-40 de Knoxville ia para leste, a uns trinta e dois quilômetros da saída para Gatlinburg e Pigeon Forge. Bridget e Gabriel adoravam ir até Gatlinburg e Pigeon Forge, então Marlene e eu entramos no carro e fomos com eles. O rádio tocava música *country* dos Oak Ridge Boys. Quando chegamos a Pigeon Forge — uma cidade artificial, com prédios artificiais e palcos para apresentações de música *country* —, Marlene e eu estávamos cantando:

My heart's on fire for Elvira.

O maior pecado de Knoxville era não ter praia. Não havia mar para embalar o meu sono à noite, nem areia onde eu pudesse caminhar à procura de caranguejos, nem horizonte que me conectasse com o mundo exterior.

Embora eu nunca nadasse no mar de Sugar Beach, sua presença me garantia que havia outras pessoas do outro lado, vivendo outras vidas na outra margem. O oceano nos conectava ao mundo, transmitindo-me um sentimento de segurança. Então, o mundo parou de se comunicar comigo depois do golpe, mostrando que a segurança era falsa. Ainda assim, estar perto do oceano me fazia sentir que havia alguma coisa lá fora que seguraria a minha barra caso, de repente, as circunstâncias se tornassem insustentáveis.

Sentada no chão da sala de estar da tia Jeanette, estudei o seu atlas rodoviário — a página grande do início que tem todos os Estados Unidos. Estávamos longe do mar, entre a Carolina do Norte e o Arkansas. Os lagos não contavam, e nem os rios, a não ser talvez o Mississippi, já que ele parecia fazer a ligação com o golfo do México. Mas eu queria uma conexão com o Atlântico.

Para chegarmos ao Atlântico, de Knoxville, teríamos que viajar para o leste por mais de oitocentos quilômetros, atravessando Morristown, Johnson City, Roanoke e Newport News, até Virginia Beach.

— Bridget, vocês nunca vão pra praia? — perguntei.

— A gente vai pro lago.

— Mas e o oceano?

Ela sacudiu a cabeça.

— Levaria tempo demais. Dias.

Aquele verão passou numa névoa. Eu tentei encontrar os meus amigos liberianos, que também tinham, todos, fugido para os Estados Unidos. Philip e Richard estavam em Massachusetts, Tello'elas estavam em Washington, Veda estava nos Camarões.

A minha família de Sugar Beach tinha se dispersado. John Bull estava em Cedarville, Ohio, numa pequena faculdade católica em que havia ingressado um ano antes do golpe. Vicky também estava em Ohio, na Universidade de Toledo. Janice estava na Inglaterra, na Universidade de Essex. Dois meses depois de chegarmos a Knoxville, papai deixou a Libéria. Agora, ele estava na Carolina do Norte, num lugar chamado Durham, que ficava perto da faculdade onde ele tinha estudado. Papai havia saído da Libéria logo depois de nós, assim que teve alta do hospital.

E Eunice ainda estava na Libéria.

Mamãe parecia estar melhorando. Eu a ouvi conversando com a tia Jeanette algumas vezes sobre o que aconteceu em Sugar Beach, mas, assim que percebiam que eu estava ouvindo a conversa, paravam de falar. Em agosto de 1980, poucos dias antes do início do novo ano letivo, mamãe encontrou um apartamento nas redondezas, para onde nos mudamos, e deixamos a casa da tia Jeanette.

Nossa nova casa era tão diferente de Sugar Beach quanto um arbusto de um cipreste. Fazia parte da legião de apartamentos construídos por todo o sul do país nos anos 1960 e 1970, e tinha o charme de uma caixa de papelão: duto de ventilação em cada cômodo, carpete bege, assim como cortinas bege em todas as janelas e nas portas corrediças que davam para o balcão retangular do tamanho de uma fôrma de bolo. Havia dois quartos: um para a mamãe e outro, que Marlene e eu dividíamos. Uma cozinha pequena, escura e estreita. Paredes revestidas de madeira na sala de estar e no cantinho que servia de sala de jantar.

Dividir o quarto com a Marlene deveria ter sido natural para mim, porque, em Sugar Beach, nós geralmente dormíamos no mesmo quarto. Mas em Knoxville, à noite, quando nós nos deitávamos nas nossas respectivas camas, cada uma contra uma parede do quarto, havia um vazio lúgubre. Eunice não estava.

Mamãe tentou tornar o apartamento acolhedor. No primeiro dia de aula, ela aumentou a calefação dentro do apartamento, embora estivéssemos apenas em setembro e ainda estivesse quente. Foi ao supermercado. Quando voltei para casa naquela tarde, o apartamento quente cheirava a bolinhos de milho e sopa de legumes e cevada, ao estilo americano.

Marlene já estava em casa. Mamãe tinha sido chamada para buscá-la na escola mais cedo, por causa de uma briga dela com outra menina da sua turma do quinto ano na Escola Primária de Chilhowee. A menina tinha chegado para a Marlene e dito:

— Você veio da África, então você deve roubar.

— Você também veio da África — respondeu Marlene à garota, que era negra.

— Não vim, não. Vim de Detroit!

E, com isso, a menina deu um soco na Marlene, que começou a chorar. Quando cheguei em casa, mamãe estava com cara de cansada.

— Como é que foi? — perguntou ela.

Entrei no quarto e fechei a porta, delicadamente.

Eu tinha ficado encostada no meu armário, naquele corredor pavoroso, tremendo. Eu não era apenas a aluna nova. Eu era a aluna nova vinda da África. Era a primeira vez que eu ia à escola pública, e todas as crianças pareciam duronas. A EAC, na Libéria, tinha trezentos alunos em toda a escola; a Escola Secundária Holston tinha trezentos alunos só na minha série. Segurei a folha com minha grade horária firmemente nas mãos. A minha primeira aula era no auditório, e eu fui a última a entrar na sala, porque não percebi que havia dois andares na escola e perdi dez minutos andando pelo primeiro andar procurando a sala 207.

Quando eu finalmente entrei na sala, todos pararam e olharam para mim. Na EAC, na Libéria, nós tínhamos cadeiras e carteiras separadas, mas as carteiras da Holston eram acopladas com as cadeiras. Eram todas feitas para estudantes destros; e eu era canhota.

Tentei deslizar para dentro da minha carteira, mas ficava engatando na parte da frente. Por alguma razão, eu não conseguia entender como se sentava naquela carteira. Alguns alunos riram baixinho. Finalmente, revirando o corpo, sentei e fiquei olhando fixamente a minha grade horária, que eu segurava firme na mão, tentando parecer concentrada em outra coisa que não fosse o quanto eu me sentia idiota.

— E quem é essa aluna? — perguntou a professora, caminhando até mim.

— O meu nome é Helene Calista Cooper.

— De onde você vem, Helene?

— De Monróvia.
— Onde fica isso?
— Na Libéria.
— Onde fica isso?
— Na África Ocidental.
—Você é da África?
— Sou.
—Você fala como se fosse de Boston. Por que você não tem sotaque africano?

Porque eu imito bem, sua cabeça de bagre.

O que é que ela pensa que eu fiquei fazendo durante quatorze anos, morando na Libéria, a não ser aprender a falar que nem americano? Era por isso que nós assistíamos a todos aqueles programas de televisão americanos. Eu falava inglês liberiano mentalmente e em casa, mas era só me colocar do lado de um americano que eu começava a falar como se tivesse quiabo na boca.

Aventurei-me até a lanchonete na hora do almoço. Estava abarrotada de garotos conversando e rindo. Uma longa fila serpenteava diante de uns bolinhos de batata muito feios que eles chamavam de "batata miúda". E de umas fatias de carne gordurosa que eles chamavam de "filé de frango frito". Dei uma rápida olhada nas mesas. Os garotos começaram a olhar para mim. Virei e saí correndo, descendo pelo corredor até o banheiro feminino, onde me tranquei num dos toaletes e sentei sobre o vaso, com os pés em cima da tampa, para que ninguém soubesse que eu estava lá.

Naquela noite, fiquei no meu quarto e comecei a escrever uma carta para a Eunice.

Querida Eunice,

Hoje foi o meu primeiro dia de aula, e foi ótimo. Tem um monte de caras lindos na minha sala, mas eu não gosto deles porque tem coisa melhor no pedaço: Junior Lowry, um cara MARAVILHOSO do último ano. Ele é alto, charmoso, tem olhos bonitos e me convidou pra sair. A gente vai ao cinema na sexta-feira. Ele é quase tão bonito quanto o Philip! (risos)

Do outro lado do quarto, sentada na cama, Marlene estava concentrada na sua própria carta. Eunice, enfurnada na casa da mãe em Sinkor enquanto terminava o último ano na Haywood, estava prestes a ser bombardeada com dois relatórios entusiásticos dos Estados Unidos. As Cooper tinham chegado! Estava tudo ótimo conosco! Aqueles nativos pensaram que tinham acabado conosco, estuprando a nossa mãe e matando os nossos parentes? Bem, nós estávamos dando uma lição neles, não estávamos?

No dia seguinte, na escola, passei novamente a hora do almoço dentro de um toalete do banheiro feminino, no segundo andar. Depois de uns vinte minutos, eu finalmente saí lá de dentro, e dei com uma menina da minha turma recostada na pia, me encarando. Ela se chamava Norma, e estava usando jeans Jordache e casaco de moletom azul.

Eu a encarei também. Não dava para saber se ela estava me esperando. E, se estivesse, por quê? Era amiga ou inimiga? Resolvi apostar na amizade e sorri.

— Oi — falei.

— Por que que você não tem a pele escura?

Revirei os olhos e saí do banheiro.

Mas será que nós não podíamos ter mudado para Washington ou Boston, como Tello'elas e todas as outras crianças que tinham fugido? Knoxville não passava de outra versão de Sugar Beach, e dessa vez eu nem sequer tinha a Eunice. Toda a minha família, numa só tacada, tinha se desintegrado.

Com o passar do tempo, descobri uma maneira de sobreviver ao almoço. Eu levava escondido um sanduíche e uma caixinha de suco que a mamãe preparava para mim para dentro da biblioteca, e ficava atrás das estantes. Eu ia até o canto mais remoto — a seção de biologia, nos fundos. Lá, eu me instalava com os romances que Eunice e eu tínhamos apanhado naquele último ano em Sugar Beach.

Eles não tinham nada da Barbara Cartland, mas tinham os livros da Harlequin, o que dá mais ou menos no mesmo. Nos Harlequins, sempre havia o herói bonitão, alto e rico. A heroína podia ser rica também, mas geralmente era pobre e destemida. Os personagens nunca eram negros — eram sempre brancos —, o que me levou, naquele dia na biblioteca da Holston, quando comecei a escrever o meu próprio Harlequin, a me deparar com um grande dilema. De que cor deveria ser a minha heroína? Como adolescente negra, eu não podia escrever sobre uma garota branca, podia? Mas todas as mulheres da Harlequin eram brancas!

Finalmente, acabei me decidindo por uma mulata. Ela era meio negra, meio francesa, e o nome dela era Reina. O nome dele era Tristan, um homem viril, típico modelo masculino da Harlequin. Não tinha problema ele ser branco.

Sentada no canto da biblioteca, ora eu trabalhava no meu romance, ora continuava as minhas cartas para a Eunice. Minhas cartas eram tão imaginativas quanto o Harlequin que eu estava escrevendo: descrições coloridas da minha nova vida e dos meus amigos imaginários. Eu pintava a história de uma vida que reproduzia o sonho americano tal como nós o havíamos idealizado na Libéria. Meu relacionamento imaginário com Junior Lowry levou-o a ser meu par na festa de boas-vindas. Junior era do time de basquete, e eu tinha conseguido entrar no grupo das animadoras de torcida. Ele vivia me levando para tomar sorvete depois do treino. Nós dávamos uns amassos, mas ainda não tínhamos avançado o sinal. Eu estava sempre recusando sair com outros caras, que me achavam "exótica". Eu tentava me manter fiel ao Junior, mas estava sendo difícil, porque muitos garotos da Holston ficavam dando em cima de mim.

No mundo real, o Junior era do time de basquete. Ele era da minha turma de geometria, e tinha sorrido para mim uma vez.

Todas as semanas, eu deixava minhas cartas sobre a mesa de jantar, e mamãe as colocava no correio durante o dia.

Eunice podia ler minhas cartas como se fossem os romances baratos que nós duas adorávamos.

— Ô Helene, você sabe muito bem que num leva jeito pra líder de torcida — escreveu Eunice.

As cartas da Eunice eram escritas com tinta vermelha. De noite, ela dormia com uma toalha molhada sobre o peito, porque não havia ar-condicionado na casa da mãe.

Mano Henry a havia levado de volta a Monróvia depois da nossa despedida no Aeroporto de Robertsfield. Eram quase duas da madrugada quando chegaram a Sugar Beach.

Não havia nenhum criado quando Eunice e Mano Henry passaram por lá. Pegaram seus pagamentos, se despediram e partiram, tentando descobrir uma maneira de sobreviver ao novo cenário da Libéria pós-congo. No breu da noite, Eunice e Mano Henry carregaram o carro com as coisas da Eunice, enchendo a mala e o banco traseiro. Mano Henry trancou a casa ao sair; triunfo da esperança sobre a experiência. Os ladrões vinham regularmente a Sugar Beach quando a família estava em casa; não tinha a menor possibilidade da casa deixar de ser invadida agora, com a família fora e os soldados de Doe patrulhando o interior do país.

Eunice olhou para trás enquanto o carro ia se afastando, mas, como eles não tinham deixado nenhuma luz acesa na casa, foi difícil ver alguma coisa. A casa desapareceu rapidamente na escuridão.

Mano Henry dirigiu os vinte quilômetros até Sinkor, deixou a Eunice na casa da mãe e voltou para a sua casa nas redondezas. Ele não tinha a menor intenção de deixar a Libéria. Nunca, nunquinha que aqueles nativos o colocariam pra fora do seu próprio país. Afinal de contas, ele era filho do Capitão Dennis.

Depois de sete anos morando com os Cooper, Eunice voltara a ser uma bassa e a morar com a mãe e mais cinco primos e crianças adotadas na pequena casa de Sinkor.

Como é que se volta a ser como se era sete anos antes? Dá para apagar sete anos?

Dona Bull andava pisando em ovos com a filha, como se ela fosse um vaso de cristal. Eunice estava acostumada a tudo do bom e do melhor depois de ter morado com os Cooper; dona Bull sentiu-se pressionada a manter o que acreditava ser o estilo a que a Eunice estava acostumada. Ela separava o lagostim mais graúdo e suculento da sopa de aipim para a Eunice, porque, como dissera para o bando de crianças abandonadas que viviam pela casa procurando sobras de comida, agora tinha uma VIP morando lá: a Filha da Dona Cooper.

Ela chamava a Eunice de "A Filha da Dona Cooper".

A mãe da Eunice disse às outras crianças da casa que tomassem cuidado para deixar o arroz bom para "A Filha da Dona Cooper". Ela gastava seu parco dinheiro em xampu e condicionador porque, disse a todos, sabia que "A Filha da Dona Cooper" estava acostumada a usar xampu de verdade, não o sabão caseiro feito com soda cáustica que muitos liberianos usavam para tomar banho.

Em dezembro de 1980, sete meses depois de se mudar para a casa da mãe, Eunice se formou no ensino médio, na Haywood. O dia da formatura foi abafado, sobretudo debaixo da beca preta que teve que usar. De onde estava sentada, ao lado dos colegas de turma da Haywood, pôde ver dois rostos familiares na multidão de parentes orgulhosos que olhavam para os graduandos. Um era o da sua mãe. O outro, do Mano Henry.

— Mano Henry veio pra minha formatura — escreveu-me Eunice. E acrescentou, orgulhosa: — Ele me deu quarenta dólares.

Li a carta morrendo de inveja. Eunice tinha se formado na escola. A liberdade se estendia à sua frente. Ninguém mais podia lhe dizer o que fazer. Ninguém poderia obrigá-la a morar em Knoxville, a centenas e centenas de quilômetros do mar.

Morar em Knoxville era como viver oscilando entre dois mundos, com um pé em cada um. Tinha o meu mundo físico, com a monotonia de ir para a escola todos os dias, onde ninguém falava comigo, voltar para casa e assistir à novela na televisão com a Marlene, e as idas ocasionais ao restaurante com a mamãe. À noite, papai ligava da Carolina do Norte contando as novidades do trabalho de contador numa empresa em Durham. Mas nunca podíamos conversar muito tempo ao telefone, porque era interurbano e custava dez centavos por minuto, a não ser que ligássemos depois das onze da noite. Quando morávamos em Sugar Beach, se quiséssemos falar com alguém, nós íamos até a casa da pessoa.

O outro mundo estava na minha cabeça, na Libéria de antes de 12 de abril de 1980. Era esse o mundo que me interessava. Será que algum dia nós voltaríamos para lá? O que a Eunice estaria fazendo agora? Como ela estava? E o Jack, e o Sammy Cooper, e o Velho Charlie, e o Tommy? Quem estava no meu quarto cor-de-rosa em Sugar Beach? Eu não pensava na Libéria pós-12 de abril de 1980, naquela em que vivemos por um mês antes de fugirmos. Na minha mente, a Libéria era a Libéria de antes do golpe.

Todas as noites, às seis e meia, Marlene, mamãe e eu ligávamos a televisão para assistir ao jornal *ABC World News Tonight*. Frank Reynolds, Peter

Jennings, Brit Hume e a equipe de apresentadores eram as pessoas mais espetaculares do mundo. Eu gostava de assistir às notícias internacionais (e não às locais) porque eu tinha certeza de que o Frank Reynolds e o Peter Jennings conheciam a Libéria. Com certeza, eles se importavam. Assisti-los diminuía as minhas saudades de casa. O programa se concentrava basicamente nos reféns americanos no Irã, mas ainda assim eu me sentia mais confortada sabendo que o Frank Reynolds e o Peter Jennings estavam, sem sombra de dúvida, de olho na Libéria.

O meu repórter favorito da ABC News era o Brit Hume, no Departamento de Estado. Ele conseguia falar sem mexer os lábios. Ficava parado na frente de todas aquelas bandeiras e, às vezes, eu achava que tinha visto a bandeira da Libéria, com suas onze listras, vermelhas e brancas, e sua Estrela Solitária.

A Estrela Solitária Eterna! A Estrela Solitária Eterna!
Que ela flutue sobre a terra e sobre o mar...
Desertá-la, jamais! Erguê-la, sempre!
Lutemos pela Bandeira da Estrela Solitária, salve!

Mas nós a havíamos desertado. No primeiro sinal de dificuldades, tínhamos fugido. Éramos refugiados.

— Mamãe, nós somos refugiados? — perguntei certa noite.

— De maneira alguma.

— O que faz da gente não refugiados?

— A gente pagou as passagens de avião.

Em outubro, mamãe começou a namorar. Vou chamá-lo de Raymond Jackson. Era um homem alto e robusto, e usava o cabelo esticado para cobrir a careca. Era diretor de uma escola primária em Knoxville, e tinha um Cadillac marrom.

Bastou olhar uma só vez para a mamãe durante o culto da Igreja Metodista de Knoxville para o sr. Jackson chegar para a tia Jeanette e perguntar quem ela era. Aí, ele começou a ligar e a aparecer no nosso apartamento para levar mamãe ao cinema.

Certa tarde, uns quatro meses depois que o sr. Jackson começou a nos visitar, Marlene e eu estávamos assistindo à nossa novela depois da aula, enquanto mamãe fazia compras no supermercado. Bateram à porta. Olhei pelo olho mágico e resmunguei:

— É aquele chato do sr. Jackson.

Marlene desapareceu imediatamente para dentro do quarto da mamãe e fechou a porta. Eu abri a porta do apartamento.

— Oi, desculpa, mas mamãe não tá em casa.

Ele entrou mesmo assim. Ignorei-o e fui me sentar no sofá, onde tentei me concentrar no Luke e na Laura.

— Você quer mesmo um aparelho de som? — perguntou ele de repente, aproximando-se do sofá.

Eu vinha implorando à mamãe que me comprasse um aparelho de som havia semanas; eu queria tocar os discos que tinha trazido da Libéria — o *Off the Wall*, do Michael Jackson, e o *Disco Nights*, do GQ. Mamãe tinha dito que não tínhamos dinheiro.

— Quero sim.

O sr. Jackson estava parado perto demais. Afastei-me dele, mas ele se sentou na beirada do sofá. Continuou falando com uma voz baixa e suave, enquanto estendia a mão, e começou a acariciar o meu ombro, e, depois, os meus seios.

Fiquei sentada, imóvel, durante uns trinta segundos. Sua mão começou a se enfiar debaixo da minha blusa cor-de-rosa.

— Eu posso te arranjar um aparelho de som muito bom mesmo.

Pulei do sofá e corri para dentro do quarto da mamãe. Marlene estava deitada na cama lendo histórias em quadrinhos. Tranquei a porta do quarto por dentro.

— Levanta! — gritei para a Marlene.

— Aquele cara ainda tá aí?

— Levanta, vai!

Como ela não se mexeu, comecei a empurrar a cama da mamãe com a Marlene em cima para bloquear a porta.

Foi quando ouvi a porta da entrada batendo. Ele tinha ido embora.

Fiquei preocupada, sem saber se contava ou não à mamãe. Achei que não devia contar depois do que tinha acabado de acontecer na Libéria.

Mas quando a mamãe chegou em casa, eu a segui até a cozinha, onde ela estava guardando as compras.

— O sr. Jackson passou a mão nos meus peitos.

Retirando um pacote de galinha da sacola, sua mão ficou parada no ar. Com todo o cuidado, ela colocou o pacote sobre a bancada e virou-se para mim, segurando as mãos atrás do corpo.

— O que foi que aconteceu? — perguntou lentamente.

— Ele veio aqui e me perguntou se eu queria um toca-discos, e, enquanto isso, passou a mão nos meus peitos.

Mamãe me olhou de cima a baixo.

— Eu já não te falei pra parar de usar esse short curtinho?

Saí pisando firme da cozinha, entrei no meu quarto e bati a porta. Marlene entrou no quarto de mansinho e se deitou. Nem eu nem ela falamos o que quer que fosse. O silêncio dentro do quarto pesava sobre nós. Lágrimas escorriam pelo meu rosto, mas eu tentava não fazer barulho para que a Marlene não visse nem ouvisse. Ela sabia o que tinha acontecido. Mas ela tinha nove anos de idade.

Na tarde do dia seguinte, quando cheguei da escola, o sr. Jackson estava sentado na sala de estar com a mamãe. Ele estava na poltrona, e ela, no sofá, no lugar em que eu estava sentada quando ele passou a mão em mim no dia anterior. Comecei a me dirigir para o meu quarto, mas mamãe me interrompeu.

— O Raymond tem uma coisa pra te dizer.

O sr. Jackson estava olhando para baixo.

— É... me desculpe por ter passado a mão em você. Foi um erro da minha parte.

— Tá bom.

Eu disse isso e fui para o meu quarto. Minutos depois, ouvi a porta do apartamento batendo, e ele sumiu. Nunca mais o vi.

Em agosto de 1981, mamãe achou que seria seguro para ela voltar à Libéria. Uma paz relativa tinha voltado temporariamente, e os congos que tinham fugido estavam retornando aos poucos para voltar a tocar os seus negócios. Mamãe queria recolher o aluguel de alguns dos imóveis que nos restaram para ajudar no pagamento da minha faculdade. Ela ficaria com o Mano Henry, na casa dele em Sinkor, onde a Vó Grand também estava morando. Mamãe não podia voltar para Sugar Beach porque o presidente Doe tinha confiscado a casa para usá-la como local de execuções.

Marlene e eu imploramos para voltar com ela.

— Mãe, por favor, por favor, por favor. Não deixa a gente aqui — falei. Mas mamãe foi taxativa.

— Nem pensar. Aquilo lá não é seguro. Vocês vão pra casa do seu pai, na Carolina do Norte.

Antes de mamãe ir para a Libéria, gravei uma fita cassete para a Eunice com todas as últimas músicas americanas de sucesso. Marlene e eu também falávamos na fita.

— Oi, Eunice! — dissemos, usando o nosso melhor sotaque americano com a boca mole de quiabo. Depois, passamos para inglês liberiano puro: — Eunice, tô te mandando as músicas mais recentes! — gritei. —Tô mandando "She Used to Be My Girl", do O'Jays and Cameo e Stacy Lattisaw. Cê nem vai acreditar quando ouvir; a garota só tem quatorze anos, mas canta superbem!

Eu tinha passado um fim de semana inteiro na casa da Bridget e do Gabriel em Knoxville gravando as músicas para enviar à Eunice.

— Eunice, Eunice, como é que cê tá? — interrompeu Marlene. — Cê tem ido a Sugar Beach?

— Cala essa boca! — gritei para Marlene. —Tá maluca? Cê sabe que ela não pode ir a Sugar Beach coisa nenhuma!

Marlene começou a chorar. Depois, enxugou o rosto.

— Cê ainda vai ao cinema Relda? — perguntou para dentro do gravador. — Cê ainda encontra com a Palma?

Mamãe colocou a nossa fita na bolsa. Na mala, colocou um saco plástico de drogaria cheio de produtos de banho que a Eunice sempre pedia que trouxéssemos quando viajávamos de férias para o exterior: xampu e condicionador, hidratante para o corpo, gel de banho de lavanda.

Papai veio da Carolina do Norte para nos pegar. Veio no seu novo carro, um Lincoln Continental vinho de segunda mão, e colocou as malas da mamãe no porta-malas. Entramos todos, mamãe na frente, Marlene e eu atrás, saímos do estacionamento do prédio e entramos pela Magnolia Boulevard. Descemos a rua, passando pelo centro comercial e pelo K-Mart, e entramos na estrada que leva ao aeroporto.

Mamãe estava usando um terninho de calça e blusa marrons, apesar de estar fazendo calor naquele agosto em Knoxville e de que estaria ainda mais quente em Robertsfield quando chegasse lá.

— Quem vai te pegar em Robertsfield? — perguntei ao chegarmos ao aeroporto.

Mamãe estava parada na fila do *check-in*, procurando alguma coisa dentro da bolsa. Pude ver lá dentro uma caixa de antiácido, dois tubos grandes de laquê, um pote grande de Tylenol. A fita para a Eunice estava quase pulando para fora pela lateral da bolsa, com a etiqueta escrita com a minha letra: Para Eunice, de Helene e Marlene.

— Não fica preocupada. Mano Henry vai me pegar.

Ela retirou a carteira de couro de dentro da bolsa. Seu pulso, esguio e alvo, parecia absurdamente estreito em contraste com a bolsa, como se ele fosse quebrar a qualquer momento. Mamãe usava a pulseira de ouro que tinha mandado fazer para mim no ourives mandingo, na Libéria, quando eu tinha sete anos. A pulseira tinha umas gravações intricadas de círculos e losangos, e as minhas iniciais, HCC, no meio. Eu nunca a havia retirado desde o dia em que mamãe a colocara no meu pulso, até que, certa tarde em Knoxville, mamãe percebeu que eu não conseguia tirar porque eu tinha "ossos grandes". Então, forçou o fecho, tirou a pulseira do meu braço e disse que, quando voltasse para casa, pediria ao mandingo para fazer outra maior para mim.

Agora mamãe estava usando a minha pulseira, que ficava enorme em seu pulso minúsculo. Fiquei me perguntando como seus ossos pequenos sobreviveriam ao retorno àquele lugar.

— Mas e se ele não estiver lá?

Eu estava aterrorizada com a possibilidade dela ter que atravessar sozinha todo o Aeroporto de Robertsfield, com todos aqueles soldados por lá.

— Ele vai tá lá.

Ela fechou o zíper da bolsa e se levantou. Depois, olhou para mim.

— Num tenho medo daquela gente.

Mas eu tinha. Eu tinha medo bastante por nós duas. Eu nunca mais perderia o medo daquela gente.

Mamãe nos abraçou rapidamente e cochichou alguma coisa para o papai. Depois desapareceu pelo portão, rumo ao avião da Eastern Airlines, que a levaria até o JFK, onde ela pegaria outro, da Pan Am, que a levaria de volta para Monróvia.

—Tchau, mãe! — gritamos Marlene e eu, na esperança de que ela nos ouvisse e reaparecesse no portão.

Corremos até a vidraça e olhamos o avião, mas não dava para ver ninguém através das suas janelas. Mesmo assim, ficamos lá até o avião se afastar do portão. Marlene estava chorando. Ela ficava repetindo:

—Tchau, mãe, tchau, mãe, tchau, mãe.

Finalmente, papai pegou a mão dela e a afastou dali. O avião da mamãe já tinha decolado. Eu segui os dois pelo aeroporto até o estacionamento, de volta para o carro do papai. Entramos e descemos pela I-70, rumo à Carolina do Norte.

O rádio só pegava estações de música *country* entre Knoxville e a Carolina do Norte. Ouvimos Juice Newton cantando "Angel of the Morning". Olhei pelo vidro enquanto os outdoors passavam voando por nós.

Shoney's. Po'folks. Biscuitville. Bem-vindos à Carolina do Norte, dizia a placa, o estado "Calcanhar de Asfalto".

Outra escola nova. Outra biblioteca.

Mamãe numa foto que enviou para mim da Libéria

Greensboro, Carolina do Norte, 1981

No primeiro dia de aula na escola de Greensboro, na Carolina do Norte, resolvi usar a calça roxa que a Eunice tinha consertado para mim. Era a minha melhor roupa, e me lembrava de quando nós nos recostávamos na grade da escola ao sol quente de Monróvia, enquanto esperávamos pela chegada do Fedeles.

Usei a calça com uma camisa de listras de várias cores e uma gargantilha. Eu tinha comprado aquela roupa dois anos antes, quando ainda estávamos de férias nos Estados Unidos. Eunice tinha feito a bainha da calça para mim, porque as pernas estavam compridas demais quando a comprei. De tanto eu usar, a costura da calça esgarçou, e a Eunice remendou com linha preta. O remendo preto aparecia um pouco, mas eu não me importava. Aquela era a minha calça predileta. Eu a tinha usado pelo menos uma vez por semana ao longo daquele último ano na Libéria.

Escolhi as roupas cuidadosamente naquela manhã, porque eu sabia que, diferentemente das duas escolas em que eu já tinha estudado nos Estados Unidos, eu ficaria naquela por dois anos, tempo necessário para me formar. Era o nosso terceiro primeiro-dia-de-aula desde que tínhamos deixado a Libéria.

Depois da Escola Secundária de Holston, em Knoxville, teve a Escola Secundária de Jordan, em Durham, onde fiquei vinte e sete dias.

Depois que mamãe voltou para a Libéria, Marlene e eu nos mudamos para o apartamento do papai, em Durham, que ficava em outro daqueles horrorosos complexos dos anos 1970. Este se chamava "Ruelas Vitorianas", mas não se parecia em nada com as acolhedoras ruas de casas iguais sobre as quais tínhamos lido nos romances britânicos da Barbara Cartland. As nossas "casas vitorianas" pareciam consultórios dentários, e ficavam bem ao lado de um centro comercial.

Era setembro de 1981. Logo papai anunciou que tinha conseguido um emprego em outro escritório de contabilidade, em Greensboro. Ele olhou com desgosto para o apartamento, com sua mobília alugada, toda combinando.

— Comprei uma casa em Greensboro. Cada uma de vocês duas vai poder ter seu próprio quarto de novo.

— Com que dinheiro? — perguntei, preocupada.

Ele riu.

— Não estamos mais na Libéria. Isso aqui é a América! Terra de gente livre, país das promissórias! Vendi a casa na Espanha para dar a entrada. O empréstimo vai ser alto porque a gente não tem crédito aqui, mas vamos dar um jeito.

Fiquei com receio de que o papai não conseguisse pagar as contas, ganhando quinze mil dólares por ano e com um pagamento mensal de novecentos dólares pelo empréstimo. Mas eu também tinha outras coisas com que me preocupar.

— Se a gente tá indo pra Greensboro, então por que é que eu tenho que ir pra essa porcaria dessa escola em Durham?

Ele sorriu.

— A gente só vai se mudar daqui a um mês. Tá querendo ficar um mês à toa, sem fazer nada?

Então, passei um mês escondida na biblioteca da minha nova escola em Durham até nos mudarmos para Greensboro.

O anúncio na frente da Escola Secundária James B. Dudley — população, 626; demografia, 85% de negros — dizia: A MELHOR ESCOLA SECUNDÁRIA DA CIDADE.

—Vocês vão ter que pegar o ônibus da escola — disse papai para mim e Marlene.

Nós ficamos embasbacadas. Papai tinha comprado um Lincoln Continental vinho (a revendedora já estava ligando para saber sobre os últimos pagamentos atrasados), então por que a gente não podia ir para a escola de carro? Tínhamos visto uns garotos mal-encarados descendo de ônibus escolares no nosso bairro. Nós não queríamos nem chegar perto deles.

— Pai, por favor, por favor — implorei.

— Você vai fazer novos amigos, Helene. Não tão rápido quanto a Marlene, mas vai fazer novos amigos.

Eu me arrumei com grande esmero naquela manhã. Enquanto aplicava o delineador preto nos olhos, lembrei daquele último ano na Libéria, quando mamãe deixou que Eunice e eu comprássemos estojos de sombras na drogaria da Broad Street. Ambas compramos verde, que aplicamos por toda a pálpebra superior, e depois fomos exibir para a mamãe. Ela caiu na gargalhada.

— Mas o que que é isso? — exclamou, e então nos arrastou até o banheiro e nos deu lenços de papel.

— Tirem os óculos. — E, depois, chamou reforço: — Vicky! Vem cá me ajudar a mostrar a essas duas como se maquiar!

Vicky ficou com a Eunice, e a mamãe, comigo. Ambas tiramos nossos óculos enormes e ficamos apertando os olhos para enxergar. Eu tinha quatro graus e meio, mas Eunice tinha chegado aos oito graus!

— Cega que nem um morcego — cochichei para ela.

— Cala a boca! — cochichou ela para mim.

— Nenhuma de vocês enxerga nada, então caladas as duas — disse mamãe. Todos os lindos potes de maquiagem e de perfume da mamãe estavam alinhados sobre a bancada da pia do banheiro. Ela tinha Chanel, Christian Dior e Elizabeth Arden. Tinha um monte de estojos com pó, mas todos pareciam claros demais para a minha pele, e, com toda a certeza, claros demais para a da Eunice. Vicky também tinha alguns potes, e ia e vinha entre os dela e os da mamãe, misturando os pozinhos nas mãos e aplicando as cores sob os olhos da Eunice. Em poucos instantes, as olheiras da Eunice tinham desaparecido.

Enquanto isso, mamãe colocou uma sombra marrom-clara nas minhas pálpebras e a espalhou por igual. Quando ela se virou para pegar alguma coisa, dei uma espiada no espelho, aproximando bem o rosto para poder enxergar sem os óculos. Eu ainda estava com a mesma cara.

— Mas eu num tô vendo nada! — reclamei.

Mamãe me empurrou de volta para o lugar.

— Fica quieta.

Ela trouxe um lápis delineador. Inclinando-se para perto do meu rosto, traçou lentamente uma linha de contorno nos olhos. Era difícil ficar sem me mover, porque o lápis fazia cócegas. Eu podia sentir o perfume da mamãe, que estava muito perto de mim: Joy, de Jean Patou, francês com aroma floral. Como sempre fazia quando se concentrava, mamãe ficou mordendo a ponta da língua.

—Agora você pode olhar — disse Vicky para Eunice.

—Você também — disse mamãe para mim.

Nós nos entreolhamos e só vimos formas difusas. Então colocamos os óculos.

— Puxa, você tá ótima! — disse-me Eunice.

—Você também! — Eu ri.

Era verdade. Vicky tinha deixado a Eunice com um ar exótico. Seus olhos ficaram ressaltados como os da Bette Davis.

Eu me achei espetacular. O delineador tornou meus olhos imensos e dramáticos. Embora eu não tenha conseguido reproduzir aquele aspecto naquela manhã em Greensboro, passei cautelosamente a sombra verde. Eu tinha que tentar.

Eu sentia saudades da mamãe. Parecia estranho ela não estar por perto num acontecimento tão importante quanto o meu primeiro dia na escola. Enquanto eu tentava amaciar o cabelo, lembrei do meu primeiro dia de aula em Knoxville, um ano antes, quando ela aumentara demais a calefação e fizera bolinhos e sopa para tentar tornar a casa mais aconchegante. Se agora ela estivesse aqui, diria um monte de coisas sobre a minha roupa. Eu podia até ouvi-la: "Helene, essa calça já deu o que tinha que dar. Você não tem mais nada pra usar?"

Provavelmente, mamãe até tentaria me fazer usar um vestido ou uma saia.

Ela já tinha partido havia dois meses. Na noite anterior, eu tinha escrito uma longa carta, que deixei sobre a bancada da cozinha para papai colocar no correio. Enviar correspondência para a Libéria estava ficando cada vez mais difícil. O país não vinha pagando suas dívidas postais — o que muito envergonhava o papai, que já tinha sido diretor-geral dos Correios. Para se conseguir enviar uma carta para a Libéria, tinha que se encontrar alguém nos Estados Unidos que estivesse indo para lá e mandar a correspondência por seu intermédio. Um amigo do papai ia voltar para casa dentro de alguns dias, então papai recolheu um bolo de cartas que estava em cima da bancada da cozinha.

Mamãe passava a maior parte do tempo na Libéria "andando por aí". Esse era um passatempo popular na Libéria. "Que que cê vai fazer hoje?", você pergunta para um conhecido liberiano com quem encontra por acaso nas ruas de Monróvia. "Nada de mais. Só vou andar por aí." Andar por aí incluía desde ir ao Ministério das Obras Públicas, para tentar pagar a conta de luz, até tentar subornar gente no Ministério das Relações Exteriores, para conseguir uma autorização para cobrar o aluguel atrasado de comerciantes libaneses — e tudo isso podia levar um dia inteiro.

As andanças da mamãe envolviam, sobretudo, cobrar aluguéis de comerciantes libaneses. Ela também passava muito tempo tentando alugar qualquer imóvel que não tivesse sido tomado pelo governo de Samuel Doe.

Naquele primeiro dia na Dudley — foi em outubro, por isso as aulas já tinham começado —, Marlene e eu nos arrastamos até a esquina para pegar os nossos ônibus. O dela chegou primeiro, para levá-la à Escola Primária Vandalia. Ela me deu um adeusinho assustado enquanto subia os degraus e foi embora.

Fiquei parada na esquina, segurando meu caderno contra o peito, apoiando o peso num pé, depois no outro. Tínhamos nos mudado para um bairro arborizado, de classe média, que havia sido habitado exclusivamente por brancos; mas os negros estavam, aos poucos, se tornando maioria, e os brancos estavam indo embora. Era uma mistura de casas em estilo colonial, ranchos e até bangalôs. Chamava-se Woodlea.

Eu tinha passado meia hora enrolando o cabelo naquela manhã, antes de reparti-lo do lado, na altura da testa. Era o mesmo penteado que eu tinha usado naquele dia de 1980, apenas dois meses antes de 12 de abril, quando o Philip Parker me acompanhou até o carro, carregando meus livros. Só de pensar nisso, fiquei feliz. Senti que eu estava coberta de amuletos da sorte para um primeiro dia de aula em Greensboro: maquiagem, minha calça favorita remendada pela Eunice, meu penteado. Quando fechei os olhos, pude ouvir a Eunice me dizendo:

— *Do que é que cê tá com medo, menina? Aqueles garotos num vão fazer nada com você.*

Eu estava usando minhas novas lentes de contato, que papai tinha comprado para mim, mas elas estavam irritando os meus olhos e eu não parava de piscar e de virar a cabeça para os lados, porque eu não conseguia mover os olhos sem que doesse.

Eu estava olhando para o lado errado quando o ônibus chegou, do outro lado da rua. Atravessei correndo e entrei.

— Tá indo pra Dudley? — perguntei à motorista.

Ela só fez que sim com a cabeça. Todas as crianças no ônibus estavam me encarando com aquele olhar com que eu já estava me acostumando.

— *Ah, então é isso! Você faz aquela pose toda na Libéria, mas quando chega nos Estados Unidos não consegue encarar ninguém, né?*

De cabeça baixa, olhos baixos, fui cambaleando até o fundo do ônibus e me sentei na janela. Fiquei olhando fixamente para o meu fichário azul. A garotada voltou a conversar. Todos falavam ao mesmo tempo. Eu fiquei olhando pela janela.

Então, de repente, um garoto na frente do ônibus gritou a plenos pulmões:

— CALA A BOCA, HELENE!!!

Todos começaram a rir. Olhei para cima, assustada. Mas não tinha ninguém olhando para mim. Então, ele gritou de novo:

— CALA A BOCA, HELENE!!!

Agora o garoto segurava a barriga de tanto rir.

Eu estava com um nó na garganta, e fiquei olhando pelo vidro, vendo o subúrbio de Greensboro passar rápido, com suas lojas de conveniência em centros comerciais idênticos. Se estivesse me dirigindo para o centro de Monróvia, vindo de Sugar Beach, eu veria dez pessoas conhecidas até chegar a Sinkor. Mas aqui parecia que não tinha ninguém andando pelas ruas lá fora.

— CALA A BOCA, HELENE!!!

Finalmente, chegamos a Dudley.

Passei pelas provações da primeira aula no auditório e dos três tempos seguintes. Eu estava acostumada a não falar com ninguém durante a aula, e, depois de um ano em Knoxville e um mês na Jordan, aquelas carteiras esquisitas já eram minhas velhas conhecidas. Mas o que eu temia mesmo era a hora do almoço, quando eu sabia que teria que evitar a lanchonete e descobrir onde ficava, mais uma vez, a biblioteca.

Quando o sinal tocou, encerrando a aula de álgebra II e anunciando o almoço, saí me arrastando da sala e comecei a andar a esmo. No corredor, os alunos fechavam com estrondo as portas dos seus armários e chamavam uns aos outros, aos berros, a caminho da lanchonete.

Resolvi que, antes de procurar a biblioteca, eu iria investigar a localização da sala de química, onde eu teria aula depois do almoço. Dessa forma, eu teria certeza de encontrá-la e, assim, evitar a temida cena de entrar na sala atrasada e todos ficarem me olhando.

Apesar de ainda estar na hora do almoço, já havia uns oito alunos na sala quando eu enfiei a cabeça pela porta. Eles só estavam conversando, alguns liam. Eu já ia bater em retirada quando um dos meninos, que era da minha aula de álgebra II, me viu.

— Ei! — disse ele.

Todos me olharam. Congelei diante da porta.

— Você tá me seguindo — disse o menino.

Ele era alto e bonito, mas parecia inteligente demais para ser da turma dos caras mais populares. Aquele "você tá me seguindo" foi dito de maneira amigável, como se ele quisesse que eu o continuasse seguindo.

De algum lugar que eu nem lembrava mais que existia, minha voz rebateu:

—Tá mais com jeito de que é você que tá me seguindo, seu convencido.

Todos na sala começaram a rir. Ele riu também.

— Meu nome é Lee McLaughlin.

Sorri para ele, pensando: *Eu te amo, Lee McLaughlin.*
— Onde é que você mora? — perguntou.
—Woodlea.
—Ah, a Helene Cameron mora lá. Ela é a garota mais tagarela do mundo, mas até que não é má pessoa.

Naquela tarde, no ônibus, voltando para casa, senti-me leve e feliz. Os garotos no ônibus não pareciam tão ruins, afinal. Eles faziam uma algazarra infernal, mas, quando alguém gritava "CALA A BOCA, HELENE!!!", entendi finalmente que não era para mim que todos olhavam enquanto riam, era para Helene Cameron, que, sem parar de falar com a menina que estava sentada ao seu lado, levantava os olhos e dava de ombros.

Então eu também ri. Eu podia até ouvir a voz da Eunice, vinda de outro mundo e de outro lugar:

—*Tá vendo? Num precisava ter tanto medo.*

Helene, foto do álbum do último ano na escola

Greensboro, Carolina do Norte, 1982

O novo presidente Doe descobriu rapidamente que governar um país não era tão simples quanto lhe parecia da posição confortável de um soldado que observa as autoridades e os colarinhos-brancos do governo pisando fundo no acelerador ao atravessarem a cidade em seus carrões. Doe tentou recolher impostos de uma população que não tinha onde cair dura, muito menos renda de onde pudesse auferir impostos. Ele tinha colocado para correr a maioria dos ricos que constituíam a base dessa coleta, e os confiscos de propriedades que ele poderia realizar, como Sugar Beach, estavam imobilizados.

Doe mandou que o seu novo ministro das Finanças emitisse mais dinheiro. O ministro das Finanças transmitiu a ordem aos seus assessores, que a passaram a outros, até que a ordem acabou chegando à casa da moeda liberiana, que deu de ombros e emitiu mais dinheiro. Com uma canetada, Doe fabricou notas de dólar liberiano novinhas em folha, que estampavam o seu rosto em rápido processo de engorda. Quando assumiu o governo em 1980, ele era um primeiro-sargento esbelto e forte. Em 1982, tinha se tornado um mandachuva do governo — como tantos que ele havia desprezado — com dinheiro recém-emitido à sua disposição.

O dólar liberiano, que tivera o mesmo valor do americano desde 1847, caiu vertiginosamente. Caiu de 1-1 para 10-1, 15-1 e 25-1, com a perspectiva de continuar em queda livre.

Doe estava otimista. Deu aos funcionários do governo, aos professores de escolas públicas e até aos soldados, de cujas fileiras ele mesmo saíra, papéis praticamente sem valor algum como pagamento de suas remunerações mensais. Complementava o pagamento dos soldados com sacos de arroz e latões de azeite de dendê, assim como fazia vistas grossas às práticas de extorsão contra o cidadão comum, o que também lhes servia de complemento ao salário. Os demais funcionários públicos, inclusive os que não tinham rifles M-16 do Exército, seguiam mais ou menos o mesmo caminho, usando de qualquer instrumento de poder de que pudessem dispor para extorquir os cidadãos. Você quer energia elétrica? Vai ter que molhar a mão do pessoal da Companhia Elétrica da Libéria. Durante um ano, ministros do governo deram um calote de setenta e oito mil dólares no restaurante Salvatore's, e só pagaram quando o proprietário pagou impostos exorbitantes. Em USD.

USD, ou dólares americanos, tornou-se uma nova expressão na Libéria. Os congos que permaneceram no país, assim como os que retornaram, como a mamãe, analisaram os contratos de aluguel de suas propriedades não confiscadas pelo governo. Vó Grand olhou os numerosos contratos que tinha com os comerciantes libaneses e sorriu, seu dente de ouro brilhando à luz do sol. Ha, ha! "15 mil dólares (USD) anuais", dizia um; "3,5 mil dólares (USD) anuais", dizia outro.

Mamãe deu uma olhada nos seus contratos de aluguel. Apenas um deles, o relativo ao terreno da Mobil Oil, deixado para uma miríade de descendentes Dennis, dizia "USD". Os outros diziam somente "dólares".

Ela tentou renegociar com os comerciantes libaneses, e conseguiu fazer com que poucos pagassem metade em dólares americanos e a outra metade em dólares liberianos. Mamãe enviou os dólares americanos para nós, na Carolina do Norte, onde papai já estava endividado até o pescoço.

Ela deu uma parte dos dólares americanos para a Eunice, que foi vê-la na casa do Mano Henry, onde mamãe estava morando. A mãe da Eunice ainda estava pisando em ovos com a "Filha da Dona Cooper".

Só que Eunice já não era mais a filha da dona Cooper. E a dona Cooper já não era mais a grande dama que fora um dia. E Monróvia não era mais a mesma, agora que o Povo da Terra estava no comando.

Mamãe conheceu um casal de americanos na embaixada dos Estados Unidos, e conseguia enviar suas cartas pelo serviço postal do Exército americano. Quando nós lhe escrevíamos cartas de Greensboro, nós as endereçávamos ao major David Underwood, Central do Correio do Exército, Nova York.

Certa manhã, eu estava dormindo no meu quarto em Greensboro quando ouvi papai gritando ao telefone. Acordei de estalo. Eram umas quatro da madrugada; só poderia ser a mamãe ligando da Libéria. Ela tinha ido até a companhia telefônica de Monróvia e agendado uma hora para ligar, para, depois, voltar e fazer a ligação.

Pulei da cama e corri pela porta do meu quarto, fazendo a curva no corredor para dentro do quarto do papai, pulando na sua cama. Consegui chegar ao telefone antes da Marlene, por isso ela se precipitou para a cozinha, onde havia outro aparelho.

— Mamãe! — gritei, depois que papai me passou o telefone.

— Como é que tá a alegria do meu coração?

— Também tô no telefone! — gritou Marlene do primeiro andar.

— Como é que tá a minha linda Marlene?

— Mãe, a gente tá com saudades! — disse Marlene. — Você volta logo?

— Não sei, minha querida. O dinheiro tá curto.

Fazia sete meses desde que nos despedimos em Knoxville. Era estranho demais ouvir a sua voz familiar, com o canto liberiano, de repente, bem ali, do outro lado da linha, no mesmo cômodo comigo.

— Ah, mãe, por favor, volta — disse Marlene.

Eu queria fazer coro com a Marlene, mas não queria parecer um bebê. A voz da Marlene estava se dissolvendo num choramingo à medida que implorava. Senti um nó aumentando na minha garganta, enquanto fazia meu coro silencioso.

Depois de certo tempo, mamãe começou a parecer triste. Mudei de assunto.

— Mãe, adivinha? Já resolvi o que vou fazer depois que terminar a escola.

A voz dela parecia engasgada, mas aliviada ao mesmo tempo.

— Ah, é?

— Não vou mais ser estrela de cinema, não. Nem advogada. Vou ser jornalista.

Uma semana antes, eu tinha vivenciado a minha iluminação graças à minha aula de história. A professora era uma mulher gordinha e baixinha chamada dona Johnson, que era completamente incapaz de inspirar entusiasmo em qualquer aspecto da aula, a não ser quando falava no caso Watergate. Watergate deixava a professora animada.

Dona Johnson mandou que lêssemos *Todos os homens do presidente*. Fui com papai e Marlene à livraria do centro comercial de Greensboro, e papai me comprou dois romances da Harlequin e *Todos os homens do presidente*.

Naquela tarde, quando abri o livro, minha vida mudou. Todos os minutos que eu havia passado devorando o jornal da noite da ABC haviam levado a isso.

Dezessete de junho de 1972. Nove horas da manhã de sábado. Muito cedo para o telefone tocar. Woodward tateou sonolento à procura do aparelho, mas logo despertou. Quem estava na linha era o editor do noticiário local do *Washington Post*. Cinco homens haviam sido presos naquela madrugada quando arrombavam a sede do Partido Democrata, portando equipamento fotográfico e instrumentos eletrônicos. Será que ele dava conta da matéria?

Li *Todos os homens do presidente* numa só tacada. Deitada na minha cama às três e meia da madrugada, fechei o livro e virei para o lado. Era isso que eu queria fazer. Woodward e Bernstein deram um banho de jornalismo no Brit Hume. O jornal televisivo daquela noite não passava de uma pálida imitação da coisa real, concluí. O grande lance era o jornalismo para a imprensa escrita. Woodward e Bernstein tinham derrubado um presidente! Sozinhos — bem, com a ajuda do Garganta Profunda —, eles tinham feito o governo americano cair.

Deitada na minha cama, naquela manhã, imaginei minha vida no futuro. Eu trabalharia para o *Washington Post*. Primeiro, eu escreveria sobre política e corrupção e derrubaria uns governos, como o Woodward e o Bernstein tinham feito. Depois disso, eu passaria para a cobertura do Departamento de Estado, só que eu seria muito melhor do que o Brit Hume. Com o tempo, o meu trabalho jornalístico obrigaria o Exército norte-americano a invadir a Libéria e se livrar do Doe. Aí eu retornaria à Libéria como uma heroína triunfante, uma jornalista famosa, uma extraordinária reveladora de verdades.

Naquele dia, na aula da professora Johnson, fiz perguntas obscuras com base no livro, praticando minhas técnicas de entrevista e me exibindo por já ter terminado de lê-lo.

— Professora, a senhora não acha que o primeiro artigo que Woodward e Bernstein escreveram implicando H.R. Haldeman merecia uma errata?

— O quê?

— A senhora não acha que merecia uma errata? O *Washington Post* não devia ter corrigido o fato de que Sloan não implicou especificamente Haldeman no seu testemunho diante do grande júri, como o *Post* disse, mas só mais tarde?

A professora Johnson era tão doida pela imprensa quanto eu estava ficando. Depois do Watergate, nós mergulhamos nos Documentos do Pentágono (a professora não era muito ligada em cronologia) e na coragem do *New York Times* em publicar aqueles documentos secretos sobre a Guerra do Vietnã. Olhei para ela, maravilhada.

— Quer dizer que o governo disse ao *Times* que eles não podiam publicar os documentos secretos, e eles publicaram assim mesmo? — perguntei.

A imprensa americana era assim tão poderosa?

— Eles levaram o caso à Suprema Corte — respondeu ela, praticamente lambendo os beiços de satisfação. — A imprensa ganhou.

Eu queria fazer parte daquela imprensa poderosa. Percebi que eu precisava ganhar experiência como repórter; então, no ano seguinte, último ano na escola, me inscrevi no curso de jornalismo, que foi uma das minhas matérias eletivas. Outra das minhas eletivas foi datilografia (porque os jornalistas tinham que saber usar a máquina de escrever). Entrei, também, para francês IV (para quando eu fosse cobrir o Departamento de Estado), inglês avançado e prático, e história avançada da Europa (também para futuras coberturas do Departamento de Estado). Os cursos de ciência passaram longe da minha grade horária. Eu definitivamente não precisava entender de física para derrubar o governo.

Eu adorava a minha aula de jornalismo. A professora era a srta. Mundy, e a nossa única tarefa era rodar o jornal da escola, o *The Panther's Claw* (*A Pata da Pantera*). Um rapaz calado e bonitinho sentava atrás de mim: Ollie Haywood Taylor, embora todo mundo o chamasse de Haywood. Ele era a única pessoa da turma que queria, de fato, ser jornalista, e rapidamente nós entramos em competição.

— Eu quero ter uma coluna de esportes — anunciou no primeiro dia de aula.

Revirei os olhos.

— Ah, pelo amor de Deus, que coisa mais insignificante! Quem vai querer ler sobre as estúpidas corridas nas pistas de atletismo da Dudley?

Haywood era da equipe de atletismo, e eu sabia que era sobre isso que ele queria escrever.

— A minha coluna de esportes vai fazer os seus artigos de crítica parecerem o cocô do cavalo do bandido.

Como eu não tinha o menor interesse em ficar escrevendo sobre as bobagens locais da Dudley — não fora para isso que eu havia me tornado jornalista —, pedi à professora para escrever sobre política nacional, mas ela recusou. Então, pedi para escrever sobre política internacional, mas ela recusou de novo.

— Você tem que escrever sobre coisas que interessem à escola. Que tal escrever sobre o programa do ônibus escolar?

Será que ela estava de brincadeira comigo?

— Tá bom... Então posso fazer resenhas sobre programas de televisão? — perguntei, imaginando que isso seria mais ou menos de âmbito nacional.

Ela concordou, e eu mergulhei fundo no meu primeiro artigo assinado: uma resenha sobre "Jogo Duplo", seriado em que Pierce Brosnan fazia um detetive particular. "O Pierce Brosnan é absoluta e estonteantemente lindo!", me derreti no jornal. "E é britânico!"

O meu jornalismo aspirante me levou à Equipe Q.I. Alto da Dudley. Não era uma equipe de debates, era mais uma equipe de perguntas e respostas sobre programas de TV. Éramos cinco, e cada um tinha uma área de especialidade na qual deveríamos nos destacar. A minha especialidade eram os "fatos da atualidade".

Eu me preparava para os encontros da nossa equipe à noite, com o papai. Eu me sentava à mesa da cozinha enquanto ele cozinhava o jantar. Papai tinha uns cardápios criativos que combinavam comidas liberiana, americana e europeia em saborosos pratos com aspecto de gororoba. Sua melhor criação era ensopado de espinafre e salmão com arroz. Nós já tínhamos aprendido que o espinafre americano era um bom substituto para a folha de batata liberiana, mas papai não cozinhava do jeito liberiano, cozido com galinha, peixe seco, peixe defumado, carne de boi, nacos de presunto e pimenta. Em vez disso, cozinhava o espinafre com cebola e pimenta, e depois acrescentava o salmão em conserva.

Às vezes papai fazia carne moída com arroz, outra especialidade liberiana, mas novamente à sua própria maneira, pois juntava um pacote de ervilhas congeladas e outro de cenoura ao ensopado de carne moída.

Naquela noite, ele estava me bombardeando com as perguntas do Q.I. Alto, enquanto preparava um creme de ovos para a sobremesa. Estávamos nos concentrando em capitais obscuras.

— Bolívia? — disse papai, batendo as gemas com um garfo.

— La Paz — respondi.

Silêncio. Comecei a rir.

— Eu só queria saber se você sabia! La Paz e Sucre. São duas — acrescentei.

Papai foi até o armário e pegou uns pacotes de adoçante. Papai era diabético há uns dez anos, e essa era uma doença que toda a família sempre imaginou que acabaria afetando um dos seus filhos. E de fato há pouco tempo eu havia ganhado o bilhete premiado. Alguns meses antes, eu tinha começado a comer feito um boi — não raro, seis vezes por dia — e a atacar a geladeira durante a noite. Vivia esfomeada e parei de me pesar, convencida de que eu estava engordando com toda aquela comida, mas, no entanto, incapaz de evitar me sentir sempre faminta.

Então um dia, na aula de química, alguém chegou com um recado dizendo que eu deveria me apresentar ao gabinete do diretor. Chegando lá, o diretor me disse que meu pai estava indo me pegar na escola mais cedo. Curiosa, fui até a entrada da escola, no mesmo instante em que papai estava estacionando o Lincoln Continental. O carro parou e a porta do passageiro se abriu, e, por ela, saiu a mamãe.

— Mamãe! — gritei.

Deixei os livros caírem no chão e corri pelo gramado para me jogar em cima dela. Mamãe me abraçou, rindo, enquanto papai nos olhava do banco do motorista, sorrindo. Senti como se a alegria estivesse explodindo dentro de mim. Eu não a via há nove meses, e lá estava ela, alta, esbelta, bronzeada e linda, parada em pé bem na minha frente, diante da Escola Secundária James B. Dudley.

— Pai, você devia ter contado pra gente! — ralhei com ele, enquanto mamãe me abraçava forte.

Ele riu.

— Eu queria te fazer uma surpresa.

Finalmente, mamãe deu um passo para trás.

— Deixa eu dar uma olhada na Alegria do Meu Coração — disse ela, segurando-me pelos ombros. — Por que que cê tá tão magrinha?

Para mim, era inconcebível — aliás, também para o papai e para a Marlene — que eu estivesse magra, já que, nos últimos meses, eu vinha comendo tudo o que desse sopa na minha frente.

— Não tô magrinha, não. Cê sabe que eu tô engordando — falei candidamente.

Naquela tarde, voltamos para casa e subi na balança que havia no banheiro do papai, que eu vinha evitando desde que eu tinha me convencido de que estava engordando por causa de toda a comida que eu estava ingerindo. Chocada, vi o resultado: quarenta e oito quilos. O meu peso normal era sessenta e quatro.

No dia seguinte, mamãe, zangada, e papai, encabulado, me levaram ao médico, que anunciou que o meu nível de açúcar no sangue estava perigosamente alto. Eu era uma diabética juvenil, disse. Acabei ficando uma semana no hospital — na pediatria, para meu profundo desgosto. Eles me ensinaram a aplicar injeções de insulina em mim mesma.

Mamãe ficou furiosa com o papai por ele não ter percebido a minha perda de peso, mas acabou superando a raiva quando viu o quanto ele mesmo se culpava pela doença. Na noite em que saí do hospital e voltei para casa, eu estava procurando alguma coisa para comer no andar de baixo quando ouvi papai falando ao telefone, com uma voz arrasada.

— De todas as coisas que eu podia ter passado pra minha filha, fui passar logo isso.

Um mês depois, mamãe nos deixou novamente e voltou para a Libéria. E, a partir de então, papai passou a colocar adoçante no creme de ovos.

Depois de despejar seis pacotinhos, ele voltou até o armário em busca de noz-moscada e canela.

— Alto Volta?

— Por que que você fica tentando me pegar? Você sabe muito bem que não se chama mais Alto Volta!

Ele sorriu.

— E então?

— A capital de Burkina Faso é Uagadugu — falei, enunciando cuidadosamente para me exibir. Repeti, porque adorava pronunciar aquilo: — U-a-ga-du-gu.

O telefone tocou. Corri para atender, na esperança de que pudesse ser a minha última paixão na escola, o Chris Fuller.

— Alô?

— Alô, aqui é o sr. Bennett. John Cooper está?

Meu coração acelerou e passei o telefone para o papai.

— É aquele sujeito de novo — cochichei, preocupada.

Era o cobrador do banco, que vinha ligando várias vezes por dia, todos os dias, já fazia um mês. Papai enxugou as mãos na calça jeans e pegou o telefone.

— Oi, sr. Bennett! — exclamou, com a voz cheia de alegria forçada.

Saí de fininho da cozinha para não ouvir a conversa do papai ao telefone, dizendo ao sujeito do banco que estaria enviando em breve, muito em breve, o cheque do pagamento do empréstimo, que estava com dois meses de atraso. Papai vinha fazendo bicos como contador particular, mas deixou a firma onde estava trabalhando porque disse que pagava muito pouco.

Agora, não tinha nenhum tipo de salário fixo. Ele passava muito tempo ao telefone com seus amigos liberianos idealizando grandes negócios. Estávamos sempre prestes a receber uma bolada de cem mil dólares, que nunca se materializava.

O que se materializava eram as contas mensais.

Subi sorrateiramente as escadas até o meu quarto e deitei no escuro.

No sábado seguinte, a minha equipe do Q.I. Alto participou do torneio municipal e conseguiu chegar à etapa nacional, que era transmitida pela TV.

A Dudley estava empatada com a Grimsley, que era mais rica, mais inteligente e mais branca do que a nossa. Tinha um cara alemão na equipe da Grimsley que parecia ter idade suficiente para estar na faculdade. Seu nome era Carl-Henry, e ele tinha um bigode igual ao do Groucho Marx. Nossa equipe estava convencida de que os garotos da Grimsley se consideravam superiores a nós, e, por isso, estávamos determinados a dar uma surra neles, ao vivo e a cores.

Na tarde da grande competição, papai me levou de carro até os estúdios do Canal 5. Meu estômago estava se revirando quando me sentei no palco, atrás da mesa, com as luzes das câmeras esquentando o meu rosto. O apresentador do programa começou a apresentação das equipes, e, aí, veio a primeira pergunta.

— Que mulher no governo Reagan — dizia o apresentador, e eu apertei o botão.

Bzzzzzzzzzzzzzzzz.

— Senhorita Cooper?

— Rita Lavelle — respondi.

— Resposta errada. Menos cinco pontos por interromper a pergunta. Grimsley, eis a pergunta completa. Que mulher no governo Reagan causou controvérsia recentemente quando foi obrigada a demitir Rita Lavelle, sua assistente administrativa na Agência de Proteção Ambiental, por conta do lixo tóxico?

Carl-Henry apertou o botão, embora não tivesse a menor necessidade, porque a Grimsley ganhara os pontos da resposta pelo meu erro.

— Anne Gorsuch — disse ele, sorrindo ironicamente para mim.

— Resposta correta. Próxima pergunta. Que país a Inglaterra atacou recentemente...

Bzzzzzzzzzzzzzzzzz.

— Senhorita Cooper?

— As ilhas Falkland.

— Resposta errada. Menos cinco pontos por interromper a pergunta. Grimsley, eis a pergunta. Que país a Inglaterra atacou recentemente por ter invadido as ilhas Falkland?

Carl-Henry apertou o botão novamente. Outro sorriso irônico.

— Argentina.

Essa agonia continuou por trinta minutos; tudo foi transmitido pelo Canal 5 de televisão. Eu chorava que nem um bebê quando saí do palco e procurei papai com o olhar pelo auditório. Ele estava encostado numa pilastra, conversando com alguém.

—Vem cá, gênio — disse ele, sorrindo ao me ver.

Colocou o braço em torno dos meus ombros e caminhamos até o carro.

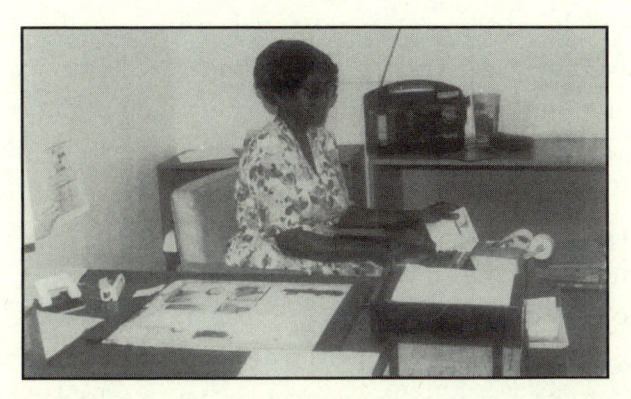

Eunice

Monróvia, Libéria, 1982-1983

A filha da dona Cooper estava desaparecida.

Mamãe levou alguns meses para perceber que não via a Eunice havia muito tempo. Eunice costumava ir à casa do Mano Henry para uma visita, de duas em duas semanas. Mamãe e Eunice se sentavam na varanda da casa. Mamãe pedia que um empregado fosse comprar umas Cocas no armazém no final da rua, enquanto deliciava Eunice com histórias sobre o que Marlene e eu estávamos aprontando na Carolina do Norte.

Às vezes, mamãe tinha cartas nossas para entregar a Eunice, e Eunice sempre trazia cartas suas para colocar no pacote que mamãe nos enviava por intermédio do seu contato na embaixada americana. Ambas tentavam evitar a Vó Grand, que também estava morando na casa do Mano Henry, mas isso nem sempre era possível, então às vezes as duas passavam as tardes sendo destratadas pela velha senhora.

Certa tarde, Eunice apareceu e disse à mamãe que, agora que havia terminado a escola, queria fazer um curso de administração numa pequena escola técnica de Monróvia. Eunice não pediu dinheiro — ela nunca pedia dinheiro.

Mas mamãe ficou logo preocupada, fazendo cálculos mentais. Ela já estava encrencada porque vinha mandando praticamente cada centavo que ganhava para nós, na Carolina do Norte, na tentativa de adiar o inevitável: o banco executaria a hipoteca da nossa casa em Greensboro. Precisaríamos do suficiente para um depósito de garantia e alguns aluguéis para nos mudarmos para um apartamento. Eu estava prestes a me formar e precisaria de dinheiro para a faculdade. Os negócios mirabolantes que o papai continuava planejando ao telefone com os seus amigos liberianos ainda não tinham vingado.

— Quanto é o curso? — perguntou mamãe à Eunice.

Eunice ficou encabulada. Ela estava a par da situação em Greensboro. E sabia que certas coisas eram prioridades para a mamãe. Para a mamãe, garantir um teto para as filhas e me mandar para a faculdade era mais importante do que qualquer coisa.

— Não se preocupe, tia Lah.

— Minha filha, só fala quanto — disse mamãe, impaciente.

Eunice começou a gaguejar.

— Du-du-du-duzentos dólares.

Mamãe suspirou. Dois dias depois, pediu ao motorista que a levasse a uma rara visita à casa da mãe da Eunice. Assim que o carro estacionou na frente da casa, as crianças que viviam lá vieram correndo para fora, pulando para um lado e para o outro, animadas.

— Dona Cooper chegou! Dona Cooper chegou!

Eunice e sua mãe correram para fora. A mãe da Eunice segurou as mãos da mamãe.

— Ah, dona Cooper, muito obrigada.

Mamãe sorriu, a própria imagem da providência benévola.

— Num precisa me agradecer. Ela é minha filha.

— Mas, dona Cooper, obrigada pela Eunice. Muito obrigada mesmo.

Mamãe virou-se para a Eunice e entregou-lhe um envelope. Naquela altura, duzentos dólares para a Eunice fazer um curso de administração, em relação aos quatro mil dólares para o meu primeiro ano de faculdade, eram uma ninharia. Ainda assim, mamãe teve que engolir o seu orgulho e recorrer à sua fonte de dinheiro mais incômoda: a vovó. Mamãe tinha conseguido os duzentos dólares, mas teve que aturar uma série de injúrias sobre a inutilidade do papai e a pouca perspicácia dela mesma para os negócios e a sua incapacidade de impedir que "aqueles malditos libaneses te passem a perna no dinheiro do aluguel".

Eunice pegou o envelope e, em voz baixa, agradeceu à mamãe, que voltou para o carro e partiu, sem saber que, para a Eunice, a necessidade do curso de administração tinha acabado de ser superada por algo muito, muito mais importante.

Eunice o tinha conhecido poucos meses antes, enquanto jogava bola no campo de Sinkor. O rapaz se chamava Babouchar Jack, e era da Gâmbia. Imediatamente Jack notou Eunice, suas longas pernas finas à mostra em um short curto de ginástica, e a abordou.

— Qual é o seu nome? — perguntou ele.
— E-E-Eunice Bull.
— O meu é Jack.

Três meses depois, Jack tinha voltado para a Gâmbia, deixando para trás Eunice, grávida e de coração partido.

E Eunice parou de visitar a mamãe.

Ela se afastou da mamãe durante vários meses, tentando tomar coragem para lhe contar. Ela se lembrava de todos aqueles avisos feitos dentro do carro a caminho da Primeira Igreja Metodista Unificada, na Ashmun Street, fundada em 1822, sobre não transar antes de colocar uma aliança no dedo. Guarde-se para o casamento, pregava mamãe.

Mamãe mandou o empregado do Mano Henry ir à casa da mãe da Eunice para descobrir o que tinha acontecido com ela. Por que ela não aparecia mais? Eunice se escondeu do empregado, que retornou sem notícias para a mamãe.

Finalmente Eunice apareceu na casa do Mano Henry numa tarde de domingo. Mamãe estava deitada no seu quarto, com a porta fechada, tentando não dar de cara com a vovó pela casa, quando bateram à sua porta.

— Quem é? — perguntou mamãe.
— É a Eunice, tia Lah.
— Eunice, mas onde foi que você se meteu? Entra!

A porta se abriu e Eunice entrou. Mamãe ficou olhando para ela em silêncio durante alguns minutos.

— Sua desmiolada! Foi por isso que você desapareceu?

Natal, meu último ano na escola em Greensboro. Papai, Marlene e eu tínhamos nos mudado para nosso novo apartamento — num conjunto habitacional do outro lado da Elm Street, em frente à nossa antiga casa. Eu tinha dito aos meus amigos da escola que nós "tínhamos, simplesmente, resolvido nos mudar". Eu sabia que eles não iam acreditar, mas estava envergonhada demais para admitir que a nossa casa havia sido hipotecada pelo banco.

Certa noite, nós três estávamos assistindo na TV a um programa de perguntas e respostas, o "Jeopardy", quando o telefone tocou. Papai foi até a cozinha para atender. Ele ficou no telefone, conversando em voz baixa, durante uns vinte minutos. Não dava para ouvir o que ele dizia, o que era muito estranho, porque papai geralmente falava berrando ao telefone.

Tinha algo errado. Um arrepio de mal-estar percorreu o meu corpo. Eu me esforcei para ouvir o papai, mas não conseguia entender as palavras, abafadas pelo som das perguntas do Alex Trebek na parte final do programa. Finalmente papai desligou, veio até a sala e desligou a televisão, bem na hora da música de encerramento.

— Que que foi? — perguntei, assustada.

Papai me disse que uma amiga minha de infância tinha acabado de ter uma filha. Ela não tinha contado para ninguém que estava grávida, até pouco antes de dar à luz. Assim como a Eunice, a minha amiga tinha escondido a gravidez, com medo dos pais.

— Dá pra imaginar o fardo de guardar um segredo desses, com medo de contar pra alguém? — comentou papai.

Ele andava de um lado para o outro na sala de estar. Desapareceu no corredor e reapareceu alguns minutos depois, ainda agitado. Finalmente, aproximou-se de mim e me levantou da poltrona. Depois, foi até a Marlene e, pegando-a pelo braço, a fez se levantar também. E nos colocou de pé, à sua frente.

Segurou meu rosto com as duas mãos e me olhou dentro dos olhos.

— Escuta, Helene. Você sabe o quanto a sua mãe e eu te amamos?

— Sei, pai.

Ele virou para a Marlene. Ela fez que sim com a cabeça, em silêncio. Ela tinha doze anos. Finalmente nós tínhamos a mesma altura.

— Nunca pensem que fizeram alguma coisa tão horrível que não possam contar pra mim, estão me ouvindo? Nunca guardem uma coisa dessas pra vocês.

As lágrimas escorriam pelo seu rosto, e ele nos puxou para si e nos abraçou, forte e fervorosamente. Senti o seu cheiro de loção pós-barba com tônico capilar. Papai nunca tinha falado assim de maneira tão direta. Eu me senti, pela primeira vez depois do golpe, segura e querida.

Papai, Helene e Marlene

CHAPEL HILL, CAROLINA DO NORTE, 1983-1987

A Universidade da Carolina do Norte, em Chapel Hill, tinha o melhor curso de jornalismo do sul do país. Também tinha a vantagem adicional de oferecer bolsas parciais, e por isso só custava quatro mil dólares por ano. A concessionária tinha retomado o Lincoln Continental vinho, e papai agora dirigia um Ford Tempo verde, com quinze anos de uso. Não havia a menor dúvida de que a UNC-Chapel Hill, a uma hora de estrada de Greensboro, fosse a minha melhor opção.

Nós fazíamos parte dos Tar Heels, os Calcanhares de Asfalto da Carolina do Norte. Eu não praticava nenhum tipo de esporte, mas me lancei de corpo e alma no frenesi das rivalidades entre as faculdades. Tornar-me uma Calcanhar de Asfalto significava que eu poderia me identificar com algo, deixando de lado o fato de eu ser liberiana.

Diferentemente dos garotos das escolas de Knoxville, Durham e Greensboro, o pessoal da Carolina já tinha, pelo menos, ouvido falar da Libéria. Eles faziam perguntas que iam além do "onde é que fica?" a que eu estava acostumada. Como:

— Por que foi que a sua família foi embora?
— A gente teve que ir embora.
— Não é um país fundado por escravos?
— Aham.

Para minha sorte, o conhecimento deles sobre a Libéria era limitado, e eu podia desviar a conversa antes que ela chegasse a temas que, agora, não pareciam aceitáveis quando analisados do ponto de vista politicamente correto de um *campus* universitário americano.

Na Carolina, as discussões em voga giravam em torno do *apartheid* e da venda de ativos. Para estarrecimento de muitos dos meus colegas de turma, os negros estavam sendo oprimidos na África do Sul. Os brancos estavam no poder e diziam que os negros não podiam votar. E a nossa universidade não fazia nada para impedir isso! E ainda estávamos investindo em companhias que faziam negócios com a África do Sul!

Eu vinha tentando integrar a equipe do jornal da faculdade, o *Daily Tar Heel* (o *Diário Calcanhar de Asfalto*), desde o meu primeiro dia no *campus*. Eles já tinham me rejeitado como redatora, dizendo que eu devia entrar no final da fila por ser caloura, e por isso eu os ataquei de editoriais. Tentei um sobre Jesse Helms, afirmando que se tratava de um péssimo senador. Eles o rejeitaram. Tentei outro sobre a superlotação do sistema penitenciário da Carolina do Norte. Eles também o rejeitaram.

Resolvi experimentar a discussão em voga. Escrevi uma crítica mordaz intitulada "Uma atrocidade chamada *apartheid*". Era moralista e solene, cheia de indignação, frases inflamadas e um monte de palavras que eu não conhecia até dois dias antes, quando papai me mandou um tesauro para me ajudar no meu ataque ao *DTH*.

> Diante de nossa incapacidade de nos opor ativamente à política de apartheid da África do Sul, estamos corroborando uma injustiça corrosiva: a rejeição de um povo enquanto igual e conjunto de membros pensantes da raça humana.

De tarde, deixei o meu editorial no *DTH*. Uma hora depois, o telefone tocou no meu dormitório. Era o editor do jornal dizendo que queria publicar a minha matéria. O meu estômago parecia se revirar de tanta ansiedade a noite inteira; só consegui dormir umas duas horas. Estava de pé às sete da manhã seguinte; tomei banho apressada, me vesti correndo e saí desembestada até a banquinha do *DTH*, perto da entrada e ao lado do prédio do grêmio estudantil. Será que estava lá? Ignorando a primeira página, com as fotos do jogo de basquete da faculdade da noite anterior, virei rapidamente a folha, com os editoriais e as cartas.

Estava lá. Bem no topo. "Uma atrocidade chamada *apartheid*." Eles tinham até arranjado um caricaturista para fazer o desenho de um homem branco sentado na parte da frente de um ônibus e um monte de homens negros nos fundos do veículo, atrás de um cartaz escrito "DE COR".

De pé, ao lado da banca, li todo o editorial, sentindo-me radiante e eufórica.

O jornal me identificava como uma caloura liberiana do curso de jornalismo.

Um estudante sul-africano escreveu uma carta ao editor, dizendo que eu não tinha condição de criticar o país dele, quando o meu tinha seus próprios problemas raciais. O *DTH* também publicou a carta.

— Então, qual é o lance na Libéria? — perguntou Janet, minha colega de quarto.

Tentei explicar.

— Não é *apartheid*! Ninguém é proibido de fazer nada!

— Mas qual é o lance da classe dominante? Por que que houve um golpe?

— É complicado demais pra explicar.

A verdade era que os poucos congos que permaneciam na Libéria ainda estavam numa situação melhor do que os nativos. Mamãe ainda estava morando na casa do Mano Henry, com a vovó e a nova mulher do Mano Henry, Alice. Os dois carros da mamãe tinham sido confiscados pelos soldados. Ela dependia dos pagamentos de aluguel, cada vez mais raros, por parte dos comerciantes libaneses para poder nos mandar dinheiro na Carolina do Norte, me manter na faculdade e ajudar o papai com a Marlene. Mas ela sempre podia contar com a próxima refeição. Ela tinha uma família nos Estados Unidos. Ela ainda era congo.

Os krahns, membros do grupo étnico do presidente Doe, eram agora os verdadeiros congos, com todas as regalias que isso implicava: os carros mais modernos, os melhores empregos públicos, mansões à beira da praia. E a inveja e a mágoa implacáveis do restante da população.

Os demais liberianos — os outros vinte e sete grupos étnicos — estavam, todos, na mesma situação em que já estavam antes do golpe. Os adolescentes ainda ficavam perambulando perto do cinema Relda, desempregados. Crianças de cinco anos ainda eram obrigadas a ir para as ruas pedir esmolas, como mendigos profissionais. E as ambulantes ainda eram a única fonte de qualquer economia real na Libéria, vendendo suas laranjas ao longo da Tubman Boulevard.

Eunice me mandou um cartão de aniversário naquele mês de abril. Não havia nenhuma carta dentro, só "Com amor da Eunice". Retaliei, não escrevendo para ela e ignorando o seu aniversário. Mamãe escreveu dizendo que Eunice tinha tido um menino na Maternidade JFK, em Monróvia. Ele se chamava Ishmael.

Eunice devia estar indo à faculdade nos Estados Unidos, e não estar morando num barraco de zinco na Libéria e se tornando mãe solteira — só uns poucos anos a mais do que teria sido caso não tivesse morado conosco. Eu tinha que ignorar aquilo. Refletir sobre o crescente afastamento entre nós duas era demais para mim. Então, eu fiz como sempre fazia quando acontecia algo sísmico, com o qual eu não sabia lidar. Concentrei-me no superficial.

Eu estava com dezoito anos e me tornando cada vez mais americana. Como é que eu podia manter contato com alguém que nunca mais havia visto, quatro anos mais velha, vivendo noutro hemisfério, num lugar que mal se conseguia comunicar, fosse por correio ou telefone? Eu tinha novos amigos. Eu ia a todos os jogos do time de basquete da faculdade, e a todas as festas das fraternidades de estudantes negros. Eu continuava escrevendo os meus artigos antiapartheid, exigindo que a Carolina condenasse os investimentos das companhias norte-americanas na África do Sul. Cheguei a me acorrentar a uma cabana que nós mesmos construímos no gramado diante do prédio da administração. Então, desrespeitando todos os princípios do jornalismo, me desacorrentei e fui até a máquina de escrever da biblioteca para escrever sobre o evento para o *DTH*. Dessa vez, fiz questão de que o jornal me identificasse como uma estudante de jornalismo proveniente de Greensboro.

No início do meu segundo ano na faculdade, papai anunciou que estava mais do que cansado de tentar sobreviver nos Estados Unidos e que voltaria para a Libéria, levando a Marlene. Ele ainda bebia que nem um gambá, mas conseguia evitar ficar bêbado diante de mim e da Marlene. Quando eu estava em casa nos fins de semana ou feriados, papai acordava cedo para preparar o café da manhã: coisas novas que nunca tínhamos comido antes na Libéria, como mingau quente de maçã com canela, de pacote, e bolinhos de amoras.

Mas o dinheiro que mamãe nos mandava, para pagar minha faculdade e ajudar no aluguel do novo apartamento de Greensboro, não era suficiente. Os negócios do papai não vingavam. Mesmo com a Libéria se tornando uma bagunça cada vez maior sob o governo de Doe, papai ainda podia ser um peixe mais graúdo no pequeno lago da Libéria do que tentando nadar correnteza acima nos Estados Unidos. O homem que havia perdido um milhão de dólares antes de completar trinta anos não se submeteria a empregos menores para tentar pagar as contas no fim do mês nos Estados Unidos.

Peguei uma carona com alguns amigos da faculdade que estavam indo para Greensboro no fim de semana, a fim de ajudar papai e Marlene a fazerem as malas. Papai não estava se dando ao trabalho de empacotar objetos e móveis para levar para a Libéria; eles só estavam levando malas com roupas. O apartamento estava cheio de amigos liberianos do papai que moravam em Greensboro, e que passaram para levar a nossa mobília.

Fiquei tão zangada que quase não falei com o papai naquele fim de semana. Ele estava me abandonando de novo. E, dessa vez, não estava simplesmente partindo sozinho, como fizera quando nos deixou em Sugar Beach. Ele estava levando a Marlene para longe de mim.

Marlene e papai tinham marcado a viagem para a Libéria naquela segunda-feira. Na noite de domingo, minha carona para a Carolina apareceu por volta das sete para me levar de volta à faculdade. Eu estava no quarto da Marlene, enquanto ela separava as calças que valiam a pena levar para casa, quando a buzina tocou lá fora. O nó que se formara na minha garganta durante a tarde inteira aumentou, e meu rosto se crispou. Marlene estava com os olhos vermelhos quando me abraçou forte.

Saí do quarto dela e fui até a cozinha, onde papai estava encostado na bancada.

—Tenho que ir.

—Vem cá — disse ele, abrindo os braços.

Dei-lhe um abraço seco. As lágrimas, agora, rolavam soltas. Rapidamente virei as costas e caminhei para fora da cozinha, para fora da casa. Quando o carro deixou o estacionamento, vi Marlene parada na janela do seu quarto, vendo-me ir embora.

No dia seguinte, fui à aula e depois ao escritório do *DTH*. Depois, em vez de voltar para o meu quarto, fui jantar com amigos. Eram dez da noite quando, finalmente, retornei ao meu dormitório.

Minha colega de quarto, Janet, estava sentada na cama esperando por mim quando entrei.

— O seu pai ligou a tarde toda — disse-me baixinho, com a voz cheia de reprovação. — Agora ele já foi. Ficou ligando do aeroporto, e eu me senti supermal, eu só dizia "Sinto muito, seu Cooper, ela ainda não chegou", e ele respondia "Ela sabe que a gente tá viajando hoje à noite, então vou ligar de novo", e eu não sabia mais o que inventar pra ele.

— Ele falou que ligava de novo? — perguntei, sentindo-me subitamente enjoada.

— Não, da última vez que ele ligou, disse que eles estavam entrando no avião.

Naquela noite, chorei até adormecer.

Papai foi morar na casa da Vó Gene quando chegou à Libéria com Marlene. Marlene foi morar com a mamãe, dividindo o mesmo quarto na casa do Mano Henry. Marlene, agora no nono ano, voltou à EAC.

Minha vida tinha sido cindida novamente. Eu tinha o aqui e agora na UNC, com os meus amigos e as minhas aulas de jornalismo, artigos de jornal e jogos de basquete. Mas tudo e todos que me eram mais chegados estavam na Libéria.

Dois meses depois, mamãe e Marlene ligaram para mim no meu quarto na Carolina. Foi estranho demais ouvir a voz da Marlene do outro lado da linha. Desde que ela nasceu, quando eu tinha cinco anos de idade, ela sempre estivera ao meu lado. Agora, ela tinha exatamente a mesma idade que eu tinha na época do golpe. Ela tinha os mesmos professores que eu na EAC, incluindo a dona Perena, minha professora de estudos sociais. Ela tinha um armário no corredor do ensino médio, e estava apaixonada por um garoto, Ahmed, que jogava no time de basquete. Ela tinha perdido o seu aspecto rechonchudo de bebê.

Ao telefone, sua voz soava mais liberiana.

— Como é que tá tudo por aí? — perguntei.

Marlene riu.

— Você pode voltar pra cá e escrever as notícias num inglês beeee-eeem simples.

O noticiário da noite da ELBC, na televisão, ainda era controlado pelo Estado, e ia ao ar todas as noites. Mas, como o Estado era controlado por Doe, tinha que ser acessível e simplificado para "nós, o povo". Era por isso que os congos chamavam os nativos que apoiavam Doe de "nós, o Povo", ou, às vezes, somente de "o Povo" — referência aos discursos revolucionários da época do golpe, que falavam de tirar o poder das mãos da elite congo e colocá-lo nas mãos do Povo, com "P" maiúsculo.

Na esperança de agradar as suas bases, Doe tinha ordenado que o noticiário televisivo da noite fosse traduzido do inglês padrão para o inglês liberiano, para que todos pudessem entender. Lá pelo final do programa, o apresentador anunciava: "E agora, as notícias em inglês simples." Então, um nativo vinha e lia as notícias em inglês liberiano.

Isso fazia os congos rolarem de rir. Eu morri de rir quando Marlene me explicou isso pelo telefone, mas o meu riso era nervoso, um pouco culpado. Que espécie de lugar meus ancestrais haviam construído, onde nós nem sequer percebíamos que muitas pessoas não eram educadas o suficiente para entender o inglês padrão — a língua nacional?

Marlene mudou de assunto.

— A Eunice passou aqui ontem com o filho dela, o Ishmael.

— Como é que ele é?

— Bochechudo.

Eu ri.

— Vai ver a Eunice virou uma Cooper por osmose.

O pai do Ishmael tinha retornado à Libéria depois que o menino nasceu. Ishmael passava tanto tempo com o pai quanto com a Eunice, que tinha conseguido um emprego na Firestone Plantations — a fazenda de monocultura de seringueiras a mais ou menos uma hora de Monróvia. Todas as manhãs,

Eunice tinha que pegar um ônibus na casa da mãe para chegar ao trabalho, no setor de pagamentos da Firestone. Ela recebia em torno de cento e cinquenta dólares por mês, o que era um bom salário na Libéria. Mas ela tinha que trabalhar para sustentar a si mesma e para ajudar a mãe, e por isso ficava feliz de receber ajuda do pai do Ishmael, que cuidava do bebê.

Logo depois que Marlene e papai chegaram à Libéria, um homem chamado Thomas Quiwonkpa, antigo aliado do presidente Doe, reuniu alguns homens, assumiu o controle da estação de rádio e anunciou que estavam orquestrando um golpe sem derramamento de sangue. Todos os ministros do presidente Doe deveriam se entregar. Anunciaram os nomes de um punhado de oficiais do Exército que seriam promovidos.

Mas Quiwonkpa não fez o que precisava ser feito para tomar o poder — ou seja, enfiar uma estaca no coração de Doe —, e Doe escapou em poucas horas, depois de prometer ao soldado rebelado que o mantinha cativo que lhe daria dinheiro se o soltasse.

Então, Doe mandou executar Quiwonkpa. Quiwonkpa foi mutilado até a morte. A lista de promoções que Quiwonkpa tinha anunciado no rádio tornou-se uma lista de morte para os desafortunados que foram mencionados nominalmente. Os soldados de Doe percorreram as ruas de Monróvia exibindo os órgãos de Quiwonkpa, inclusive seu pênis e seu coração. As pessoas eram convidadas a se aproximar e tocar os órgãos. O resto do corpo foi fatiado também, como hambúrguer, e exibido perto do posto de gasolina na bifurcação de Paynesville.

Assisti às notícias sobre a tentativa de golpe na televisão, com os amigos da faculdade. Estávamos amontoados ao redor da pequena TV preto e branco de treze polegadas do meu quarto. Meus amigos ficaram chocados com o que Doe tinha feito a Quiwonkpa e me bombardearam de perguntas.

— Que raio de lugar é esse seu país?

Encolhi os ombros. Eu podia sentir o meu rosto ficando quente de vergonha. Como eu poderia explicar? Por onde começar?

— Você vai escrever um artigo sobre isso pro *DTH*?

Fiz que não com a cabeça.

— Nem pensar — respondi.

Aquele lugar não é o meu país.

Mano Henry e papai

1985

Um enterro liberiano é como um casamento indiano, um velório irlandês e um coroamento britânico, tudo ao mesmo tempo. Igrejas abarrotadas de pessoas que berram, urram e cantam durante horas a fio, lamuriando a perda do ente querido. Sermões de tirar o fôlego são pontuados por gritos lancinantes de carpideiras profissionais espalhadas pelo templo.

A procissão até o túmulo é uma marcha longa — a pé, os homens fortes de ternos pretos, às vezes literalmente arrastando o falecido, dando chutes e gritos — pelas ruas de Monróvia, até a Center Street e o Cemitério de Palm Grove, o repouso final dos entes queridos dos congos, pelo menos aqueles que não haviam sido executados pelo Estado durante o golpe. Os que foram assassinados por Doe foram atirados dentro da cova dos amotinados do arroz que o presidente Tolbert tinha mandado cavar após as manifestações de 14 de abril.

Uma cerimônia liberiana típica, realizada ao lado da sepultura, é quase sempre acompanhada de uma mulher, que geralmente nem sequer é membro da família, que se joga sobre a tampa do caixão dentro da cova, implorando para ser enterrada também, de tão imensa que é a sua dor. "Me deixa aqui!", grita a mulher, enquanto os carregadores de caixão, preocupados, pulam dentro da cova para retirá-la de lá. "Moço, me deixa aqui!"

As festividades costumam começar mais ou menos uma semana depois da morte, porque leva esse tempo para programar tudo, desde o velório de geralmente dois dias, passando pelo serviço funerário de oito horas de duração, até o enterro propriamente dito, seguido, finalmente, da grande festa no final do dia. Como nas festas de casamento liberianas, a refeição é o momento mais esperado: pode haver duzentas pessoas no funeral em si, mas oitocentas aparecem na ceia que se segue depois, para comer *palm butter* com arroz.

Todo enterro liberiano inclui o hino "Minha alma está em paz".

Quando a Vó Gene morreu, em 1995, tentamos organizar um enterro simples. Ninguém da família mais próxima queria um ritual liberiano elaborado, e Janice, que ficara encarregada dos preparativos, eliminou o velório. Nós tínhamos trazido a Vó Gene, frágil e moribunda, para Minneapolis, para que ficasse perto dos netos durante seus últimos meses de vida. Janice estava trabalhando para o estado de Minnesota como conselheira de políticas ligadas à saúde mental infantil; John Bull era analista financeiro da General Mills.

— O quê? Cê quer me dizer que não vão fazer um velório pra sua avó? — esgoelou uma das amigas da Vó Gene pelo telefone.

— É isso mesmo — respondeu Janice, firmemente.

Nossas esperanças de um funeral simples foram por água abaixo na manhã do culto religioso, quando os carros começaram a aparecer na igreja, um após o outro.

— Mas olha só essa gente toda! — admirou-se Janice enquanto espiávamos pela porta do pastor, observando a congregação se reunindo. Um após o outro, todos apareceram, vestindo a indumentária liberiana tradicional para funerais: chapéu preto, vestido preto, meias-calças pretas, sapatos pretos, bolsa preta. Tratava-se de um contingente predominantemente feminino das aulas de estudos bíblicos da vovó e das suas várias atividades na igreja. Elas estavam todas furiosas conosco, porque acreditavam que não estivéssemos dando à nossa avó o enterro liberiano legítimo e longo que uma mulher de sua estirpe merecia.

Na minha modesta opinião, a Vó Gene estava recebendo muito mais do que merecia, considerando o fato de que ela mesma nunca havia comparecido a enterros, dizendo que eram estressantes demais para os seus nervos. Ela nem mesmo tinha posto os pés no funeral do próprio marido, Radio Cooper.

Encomendamos um culto breve. Duas orações, duas leituras, um rápido resumo de vida, um sermão curto. As velhas beatas olharam o programa e, depois, olharam estarrecidas para nós, os netos enlutados. Finalmente, ao nos aproximarmos do hino de encerramento, sem nenhum plano de tributos longos, uma mulher deu um pulo, agitada e nitidamente incapaz de aguentar mais um minuto sequer. O seu chapéu preto tinha um véu preso, que cobria somente a sua fronte. Eu jamais a vira antes na minha vida, mas ela tinha nos cumprimentado antes do culto como se nos conhecesse desde que nascemos.

A mulher caminhou até a frente da igreja.

— Gente! — gritou e, então, olhou fixamente para nós. — De pé!

Janice me olhou e suspirou.

— Essa mulher apareceu só pra fazer todo mundo chorar — murmurou.

Todos nós sabíamos o que aconteceria depois.

Como se regidas por um maestro-invisível, as beatas começaram a cantar em uníssono:

Quando a paz flui para mim como um rio,
Quando a tristeza bate como a onda do mar,
Qualquer que seja a minha sina,
O Senhor me ensinou a exclamar:
Minha alma está em paz.

Nessa hora, as lágrimas jorraram e a gritaria começou. O enterro fugiu ao nosso controle — e não o recuperamos mais.

No dia 3 de julho de 1985, papai ficou acamado no seu quarto na Libéria. Eu estava em Minneapolis, onde passava minhas férias de verão, depois do fim do meu segundo ano na Universidade da Carolina do Norte, com John Bull e sua nova esposa, Pieta. Papai e Marlene tinham voltado para a Libéria, assim como mamãe; por isso a Vicky, que agora morava com o seu novo marido em Toledo, Ohio, e o John Bull eram os meus refúgios durante as férias da faculdade.

Eu tive dois empregos naquele verão. Um era um estágio não remunerado no *St. Paul Skyway News*, um tabloide gratuito distribuído nos supermercados do centro da cidade. Eu tinha tentado estagiar no *Minneapolis Star-Tribune* e no *St. Paul Pioneer Press*, mas não me aceitaram por falta de experiência. Aparentemente, os meus editoriais sobre o *apartheid* na África do Sul não eram o bastante.

Então eu liguei para todos os jornais e revistas alternativos, além de informativos de supermercados da região, perguntando se eles precisavam de uma "repórter". O *Skyway News* disse que, contanto que eu não esperasse ser remunerada, estava disposto a publicar o que quer que eu escrevesse. Meu primeiro artigo para o jornal foi o perfil de um retratista da polícia.

Também tive um emprego temporário numa companhia de seguros do centro da cidade. Pelas manhãs, eu ia para o trabalho de carona com a Pieta, que conseguia passar batom nos lábios e *blush* no rosto enquanto o sinal estava vermelho.

Numa quarta-feira, dia 3 de julho, fiquei em casa, doente. Eu não estava realmente doente, mas não estava com vontade de ir trabalhar. Foi nesse mesmo dia que, na Libéria, o tio Mac encontrou o papai no chão do banheiro e o levou às pressas para a Clínica Cooper.

Em Minnesota, era véspera do 4 de Julho e a agência de empregos informou que podíamos pegar nossos pagamentos depois das duas da tarde. Eu sabia que ficaria sem insulina para a diabetes e teria dificuldade em encontrar uma farmácia aberta durante o feriado, então resolvi pegar o pagamento antes que o banco fechasse para poder descontar o cheque e comprar a insulina.

Não consegui. Um ônibus atrasado me levou a perder uma conexão, que fez com que eu chegasse para pegar o cheque às 3h07 — e o banco fechava às três. Então, enquanto o tio Mac se deparava com o papai caído no chão do banheiro na casa da Vó Gene, a milhares de quilômetros, na Libéria, eu voltava de ônibus para o apartamento do John Bull, me perguntando como eu conseguiria passar o feriado sem insulina. Eu tinha usado minha última dose naquela manhã.

John Bull teria me dado o dinheiro se eu tivesse lhe contado, mas eu não queria explicar que a minha mentira sobre estar doente para não trabalhar tinha dado nisso. Assim, fiquei de boca fechada.

Na Libéria, os médicos da Clínica Cooper anunciaram que papai estava em coma. Marlene e Janice, que tinham mudado de volta para a Libéria seis meses antes, se instalaram no seu quarto de hospital para monitorar sua respiração.

Em Minnesota, decidi que lidaria com a falta de insulina passando fome. Passei o feriado no limite de um coma diabético, enjoada e letárgica, à medida que minha taxa de açúcar aumentava drasticamente.

A liberiana que há em mim — a parte em mim que acredita em feiticeiros, *neegees*, curandeiros, e que nós estamos todos ligados espiritualmente, e que não havia a menor possibilidade do papai morrer a milhares de quilômetros de mim sem que, de alguma forma, eu sentisse — ainda acredita que minha doença naquele dia era a maneira do papai se despedir de mim. Ninguém na Libéria ligou para o John Bull ou para mim para dizer que papai estava em coma, mas eu sei que, enquanto o seu corpo estava morrendo naquela cama de hospital na Clínica Cooper, o seu espírito veio a Minnesota para me dizer adeus.

O espírito do papai ficou comigo durante todo o dia e toda a noite, enquanto eu lutava contra a minha própria deficiência de insulina. Fui com o John Bull para um almoço na casa da família da Pieta no 4 de Julho e fiquei olhando, nauseada, o frango grelhado, o macarrão com queijo e o feijão que o pai da Pieta tinha preparado. Coloquei um pouco no prato, remexi a comida e saí de fininho até a lata de lixo do lado de fora da casa, onde despejei o prato numa hora em que não tinha ninguém olhando.

O espírito do papai ficou comigo para ter certeza de que eu não morreria também. Naquela noite, fiquei deitada, com os olhos vidrados, sentindo-me vazia por dentro. Eu dormia e acordava de hora em hora, entrando e saindo de fragmentos de sonhos, dominada pela náusea. Mas nada aconteceu além disso.

Na sexta-feira, 5 de julho, Pieta tirou o dia de folga. Eu estava tonta enquanto andava até o ponto de ônibus, a dois quarteirões de distância, e parei várias vezes, quando a náusea se intensificava. Finalmente cheguei ao ponto de ônibus e esperei... pelo que me pareceu uma eternidade, até o ônibus chegar. Passei por centros comerciais, atravessei o rio e cheguei à cidade. Saltei no ponto na frente do banco, que tinha uma fila diante da única caixa.

Vinte minutos depois, eu tinha finalmente descontado o meu cheque; andei trôpega, àquela altura quase desmaiando, até a farmácia para comprar a insulina. No banheiro feminino da farmácia, entrei apressada num dos toaletes e, com as mãos trêmulas, rasguei a embalagem da insulina. Injetei vinte e cinco unidades de ar na seringa. Extraí vinte e cinco unidades de insulina. Levantei a manga. Com as mãos trêmulas, injetei a insulina no braço.

Foi nessa hora que papai disse adeus. Seu espírito, sabendo que eu estaria bem, me deixou e retornou à Libéria, para a Marlene e a Janice, sentadas à sua cabeceira no hospital.

Quando cheguei em casa do trabalho, lá pelas seis e meia da tarde, Pieta abriu a porta para mim.

Percebi imediatamente que alguma coisa estava errada. John Bull estava sentado à mesa de jantar, de costas para mim, folheando um velho álbum de fotografias.

— Oi, gente — falei, tentando afastar o que quer que houvesse de errado.

Pieta me pegou pela mão e me levou até a sala de estar. Fiquei ainda mais assustada. Com exceção do John Bull, toda a minha família estava na Libéria. Eu soube, naquele instante, que alguma coisa tinha acontecido a um dos meus parentes. Na minha mente, a Libéria estava se tornando um lugar onde as pessoas morriam.

— Que foi que aconteceu? — perguntei à Pieta.

Ela falou lentamente:

— O seu pai — graças a Deus que não foi a mamãe — morreu hoje.

O alívio de não ter sido a mamãe permaneceu comigo ainda por várias horas, desde meu primeiro aceno com a cabeça, silencioso e de olhos arregalados, enquanto Pieta passava a mão no meu braço, como que para aliviar o golpe. O alívio permaneceu comigo quando John Bull se levantou da mesa, veio até onde eu estava, parou diante de mim, me levantou do sofá e me abraçou. O alívio permaneceu comigo enquanto telefonávamos para a

Libéria e conversávamos com a mamãe, e depois com a Marlene, a Janice e o Mano Henry. Perdurou por toda aquela noite, no meu quarto, na minha cama, olhos vidrados, sentindo-me vazia por dentro.

Então, vi o papai sentado no primeiro andar de Sugar Beach, no salão de jogos, na poltrona de veludo roxo onde os insetos adoravam se esconder. Eu o vi me levando de carro, com meus amigos da escola, para o cinema de Greensboro, contando piadas e mais piadas enquanto dirigia. Eu o vi naquela noite horrível em Sugar Beach, quando tivemos a reunião de família, comigo e com a Marlene, porque ele e mamãe estavam se divorciando. Eu o vi de costas, se afastando, descendo os degraus da cozinha, entrando no carro e indo embora. Vi as lanternas traseiras desaparecendo na estrada de terra.

Deitada naquela noite, na cama de baixo do beliche, no quarto que eu dividia com a filha do John Bull e da Pieta, minha mente se agitou com imagens do papai e do tio Julius bebendo gim-tônica, com olhos injetados de sangue, conversando sobre o pacto sino-soviético.

Bem lá no fundo surgiu um pensamento, que eu abafei. Mas ele voltou à tona, impaciente e pungente. Papai sabia que ia morrer. Por isso tinha voltado para a Libéria. Ele queria morrer na Libéria.

Enquanto eu estava deitada no meu beliche, Eunice trabalhava na fazenda de seringueiras da Firestone. Nosso primo foi de carro até o escritório dela e pediu que ela entrasse no carro com ele. Espantada, ela saiu cedo do trabalho e entrou no carro.

— Escuta — disse o primo, depois que parou o carro diante da casa dele. — Se eu te disser uma coisa, não chora.

Eunice começou a rir de nervoso.

— Fala logo.

— John Cooper morreu.

Eunice fez o que lhe pediram e não chorou. Só pediu ao primo que tivesse a gentileza de levá-la até Monróvia. Ela encheu uma pequena mala com roupas e eles levaram uma hora para chegar a Monróvia, ao bangalô onde mamãe estava morando com a Marlene. Marlene estava encolhida no sofá do canto da sala, ignorando as pessoas reunidas em volta. Quando viu a Eunice, correu até ela.

— Num chora, minha menina, num chora — disse Eunice, consolando Marlene mais uma vez enquanto balançava o corpo para frente e para trás. Depois de cinco anos de distanciamento, com Marlene mudando de escola em escola em Knoxville, Durham, Greensboro, e, finalmente, de volta à EAC, enquanto Eunice dividia seu tempo entre a fazenda da Firestone e seu filho pequeno, agora mulher feita, de repente era como se tivéssemos voltado no tempo.

— Chora não — disse Eunice.

No enterro do papai, Marlene, Janice e Eunice sentaram nos bancos da frente, reservados aos entes mais próximos.

Eunice acompanhou da tribuna enquanto Janice lia a oração enviada por John Bull. Estávamos presos em Minneapolis, sem poder comparecer ao enterro do papai com medo de chamar a atenção das autoridades do Serviço de Imigração dos Estados Unidos, porque os nossos vistos de visitante tinham expirado. Eunice ouviu enquanto Marlene lia o resumo da vida do papai. Cantou junto com o coral quando eles entoaram "Minha alma está em paz" para o papai. No meio de um solo abominável de uma mulher que não sabia cantar, mas que inexplicavelmente tinha aparecido no culto religioso para dar uma cantadinha, o microfone começou a chiar e a apitar. Nos bancos ocupados pela família, os principais enlutados começaram a rir baixinho.

— O John tá cansado de ouvir essa mulher assassinar essa música — sussurrou mamãe para a Marlene.

Mamãe culpava o papai por ter morrido; era a cara dele fazer isso com ela. Ela ficou sentada na tribuna com a Marlene, furiosa.

Mano Henry sentou-se por perto, de olho na Marlene. A família tinha medo de que ela perdesse o controle.

A caminho do túmulo, Eunice marchou ao lado da Marlene e da Janice, atrás do caixão, na procissão funerária até o Cemitério de Palm Grove, na Center Street.

Diante do túmulo, ficou prestando atenção na Marlene, lacrimosa. Eunice escondeu qualquer sentimento de tristeza que pudesse estar tendo, porque não era uma das filhas legítimas de Sugar Beach. Ela tinha um papel complexo no enterro do papai: parte da família, em se tratando de memórias, sentimentos e momentos partilhados, mas, ainda assim, uma intrusa.

— Meus sentimentos — diziam os presentes, ao passarem em fila diante da Marlene e da Janice, um depois do outro.

— Sinto muito por você — diziam à mamãe.

— Ah, Toulia, coragem — diziam à mãe da Janice.

Algumas pessoas deram um tapinha no ombro da Eunice, ou lhe deram um abraço rápido. Mas a maioria a ignorou.

Eunice estava de pé, ligeiramente atrás da Marlene, quando o Mano Henry e os demais carregadores baixaram o caixão do papai. Marlene, em prantos, ficou parada diante do túmulo, segurando uma carta na mão.

A carta era minha. Fora escrita em três folhas de papel pautado amarelo. Marlene a lera em voz alta na igreja, sem parar, sem chorar.

St. Paul, Minnesota
9 de julho de 1985

Querido papai,

Não consigo acreditar que essa seja a última vez que começo uma carta com as palavras "querido papai". Tem tantas coisas que eu queria lhe dizer. Tem tantas coisas que não fizemos juntos. Quero lhe mostrar o artigo que eu acabei de publicar no jornal. Quero lhe contar sobre o 9,5 que tirei na minha prova de psicologia. Quero rir da sua piada sobre o creme de queijo mais uma vez. Quero ouvir você reclamando de que eu nunca cozinho, e, depois, ver o seu rosto enquanto você luta para digerir as minhas tentativas. Só mais uma vez, eu quero ouvir você reclamando: "Helene, quando é que você vai arrumar aquela bagunça no seu quarto? A gente precisa de um mapa pra conseguir atravessar." Não consigo acreditar que eu nunca mais vou ouvir você zombar de mim quando a minha escola perder o jogo de basquete, ou resmungar quando eu pedir para usar o carro. Não consigo acreditar que você tenha partido, papai. Não quero acreditar que você tenha partido. A gente não se despediu.

Eu te amo muito, papai. Você esteve do meu lado todas as vezes em que precisei de você. Qualquer homem pode fazer um filho, mas somente um homem especial pode ser um pai. Sou grata pelos dezenove anos em que tive você como meu pai.

A morte é mais universal do que a vida. Todos morrem, mas nem todos vivem. Você viveu, papai, e vai viver, sempre, no meu coração. Adeus, papai. Que sua alma descanse em paz.

Com amor,
Helene

Marlene jogou a carta sobre o caixão, para que fosse enterrada com o papai. Mas continuou parada ali. Mano Henry a agarrou pelo braço e a puxou para longe.

— Nem pense em pular dentro daquela cova — disse ele.

A ÚLTIMA FUGA

Janice, na capa do *Providence Journal Magazine*

PROVIDENCE, RHODE ISLAND, 1987-1992

Durante dois dias límpidos, luminosos e frescos, 14 e 15 de maio de 1987, fui dirigindo o meu novo (usado) Renault Fuego de Minneapolis a Providence, em Rhode Island, para começar o resto da minha vida. Meu último ano na Carolina do Norte tinha passado rápido, e eu dedicara a maior parte do meu tempo ao meu emprego de meio expediente no *Raleigh News and Observer*, no turno da noite, reservado especialmente para os formandos de jornalismo da UNC. Mandei cartas e cópias dos meus artigos publicados a uns quinze jornais, mas, no instante em que o *Providence Journal* de Rhode Island demonstrou uma migalha de interesse, eu soube que era para lá que eu tinha que ir.

Rhode Island era chamado de Estado Oceano. Eu já tinha planejado a minha vida: eu trabalharia por uns dois anos num bom jornal diário, onde eu estontearia a todos com as minhas reportagens, até que seria contratada por um jornal importante e me tornaria ou uma correspondente em Washington, *à la* Woodward, Bernstein e Brit Hume, ou uma correspondente internacional.

Eu sabia outra coisa. Eu nunca mais aceitaria ficar longe do mar de novo.

John Bull me ensinou as regras básicas sobre como passar a marcha do carro no estacionamento de uma escola em Minneapolis.

— É só pensar em faixas de vinte. Quando você atingir vinte quilômetros por hora, passa a segunda. Quando chegar a quarenta, passa a terceira. Quando chegar a sessenta, passa a quarta.

Durante uma hora, passei as marchas, avançando aos solavancos com o Renault Fuego usado que John Bull tinha me dado, e nós demos voltas no estacionamento até ele considerar que eu estava pronta para pegar a estrada.

Na manhã seguinte, lá pelas cinco, John Bull e Pieta me acompanharam até a rua para me dar adeus. O carro estava abarrotado com os meus pertences da faculdade, uma televisão de 13 polegadas, três malas, duas caixas de livros, o meu álbum *Off the Wall* do Michael Jackson e o meu ursinho, Ben. Abracei os dois, entrei no carro, abri um enorme sorriso e pulei para fora de novo, com um adesivo na mão, que levei até a traseira do carro e cuidadosamente colei no para-choque: CALCANHARES DE ASFALTO DA CAROLINA.

— Tira essa idiotice do meu carro! — gritou John Bull para mim, rindo.

— Num é mais teu carro — eu disse, sorrindo.

Pulei de volta para o banco do motorista e saí cantando pneu — cantar pneu era uma dessas coisas que eu sempre havia tido vontade de fazer, e agora que eu tinha a minha própria caixa de embreagem, eu podia. Rumei para o leste, entrando na I-94 até o Wisconsin, depois na I-90, para Chicago, Indiana, Ohio, depois naquela horrorosa I-80, através da Pensilvânia, até finalmente chegar ao que eu considerava o meu portal para o mundo: a Interestadual 95, para a cidade de Nova York. Atravessei a ponte George Washington com o rádio a todo volume, e com o teto solar, que ocupava todo o teto do carro, aberto para uma exposição máxima à brisa marinha, que eu sabia que logo viria na minha direção.

Depois de atravessar um quarto de Connecticut, senti o primeiro cheirinho do ar picante do Atlântico, e sorri de orelha a orelha. Aquele cheiro me ligava à minha casa, a Sugar Beach, mesmo que eu estivesse estabelecendo uma distância mental entre mim e a Libéria.

E, finalmente, Rhode Island, e o início do meu projeto de me lançar no mundo. Ao sair do carro diante do Hotel Biltmore, onde o *Providence Journal* estava bancando minha hospedagem por duas semanas — tempo que eu tinha para procurar um lugar onde morar —, vistoriei os meus novos domínios com enorme satisfação: era a quintessência da Nova Inglaterra, mas de uma maneira urbana, com casas vitorianas e um charme antiquado. E, em todos os lugares, havia algum tipo de acesso à água, da baía de Narragansett ao rio Providence, passando pelas praias de Watch Hill, Misquamicut e Newport.

Dá pro gasto pelos próximos anos, pensei.

Eu tinha que arranjar matérias. Uma das minhas primeiras missões foi cobrir North Providence, uma cidade típica de Rhode Island — provinciana e italiana. Como repórter do *ProJo* em North Providence, eu cobria reuniões de diretoria de escolas, reuniões de associações de moradores, reuniões de representantes municipais e reuniões da comissão de controle da estação de tratamento de esgoto.

North Providence era governada por democratas italianos. O prefeito era Salvatore A. Mancini, americano de cabelos brancos, antiquado, de origem italiana, a quem todos chamavam de Sal. Usava um anel gigante no dedo mindinho e sempre me saudava com um sorriso escancarado. Em North Providence, todos me chamavam de "aquela garota de cor do *Journal*".

O *Providence Journal* tinha uma equipe A e uma equipe B, e eu era, decididamente, da equipe B. E tinha os jornalistas que trabalhavam sozinhos, repórteres *superstars* da equipe A, que só faziam matérias de investigação desvendando corrupção policial — que, em Rhode Island, se fazia com o pé nas costas. Autoridades do governo, governadores e prefeitos eram corriqueiramente colocados na cadeia por enriquecimento ilícito.

Mas eu ainda não tinha provado que era uma contorcionista. O pessoal da equipe B trabalhava nos vários escritórios satélites do jornal, em lugares como Pawtucket, Westerly e Woonsocket. Eu trabalhei em todos: Warwick, West Warwick, Johnston, Greenville, Scituate, Foster-Glocester, Cumberland, Central Falls, Pawtucket, Woonsocket.

Para entrar na equipe A, eu tinha que descobrir alguns corruptos.

Até então, tinha tido bastante corrupção sobre a qual escrever. Os meus parágrafos de abertura pareciam relatórios de polícia. Mas, em sua maioria, tratavam de corrupção já descoberta pela polícia. Os meus maiores furos de reportagem expunham o prefeito de North Providence, Sal Mancini, por usar funcionários públicos municipais para cortar a sua grama.

Eu fiquei furiosa quando nem a matéria nem suas suítes me levaram à equipe A. Do que eu precisava afinal?

O tempo revelou que eu precisava da Libéria.

Em 24 de dezembro de 1989, Charles Taylor invadiu a Libéria e dizimou o pouco que restava do país, depois de oito anos de massacres e má administração de Samuel K. Doe.

Os congos da Libéria e a crescente maioria dos nativos achavam que sua situação era ruim com Doe. Então, conheceram Taylor, e descobriram que a coisa podia piorar ainda mais.

Muitos liberianos, sobretudo aqueles que tinham sido alvo da ditadura de Doe — como os Cooper, os Dennis e os Tolbert —, a princípio foram a favor da invasão empreendida por Taylor e seu grupo desorganizado de rebeldes. Na mais negra das noites da África Ocidental, Taylor e cem rebeldes recém-recrutados das tribos Gio e Mano penetraram o território liberiano, partindo da mata da Costa do Marfim. Taylor era um fugitivo execrado, meio congo, meio nativo, que tinha trabalhado para o governo Doe. Foi acusado de roubar quase novecentos mil dólares. Fugiu para os Estados Unidos, onde foi preso em Boston, a pedido de Doe. Então, num feito tão extraordinário que nenhum liberiano acreditou que tivesse sido realizado sem ajuda do governo americano — que tinha ficado descontente com Doe —, Taylor conseguiu fugir da prisão de Massachusetts usando uma serra e escapando pela janela com uma corda feita de lençóis.

Taylor acabou parando na Líbia, como convidado de Muamar Kadafi, até que retornou à Libéria liderando o seu próprio exército rebelde, que ele denominou de Frente Patriótica Nacional da Libéria. Convocou meninos e adolescentes, drogou-os e deu-lhes fuzis de assalto. Declarou-se presidente. Soldados do governo que apoiavam o presidente Doe resistiram. Mas, lentamente, e depois com rapidez crescente, Taylor e seu exército de meninos movidos a anfetamina investiram contra Monróvia.

Em 22 de maio de 1990, mamãe arrumou duas malas, sentou na sala de estar do seu bangalô e esperou pelo Mano Henry. Ele chegou, entrou de carro no jardim, colocou as malas no carro e a levou até o Aeroporto de Robertsfield, onde a ajudou a subornar quem fosse preciso para passar pelo controle de passaportes liberiano. Assim, mamãe conseguiu chegar ao saguão de embarque. Do lado de fora, na pista, o avião da Sabena para Bruxelas aguardava, preparando-se para a decolagem.

Mano Henry acompanhou mamãe até a pista, deu-lhe um beijo no rosto e voltou para o terminal. Novamente ele fez sua escolha. Nenhum nativo sem-vergonha iria botá-lo para correr do seu próprio país.

Mamãe subiu os degraus e entrou no avião.

Depois do trajeto de uma hora entre Providence e o Aeroporto Logan de Boston para encontrá-la, fiquei em pé três horas no setor de desembarque. Onde ela estava? Eu tinha verificado com a companhia aérea e sabia que o seu voo (vindo da Europa, pois não havia mais voos da Pan Am ligando Monróvia a Nova York) tinha chegado.

Eu temia o que estava por vir — minha mãe estava indo morar comigo e ficaria no meu quarto e sala na Waterman Street, em Providence. Pensei nos meus amigos que estavam sempre indo me visitar, conversando na sala e ouvindo o meu aparelho de som novo.

Mas eu estava com saudades dela. Eu a havia visto algumas vezes desde que ela voltara a morar na Libéria, quando ela vinha passar um ou dois meses nos Estados Unidos. Ela tinha trazido a Marlene de volta um mês depois da morte do papai, julgando que a Libéria não era segura o suficiente para a sua filha. Mamãe deixou a Marlene com a Vicky em Toledo, onde a Marlene terminou o ensino médio antes de partir para a Universidade de Purdue, onde agora era caloura.

Mas aí mamãe tinha voltado novamente para a Libéria, a fim de correr atrás dos comerciantes libaneses e do dinheiro do aluguel, para manter a Marlene na faculdade.

E agora mamãe tinha voltado aos Estados Unidos para ficar. Eu poderia mostrá-la para todos em Providence! "Oi, minha mãe tá aqui, viu, eu tenho uma! Eu não nasci de chocadeira."

Os passageiros, com caras cansadas e amedrontadas, andavam em fila, atravessando as portas duplas que ligavam o saguão do setor de desembarque com a alfândega. Uma família indiana. Um bando de americanos. Um grupo de escola. Dois homens africanos, com a pele quase púrpura em contraste com a palidez das pessoas no aeroporto, usando camisas de flanela xadrez, calças de poliéster e óculos fora de moda, com armações tão monstruosamente grandes quanto as que Eunice e eu tínhamos comprado anos antes na Libéria.

E então, de repente, lá estava ela caminhando na minha direção. Parecia pequena — será que tinha encolhido? —, preocupada e envelhecida. Estava usando calça comprida e suéter, e um enorme colar de ouro que a Vó Grand tinha lhe dado anos antes. Os cabelos estavam puxados para trás num coque, e seus óculos — não sei como, mas eu tinha esquecido que ela usava óculos — estavam apoiados na ponta do nariz. Seu rosto estava contraído à medida que espremia os olhos e olhava em volta, tentando me encontrar.

Mamãe tinha deixado a Libéria antes que as forças rebeldes de Charles Taylor chegassem a Monróvia, e não tinha sido estuprada, torturada ou assassinada, nem sofrido qualquer outro dos incontáveis atos de violência que vinham sendo praticados contra as mulheres da Libéria em 1990.

— Mãe! — gritei, espremendo-me entre as pessoas para chegar perto dela.

Depois de um longo abraço, ela se afastou e ficou me olhando durante uns dez segundos. Abriu um largo sorriso e, então, me abraçou de novo. E aí disse:

— Aqueles sacripantas da alfândega pegaram todo o azeite de dendê que eu trouxe.

Em Providence, mamãe se recusou a ficar na minha cama; preferiu dormir no meu sofá-cama, com tamanho de cama de casal, na sala de estar. Conseguiu emprego numa casa de repouso. Ela banhava os pacientes, levava-os ao banheiro, sentava-se às suas camas e dava-lhes comida. Ela trabalhava no turno das 15h às 23h, de quinta a segunda, por mais ou menos seis dólares a hora. Mandava a maior parte do dinheiro que ganhava para a Marlene, na Purdue. Nós nos víamos pela manhã e no início da noite, depois que eu voltava do trabalho para casa, antes de sair com meus amigos. Mamãe cozinhava *palm butter* e batatas liberianas para nós comermos — os pratos liberianos mais fáceis de fazer. Já que tinha sido servida por cozinheiros durante toda a vida na Libéria, ela não sabia fazer folha de mandioca, mas estava decidida a aprender, e ligava para as amigas liberianas pedindo instruções.

Janice ficou na Libéria ainda mais seis meses depois que mamãe partiu — durante os quais foi sequestrada e mantida prisioneira por soldados rebeldes. Nenhum de nós tinha a menor ideia de onde ela pudesse estar. De noite, mamãe e eu ficávamos sentadas na sala assistindo, horrorizadas, às notícias no jornal da televisão. Todas as principais emissoras estavam lá. Faziam entrevistas com soldados rebeldes, que tinham passado a usar roupas de noivas e perucas louras para se protegerem melhor contra as balas e a artilharia — conforme recomendaram os feiticeiros que haviam consultado. Carregavam fuzis M-16 e conversavam com os repórteres sobre sua chacina diária.

Havia entrevistas com sobreviventes; uma mulher relatou que viu um grupo de soldados envolver sua mãe num colchão embebido em gasolina e queimá-la viva. A certa altura, um dos meus primos, Randall Cooper, apareceu no "Nightline" para falar em favor dos rebeldes, afirmando que o presidente Doe era um açougueiro. Duas semanas depois, um amigo apareceu na CNN dizendo a mesma coisa; ele morreu um mês depois da entrevista, assassinado a tiros pelos soldados do presidente Doe.

Finalmente, em dezembro de 1990, Janice fugiu da Libéria com o marido e o filho de um ano de idade, Logosou, pela fronteira com a Costa do Marfim. Ela chegou aos Estados Unidos parecendo um daqueles refugiados famélicos que víamos na televisão. Recebemos uma ligação no meio da noite do John Bull, de Minnesota. Ele estava radiante:

— A Janice fugiu! A Janice fugiu!

Pulei dentro do meu Toyota Celica (eu tinha dado o Renault Fuego do John Bull para o irmão caçula da Tello, o Jim, fazia um ano, quando mamãe me mandou cinco mil dólares para que eu desse entrada no pagamento de um carro novo) e voei pela Interestadual 95 até Nova York, para encontrar com a Janice no dia seguinte à sua chegada aos Estados Unidos. Ela estava hospedada num apartamento no bairro de Washington Heights, em Manhattan, com uma antiga colega de quarto da Universidade de Columbia. Beijei as bochechas gordas do meu novo sobrinho Logosou, que estava deitado de barriga para baixo no sofá, em sono profundo.

— Janice, como foi que você conseguiu manter o Logosou tão gordo? — perguntei.

Era óbvio que ela e o marido não vinham se alimentando; estavam, ambos, pele e osso. Janice desviou o olhar.

— Dou o peito — disse em voz baixa. — E lhe demos toda a nossa comida. Toda a comida que tínhamos, dávamos pro Logosou.

Janice contou que, às vezes, encontrava papaias verdes na mata, que ainda não estavam maduras o suficiente para se comer. Mas que mastigava a papaia para amolecê-la e, depois, dava-a para o filho. Como estava com fome, ele comia, embora o suco verde e amargo queimasse sua boca. Ele comia e, enquanto isso, chorava. Mas continuava comendo.

Janice e eu pegamos o trem A na 181st Street, fomos até o World Trade Center e voltamos. No caminho, ela me contou o que tinha acontecido com ela. Uns setenta e cinco soldados rebeldes vestindo jeans e camiseta atacaram a casa onde estava morando com a mãe, o marido, o filho e vinte órfãos de guerra. Os rebeldes lançaram granadas dentro da casa, durante três horas de sítio. Janice, agarrada a Logosou, ficou encolhida num quarto no segundo andar com o marido e os demais.

Depois de três horas, os soldados tomaram a casa e mandaram que todos saíssem. Eles atiraram e mataram dois homens no quintal — um deles era um informante, que tinha dado informações erradas sobre quem estava escondido na casa, e o outro era um transeunte, que teve o azar de passar por lá na hora errada. Eles atiraram em Kona, uma órfã de nove anos que tinha se refugiado dentro da casa, mas ela não morreu. De tarde, levaram Janice e sua família, debaixo do sol equatorial escaldante, até suas tendas militares, a oito quilômetros de distância.

Janice passou aquela noite como prisioneira, enfurnada numa cela de prisão rebelde, enquanto, do lado de fora, os rebeldes matavam, um a um, outros prisioneiros.

Ela e sua família foram inexplicavelmente libertados na manhã seguinte. Eles tentaram andar o máximo possível para longe do acampamento rebelde, mas só se afastaram poucos quilômetros, devido ao fardo de duas senhoras idosas que os acompanhavam e não conseguiam mais andar. Eles acabaram se refugiando dentro de uma casa abandonada, sobrevivendo à base de batatas liberianas e papaias verdes, que encontravam no terreno, e limpando os dentes com casca de árvore.

Janice contou que na quinta noite após serem libertados, um soldado rebelde foi até a casa, levou-a para o lado de fora, obrigou-a a se afastar dele alguns passos, armou o seu M-16 e mandou que ficasse parada. Ela esperou três minutos para que ele atirasse. No final das contas, o soldado mudou de ideia, sem nenhuma razão aparente. Duas semanas depois, Janice e sua família escaparam da floresta liberiana dentro de um ônibus escolar que estava indo para a Costa do Marfim.

— Meu Deus, Janice.

O vagão do metrô em que estávamos não tinha mais ninguém, a não ser um sujeito maltrapilho, usando um casaco de lã puído, na parte da frente do carro. Passamos pela estação da 125th Street. Ninguém entrou no nosso vagão.

Janice olhava para baixo, para as mãos, que ela torcia sem parar, com gestos estranhos. Ela havia recitado isso tudo sem qualquer emoção, mas agora os soluços e as lágrimas surgiram.

— Janice, ele te violentou? O soldado que te levou pra fora com o M-16?

Nós vínhamos adiando isso havia três horas.

— Não. É engraçado. Quando ele me levou pra fora, foi isso que eu pensei que ele fosse fazer. Mas aí ele me disse pra dar "dois metros" pra ele. Foi isso que ele disse: "Me dá dois metros." E quando ele falou isso, fiquei aliviada. Eu pensei: "Que ótimo, ele não vai me estuprar, só vai me executar." É isso que eles dizem quando vão te executar, eles dizem "Me dá dois metros" e te fazem se afastar dois metros de distância deles.

— Por quê?

— Num sei. Acho que é pra não ficarem sujos de sangue ou algo assim. Quando você tá matando alguém com uma metralhadora, você precisa de espaço.

Pensei na saraivada de tiros sobre nossas cabeças em Sugar Beach, no tio Cecil encarando o seu carrasco de frente, enquanto as balas não o acertavam. *Eu me lembro*, eu queria lhe dizer, mas ficou engasgado na minha garganta.

— Quanto tempo você ficou lá, parada, esperando que ele atirasse em você?

— Num sei. Pareceu um tempo enorme.

— No que foi que você pensou?

Mas eu já sabia, antes mesmo dela dizer. Quando você está esperando que alguém te dê um tiro, você reza. *Por favor, Deus, por favor, por favor, por favor, assim não.*

— Eu rezei a ave-maria.

— O quê?

Ambas começamos a rir.

— O que mais eu podia fazer? Rezei a ave-maria!

— Mas você num é católica!

— Agora eu sou.

Enquanto eu ria, minha mente voltou no tempo, para uma de nossas brincadeiras favoritas em Sugar Beach. "Quando a guerra começar, você vai virar católica em dois tempos", eu dizia.

Janice também ria agora.

— Ave Maria, cheia de graça, o Senhor é convosco — falei, rindo —, bendita sois Vós entre as mulheres, bendito é o fruto do Vosso ventre, Jesus. Santa Maria, Mãe de Deus...

Eu sabia o que estávamos fazendo. Uma coisa que eu fizera nos últimos onze anos. Era algo que minha família fazia para continuar seguindo em frente. Nós todos fazíamos isso. Quando as imagens ficavam assustadoras, fazíamos isso: nós as abafávamos com outra coisa.

— E a Eunice? Você viu ela?

Janice fez que não com a cabeça.

— Ela ainda estava na Firestone quando fui embora.

— É seguro lá?

— Num sei, Helene. Num é tão ruim quanto Monróvia, mas nenhum lugar naquele país é seguro.

Ficamos em silêncio por alguns instantes. Então eu disse:

— Vou escrever a sua história no meu jornal.

Dois meses depois, a revista de domingo do *Providence Journal* publicou a minha matéria, com a Janice na capa.

Eu tinha escrito a matéria em meio ao meu próprio drama pessoal. Liam e eu tínhamos nos conhecido dois anos antes, quando o *Providence Journal* nos incumbiu de nos "infiltrarmos" na Universidade Brown, onde uma série de incidentes racistas tinha ocorrido. Os editores queriam um repórter negro e um repórter branco jovem o suficiente para se passar por estudante, porque a Brown vinha expulsando os jornalistas do *campus* por assédio aos alunos. Tínhamos ordem de não mentir sobre quem éramos, mas torcíamos para que parecêssemos jovens o suficiente para não levantar suspeitas.

No nosso primeiro dia de reportagem no *campus* da Brown, nos sentamos no gramado, sob um bordo, e descobrimos a nossa paixão mútua por viagens. Ambos sonhávamos ser correspondentes internacionais. Mas, além disso, nós simplesmente queríamos ir a algum lugar, a qualquer lugar, a todos os lugares.

— Sri Lanka — disse Liam.

— É isso aí, um bar legal em Colombo.

— Ou que tal Zanzibar?

— Bom, você sabe que os lugares na África são os mais interessantes — falei, sem mencionar a Libéria, quando isso me convinha. — Mas eu ainda quero ir a Paris.

— Eu devia ter ido a Paris há dois anos, mas acabamos indo pra Bruges.

— Quem vai pra Bélgica, em vez de ir pra Paris?

— Pois é, foi uma mudança de última hora. Mas Bruges é bacana.

— Quero ir pra Turquia. Pra Istambul.

Ele ficava voltando para o Sri Lanka.

— Eu só quero me sentar num bar em Colombo, beber uma cerveja local bem gelada, no início de uma viagem, com semanas e mais semanas para viajar pra todo canto, conversar com as pessoas, ver como elas são, esse tipo de coisa.

Olhei direto nos seus olhos, e ele olhou direto nos meus, com seus olhos castanhos vivos e límpidos. No final da tarde, eu estava apaixonada, súbita e intensamente. Liam era americano descendente de irlandeses, alto, bonito e muito, muito tímido. Eu soube, desde o início, que ele levaria muito tempo para dar o primeiro passo. Saíamos todas as noites depois do expediente, íamos para o Bar do Leo, em Providence, e conversávamos sobre onde tínhamos estado e aonde queríamos ir.

Ele encontrou um mapa enorme da Libéria, do tamanho de um pôster, emoldurou e me deu de presente.

— Eu gostaria de ter conhecido o seu pai.

Liam me levou para a sua casa no Dia de Ação de Graças, para a casa de veraneio da família, em Nantucket, onde fui calorosamente recebida pelos seus pais, primos, padre, tias e tio. Um mês depois, sua família voltou a me convidar para o Natal, em Nova Jersey. "Traga a sua irmã", me disse a mãe dele.

Marlene estava passando o seu feriado de Natal comigo, em Rhode Island. Naquela época, mamãe ainda morava na Libéria. Marlene e eu fomos de carro até Nova Jersey, e eu coloquei as fitas do Billy Joel para tocar ininterruptamente, até que ela teve um ataque:

— Por favor, por favor, por favoooooooor! Não dá pra ouvir outra coisa?

No dia de Natal, a mãe do Liam tirou uma foto de nós duas e me entregou mais tarde.

— Manda pra sua mãe. Ela precisa saber como as filhotas dela estão — disse ela.

Meses depois, quando mamãe deixou a Libéria e veio morar comigo, ela trouxe consigo aquele retrato, agora emoldurado, e o colocou na prateleira perto do sofá-cama, onde ela dormia.

Liam fez uma estante para o meu apartamento, com compartimentos para o meu aparelho de som, e uma mesinha de centro. No Natal, ele me deu uma câmera Canon AE 1, para as futuras viagens que estávamos programando juntos. Eu lhe dei um guia de viagem do Sri Lanka e uma calça jeans. Eu tinha ficado chocada ao saber que ele não tinha nenhuma calça jeans, e que só usava calças *baggy* cáqui.

Logo depois do Ano-Novo, lá pelas três da manhã de sábado, estávamos sentados na sua cama, no seu apartamento, quando ele finalmente se debruçou sobre mim, tocou meu rosto e me beijou. Fomos desajeitados e alvoroçados, e eu fiquei em êxtase. Liam estava deitado na cama quando eu fui embora, pouco tempo depois. Ele desviou o rosto, olhou para a parede e disse "Eu te amo".

Viajamos várias vezes para a ilha de Martha's Vineyard, para Nova York e para Boston — onde lhe ensinei a dançar ao som de "Fight the Power", do Public Enemy. Andamos de bicicleta no parque de Colt State, em Bristol, caminhamos até o topo do monte Wachusett, em Massachusetts, e velejamos até a ilha de Block.

Quando mamãe, uma refugiada liberiana, chegou para morar comigo, Liam parou de dormir no meu apartamento; agora era eu quem dormiria várias noites no dele. A princípio, mamãe me lançou olhares de reprovação. "Cuide-se", disse na primeira noite em que saí de casa com uma sacola de roupas. Não falei nada, fechei a porta delicadamente ao sair, sentindo-me culpada.

Fomos a Paris. Comemos *fondue* em Chamonix, nos Alpes Franceses, e ficamos tão bêbados na Costa Azul que a única coisa de que me lembro de Nice é de Liam me segurando perto do carro alugado, para que eu não caísse, e me dizendo:

— Escuta, você só tem que colocar em marcha a ré. Dá pra você fazer isso, por favor?

Tínhamos alugado um Renault, tão satânico quanto o Renault usado que o John Bull tinha me dado anos antes. Era um carro com embreagem, e funcionava muito bem, a não ser quando se tinha que colocar a ré. Liam não conseguia. Eu conseguia, mas só por causa do sangue, suor e lágrimas despendidos no velho Renault do John Bull.

Então, lá estava eu, bêbada demais para dirigir, em Nice. Coloquei a mão na marcha e comecei a rir.

— Helene, por favor — implorou Liam. — Só bota essa droga na ré e eu acho que consigo levar a gente de volta ao hotel.

Eu não conseguia parar de rir.

Exasperado, Liam tentou passar a marcha, mas não conseguia engatar a ré.

— Deixa comigo — falei, soluçando de tanto rir. — Você tá pisando na embreagem?

—Tô.

—Tá bem.

Concentrei-me e, delicadamente, coloquei em marcha a ré.

E aí comecei a rir de novo. Vinho *rosé* demais, sol demais, alegria demais.

— Eu te amo, Liam.

Ele me olhou irritado.

— Eu também te amo, mas agora você está me dando nos nervos.

E aí voltamos para casa, para Providence, e ele me disse que tínhamos que nos separar porque os pais dele não queriam que ele namorasse uma negra. Ele era filho único e nunca tinha ido contra a vontade dos pais antes. O pai dele estava muito zangado, porque Liam tinha mentido para eles durante meses a fio, dizendo-lhes que éramos apenas amigos. O padre lhe disse que ele estava causando desgosto aos pais, e pelo quê?

— Eu te amo — disse Liam —, mas...

Mas você não me ama o suficiente.

— Às vezes eu me odeio por ter tanta dificuldade em resistir à pressão deles — continuou. — Mas eu também me pergunto, caso a gente tenha filhos: será que eu conseguiria lidar com isso? Porque, sabe, você sempre sonha em ter filhos parecidos com você.

O coração pode mesmo se partir. É incrível. Eu olhava seus lábios se movendo, mas não conseguia mais ouvir o que ele estava dizendo.

Eu sou tataraneta de Elijah Johnson. Mas isso não significava nada para uma família irlandesa católica que queria que seus filhos e netos se parecessem com eles.

Uma semana depois, no dia 28 de dezembro de 1990, Janice chegou, refugiada da Libéria, passando pela Costa do Marfim. Despejei toda a minha emoção, raiva e mágoa naquela matéria sobre a fuga da Janice daqueles maníacos do Charles Taylor. "*The Shadow of Death*" ("A sombra da morte") foi a manchete da capa da revista de domingo do *Providence Journal* de 21 de abril de 1991. "Uma passagem pela guerra mais horripilante do mundo." A foto do rosto da Janice, sombria e sem maquiagem, encarando a câmera, dominava a capa inteira.

A matéria chamou a atenção do *Washington Post*. Depois da publicação, recebi telefonemas de todos os lugares do país. Eu não escrevi a história da Janice pensando que seria a minha grande chance. Escrevi, em parte, porque eu precisava de algo em que mergulhar, enquanto lidava com o meu problema com o Liam.

Mas, uma vez publicada a matéria, eu sabia que, se tinha algo que me libertaria dos encontros do Conselho Municipal de North Providence, era ela. Fiz cópias e mandei para vinte e cinco jornais.

Alguns meses depois, sentada à minha mesa no escritório de Pawtucket, meu telefone tocou.

— *Providence Journal*.

— Helene Cooper, por favor — disse uma voz de mulher do outro lado da linha.

— Ela mesma.

— Helene, aqui é Betsy Morris, do *Wall Street Journal*.

Ainda sentada, fechei os olhos com força. Dane-se a equipe A. Eu estava prestes a saltar da equipe B direto para a primeira divisão da liga nacional. Eu estava de partida.

Mas você sempre deixa algo para trás quando segue em frente. Ao fazer as malas no meu apartamento em Providence, na minha mudança para o mundo do jornalismo nacional, pelo que eu havia ansiado durante tanto tempo, abandonei a Libéria definitivamente. A última fuga. Eu nunca mais voltaria para lá. Agora, mamãe estava aqui, nos Estados Unidos, assim como Marlene, Janice, Vicky e John Bull. Doze anos antes, quando fugimos da Libéria, depois do golpe de 1980, eu achava que talvez um dia as coisas voltassem ao normal, e que eu poderia recuperar a vida de quatorze anos que eu tinha perdido. Agora, eu sabia que isso jamais aconteceria.

Ao deixar Providence para ingressar no *Wall Street Journal*, deixei para trás as pessoas da minha família que não conseguiram se safar. Algumas tornaram essa tarefa fácil: papai tinha morrido. Tio Julius, pouco tempo depois. Então, Mano Henry morreu de repente, de um câncer que foi descoberto tarde demais para se poder fazer alguma coisa. Eu fiquei parada na porta da minha sala de estar em Providence, vendo mamãe chorar no sofá-cama depois de receber a notícia. Tentei me concentrar em outra coisa, mas eu só conseguia pensar naquele dia em Caesar's Beach, quando o Mano Henry tentou ensinar a mim e a Eunice a nadar.

A Libéria não era um lugar onde se vivia, era um lugar onde se morria.

Todos aqueles meus cento e setenta anos de história, remontando a Elijah Johnson e a Randolph Cooper e àqueles dois navios que os levaram à África Ocidental, tinham me levado a isso: Libéria ou Estados Unidos?

Não tinha a menor dúvida. Se você saísse de lá, vivia; se ficasse, morria. Mamãe, Marlene, Vicky, Janice, John Bull, Tello'elas — todos saíram de lá.

Tio Cecil, papai, tio Julius, Mano Henry, Vó Grand, tio Waldron — todos ficaram.

E outra pessoa também havia ficado. Lembrei dela tentando me ensinar a lutar naquela noite antes do grande duelo, no cinema Relda, contra a Nyemale; lembrei dela rindo comigo, ao meu lado, na igreja, enquanto cantávamos a letra adulterada de "Certeza Abençoada"; lembrei dela colocando Marlene no colo e balançando-a para frente e para trás na noite do estupro.

Pensei nela, e depois a coloquei num lugar bem lá no fundo, onde eu guardava o papai e o Mano Henry. Era um lugar que eu podia visitar quando precisasse do consolo da minha família. Mas não era um lugar que eu deixaria interferir novamente na minha vida diária.

Eu estava cortando o último laço que eu tinha — na minha cabeça e no meu coração — com a menina que havia sido minha irmã desde que eu tinha sete anos de idade.

Adeus, Eunice.

Soldado infante usando mochila de ursinho de pelúcia, em Monróvia

Monróvia, Libéria, 1988-1994

Em 1988, Eunice analisou o cenário da Libéria — já profundamente devastada por Samuel Doe, e agora prestes a ser eviscerada por Charles Taylor e pelas forças que agiriam com desregramento nos treze anos seguintes — e fez uma escolha.

Seu filho, Ishmael, estava com cinco anos, terrivelmente perto da idade de recrutamento para a legião de soldados infantes da África Ocidental. Se aqueles meninos sobrevivessem aos sequestros, às drogas e aos combates promovidos pelos vários generais rebeldes da Libéria, nunca mais recuperariam a infância que lhes foi roubada quando foram coagidos a lutar numa guerra sem sentido.

Então, Eunice fez o que as mulheres africanas vinham fazendo havia séculos, o que a sua própria mãe havia feito quinze anos antes, o que mamãe havia feito em 1981 quando nos entregou para o papai e voltou para a Libéria.

Eunice entregou o seu filho.

Quando Charles Taylor realizou sua invasão em dezembro de 1989, provocando uma onda de mortes e massacres vindicativos, Ishmael não estava lá para testemunhar, participar ou servir de estatística. Sua mãe, com o rosto estoico, as costas eretas, o havia mandado embora para a Gâmbia, para que fosse morar com o pai, Babouchar Jack, e o seu povo. Com a infraestrutura liberiana em franco e rápido desmantelamento, o serviço postal inexistente e as linhas telefônicas a ponto de serem destruídas, a distância destruiria a relação entre mãe e filho.

Eunice sabia disso, mas o mandou embora mesmo assim.

E permaneceu na Libéria trabalhando para a Firestone num emprego de duzentos e setenta e nove dólares mensais. Eunice estava lá quando rebeldes de Taylor atacaram a região, em 1990. Constituídos sobretudo de membros das tribos Gio e Mano, os rebeldes estavam atrás de qualquer um ligado à tribo Krahn, do presidente Doe — que havia aproveitado o período do governo Doe para perseguir e matar gios e manos.

No dia 10 de junho de 1990, Eunice estava na Firestone quando os rebeldes chegaram. Ela correu para fora e viu uns vinte homens vestidos com roupas coloridas, que iam desde uniformes militares a vestidos femininos, agarrando Harris Brown, um colega de trabalho que por acaso era krahn. O filho de dez anos de Brown ficou chorando no meio da multidão.

Os rebeldes despiram Brown, deixando-o de cueca, e mandaram que se sentasse no chão. Atiraram nele pelas costas e, depois, pegaram uma faca e o esfaquearam no estômago, para, em seguida, puxá-la para cima, até o peito.

Depois disso, o homem que matou Harris Brown se aproximou do seu filho, deu um tapinha de leve na sua cabeça e disse: "Não chora."

A Firestone praticamente interrompeu suas atividades após esse episódio, e Eunice se juntou à legião de mulheres africanas que fazem sempre o mesmo quando o mundo desmorona: começou a fazer pão de mandioca para vender na beira da estrada para conseguir se sustentar. Todos os dias, levantava por volta das seis da manhã, levava um balde d'água tirada do poço até seu bangalô e tomava banho usando um copo de plástico como chuveiro improvisado. Ela e outras mulheres da Firestone se juntavam para ralar e secar a mandioca, esmagando-a até escorrer todo o caldo, antes de usá-la como farinha para assar o pão. Às vezes a provisão era parca, mas elas faziam o melhor que podiam.

Poucos meses depois, a Firestone voltou a funcionar como empresa, e Eunice retornou ao emprego.

Enquanto isso, Doe foi morto — executado a tiros, em 9 de setembro de 1990 — na primeira vez em que colocou os pés fora da fortificada Mansão Executiva, por ocasião de uma visita de forças de paz enviadas pela Nigéria e outros países da África Ocidental. Ironicamente, não foi Taylor quem matou Doe, mas um líder rebelde rival, Príncipe Johnson, que tinha se desligado de Taylor e formado seu próprio grupo rebelde, chegando a Monróvia antes de Taylor.

Os rebeldes do Príncipe Johnson providenciaram para que a morte de Doe fosse lenta e a filmaram para a posteridade, inclusive a parte em que o Príncipe Johnson supervisiona os procedimentos sentado em sua cadeira, tomando uma Budweiser, enquanto seus homens mantêm o corpo contorcido de Doe contra o chão. Johnson assistiu a seus homens cortarem a orelha de Doe antes de o matarem.

A morte de Doe foi anticlimática. No momento em que aconteceu, havia tantos grupos diferentes de lunáticos armados e furiosos espalhando o terror entre a população civil do país que não causou o menor impacto.

Dois anos depois, em outubro de 1992, Eunice estava no seu bangalô na Firestone quando ouviu as primeiras bombas. Jogou-se ao chão, cobriu a cabeça, e depois engatinhou da sala até o quarto.

As forças de paz da África Ocidental, denominadas Ecomog, compostas de soldados de países vizinhos da África Ocidental, sob os auspícios de uma aliança regional de países da África Ocidental, estavam atacando rebeldes com uma contraofensiva, que foi batizada de Octopus. Convencidos de que rebeldes de Charles Taylor estavam escondidos nas plantações da Firestone, eles efetuaram um ataque aéreo, bombardeando as casas da Firestone.

Eunice ficou debaixo da cama e sobreviveu àquela noite. No dia seguinte, esgueirou-se para fora da casa para avaliar os estragos. Casas tinham sido destruídas. Centenas de empregados da Firestone — seus amigos e colegas de trabalho — e suas famílias estavam mortos. Eunice fugiu para o norte, para o mais longe possível. Assim como milhares de outros refugiados, pegou carona em carros e ônibus até conseguir chegar à região de Grande Bassa, numa área remota conhecida somente como Território 3C.

Ela ficou lá dois anos.

No Território 3C, Eunice encontrou um adolescente chamado Matthew, que ela tinha abrigado certa vez na sua casa na Firestone durante um bombardeio. A família dele concordou em acolhê-la em sua cabana de pau a pique e telhado de sapê. Eunice continuou fazendo pão de mandioca e, agora, também sabão de soda cáustica, que vendia na beira da estrada. Depois, dava o dinheiro para a família como pagamento pelo teto e pela comida.

Ela não tinha praticamente ninguém com quem conversar. Os aldeães do Território 3C eram bassas, mas não tinham nada em comum com Eunice, a quem chamavam de "mulher congo".

Depois de um ano e meio, os aldeães passaram a agir de maneira estranha. Eunice, sempre estoica, tinha permanecido solitária. As pessoas pararam de dividir a comida com ela, passaram a esconder os alimentos. A família de Matthew a acusou de tentar seduzir o rapaz, mesmo ele tendo apenas dezessete anos e ela, trinta e dois.

Então Eunice foi embora, dando início a uma caminhada de trezentos e setenta quilômetros para ver o que tinha acontecido com Monróvia.

Helene em Xangai

O MUNDO, 1994-2003

A milhares de quilômetros de distância, do outro lado do oceano, enquanto Eunice atravessava a zona de guerra liberiana a pé e dormia no chão de casas de famílias que se dispunham a lhe dar abrigo durante a noite, eu estava me hospedando cm hotéis e pousadas, viajando de avião, táxi, trem e navio.

Todos os grandes jornais têm uma lista que registra a localização de seus repórteres em dado momento. No *Wall Street Journal*, essa lista era chamada de "Repórteres Errantes". Qualquer repórter que deixasse a base tinha que enviar um e-mail à lista dos Repórteres Errantes, informando aonde iam, quando voltariam e como poderiam ser contatados. A lista dos Repórteres Errantes era enviada todas as manhãs para os chefes de seção e diretores de departamentos.

Cheguei ao *Wall Street Journal* determinada a me tornar um nome permanente na lista dos Repórteres Errantes.

Comecei minha carreira no *Journal* quase no posto mais baixo que existia na hierarquia do jornal, mantendo, ainda assim, o status de repórter.

Isso significava passar o meu tempo no lugar mais detestável de todos, na minha opinião: o extremo sul. Fiquei atolada no escritório de Atlanta e fingia fazer jornalismo financeiro, como se eu entendesse e gostasse daquilo. Eu não tinha a menor intenção de continuar trabalhando com jornalismo financeiro. A minha ideia era demonstrar minha total inaptidão para a área a fim de que os editores do *Journal* me mandassem, rapidamente, para onde eu realmente queria trabalhar — cobrindo o Departamento de Estado, em Washington, ou como correspondente internacional.

As matérias que escrevi sobre a receita anual da Coca-Cola eram particularmente incompreensíveis. O meu primeiro artigo revelava a notícia bombástica de que as principais companhias de bebidas norte-americanas provavelmente anunciariam rendas maiores para o segundo semestre, em julho de 1992, pois "a indústria se recupera lentamente da competição de preços e da inconstância dos consumidores, fatores que prejudicaram o crescimento no ano passado".

Escrevi um segundo artigo sobre o assunto, acerca do relatório efetivo para a receita do segundo semestre da Coca-Cola, dizendo que "o gigante dos refrigerantes afirmou que o rendimento líquido elevou-se a US$ 581 milhões, ou 44 centavos por ação, de US$482,4 milhões, ou 36 centavos por ação do ano passado".

Minha ideia deu certo.

—Acredito que precisamos do seu olhar atento a detalhes na busca de histórias originais da região — disse-me minha chefe em Atlanta, Betsy Morris.

Só que a "região", como definida pelo mapa de cobertura do escritório do *Wall Street Journal*, era a minha visão do inferno: Mississippi, Alabama, Tennessee, Flórida, Geórgia, Carolina do Sul e Carolina do Norte. Na minha primeira missão profissional, Betsy me mandou ao Mississippi para entrevistar os membros sobreviventes do júri inteiramente branco que havia se recusado a condenar Byron De La Beckwith, da Ku Klux Klan, por ter matado o líder do ativismo pelos direitos civis Medgar Evers, em 1964.

— Puxa, essa vai ser uma missão e tanto!

Disse isso dando um sorriso amarelo, enquanto pensava: "Será que ela ficou doida? Ela quer que eu bata na porta dos membros da Ku Klux Klan no Mississippi rural?"

Mas se eu não estava com vontade de escrever matérias sobre economia, eu tinha que partir para assuntos de interesse humano, e, no escritório de Atlanta, assunto de interesse humano queria dizer diferença racial. Era só isso que se comia, bebia e comentava no sul.

Fui até Winston-Salem, na Carolina do Norte, para escrever sobre "o colapso da coexistência pacífica entre negros e brancos nessa que já foi um dia uma pacífica cidade sulista", depois que a empresa benfeitora e paternalista da cidade, a Reynolds-Nabisco, foi assumida por nova-iorquinos. Fui a Hemingway, na Carolina do Sul, para escrever sobre "essa cidade inteiramente habitada por brancos" que tentava se separar do condado de população majoritariamente negra em que se encontrava encravada. Fui a Tunica, no Mississippi, para escrever sobre a jogatina nas balsas que atravessam o rio. Os cassinos haviam trazido cento e quarenta milhões de dólares à cidade em um ano, mas os governantes brancos estavam gastando a verba na "construção de lindos 'bulevares' que ligam o cais aos cassinos" e nem um centavo no sistema público de ensino, que atendia a uma maioria negra e era o lanterninha do estado.

O hotel de Tunica chamava-se Delta Plantation Inn, por isso fiquei em Memphis, a uma hora e meia de distância de carro, e tinha que dirigir todas as manhãs pela Highway 61, atravessando planícies pantanosas. A viagem valia a pena, porque já me colocava no clima para a matéria:

TUNICA, Mississippi — Dirigindo pela Highway 61 rumo ao sul, vindos de Memphis, os visitantes são saudados por intermináveis campos de algodão, casas de fazenda arruinadas, casebres paupérrimos e um desconexo desfile de outdoors. "Shake", diz o primeiro, "Rattle", diz o segundo. "E roll. No Harrah's."

Ao chegar a Tunica, fui logo entrevistar os negros pobres indispensáveis para a minha matéria. Eles não eram difíceis de serem encontrados em Sugar Ditch Alley, a maior favela da cidade. Segui por uma estrada de terra que dava na Highway 61, dirigindo o meu carro alugado desviando de crateras que me pareceram imediatamente familiares. O ar estava úmido e abafado no Delta do Mississippi, onde o crescimento desordenado da trepadeira *kudzu* clamava atenção, pois envolvia árvores, arbustos e tudo o mais. O céu estava repleto de água, mas não conseguia despejá-la. Eu estava com o ar-condicionado do carro no máximo, virado bem para o meu rosto.

Finalmente, fiz uma curva e vi um casebre naquela fila de casas estreitas que predominam no Mississippi. Um Buick enferrujado dos anos 1970, sem três pneus, estava estacionado sob um telhado inclinado no que já fora, um dia, uma garagem. Havia um monte de peças de automóveis espalhadas pelo terreno, inclusive duas pilhas de pneus que serviam de mobília no jardim.

O meu contato na família era uma jovem que trabalhava como faxineira no cassino. Eu a havia conhecido na véspera e pedido para visitar sua casa e continuar a entrevista — ela tinha ficado nervosa demais para conversar comigo no cassino. Ela não me deixou usar o seu nome verdadeiro na matéria, porque não queria deixar o patrão zangado. Sentei na escuridão de sua sala de estar — um sofá duplo esfarrapado e apoiado contra a parede — e tentei fazer minhas anotações à luz da única janela. Estava difícil enxergar; a casa era escura apesar da luz do dia.

Eu estava prestes a pedir que ela acendesse a luz, quando me contive. *Eles não têm energia elétrica, sua estúpida.*

Ela me contou como era crescer na pobreza num mundo de fartura.

— Esses brancos não tão nem aí pra gente. Eles nem veem a gente. Andam de carro com o ar-condicionado ligado, e é como se a gente nem existisse.

Fiquei indignada, indignada com a injustiça do Mississippi! Imaginem só: pessoas privilegiadas vivendo suas vidas, embolsando a grana proveniente da jogatina e ignorando a existência sofrida das pessoas ao redor! Liguei o meu laptop e lancei o meu ataque de primeira página contra Tunica no *Wall Street Journal*:

> *Localizada numa sociedade agrária segregada, a área corporifica muitas das imagens que o resto do sul tem tentado eliminar. Suas plantações de algodão estão cheias de trabalhadores negros, muitos dos quais vivem em barracões de zinco na periferia da cidade. Dos 9.400 habitantes do município, 76% são negros. Os habitantes brancos mais abastados tendem a viver dentro do perímetro urbano de Tunica, enquanto os habitantes negros tendem a viver no campo. As grandes decisões são tomadas pelo conselho municipal de supervisores, composto de 60% de brancos. As escolas são, efetivamente, segregadas: escolas públicas são predominantemente frequentadas por negros, enquanto a maioria dos estudantes brancos vai ao Instituto de Aprendizado de Tunica, uma escola particular.*

Enquanto isso, na Libéria, a minha escola, a Escola Americana Cooperativa, estava fechando as portas. É difícil manter uma escola particular em funcionamento quando se cobram seis mil e quinhentos dólares por ano, e quando os rebeldes de Charles Taylor, usando vestidos de noivas, perucas louras e máscaras, andam soltos pelo país matando as pessoas.

A população liberiana não tinha que lutar apenas contra os soldados rebeldes; o povo também estava sendo atacado pelas forças de paz enviadas pelos países da África Ocidental. "Manter a paz" significava fazer raides aéreos sobre aldeias, bombardear conjuntos residenciais e comerciais, e estuprar meninas.

Durante uma série de bombardeios em 1992, soldados rebeldes atingiram a usina hidroelétrica que abastecia Monróvia. E, com isso, a cidade ficou definitivamente sem energia elétrica.

Enquanto eu caçava matérias nos estados sulistas dos Estados Unidos, outros repórteres as caçavam na Libéria.

11 de novembro de 1992, Reuters:
CESSAR-FOGO FRACASSA NA LIBÉRIA
CAÇAS NIGERIANOS ATINGEM REBELDES
Por John Chiahemen

MONRÓVIA — Aviões nigerianos sobrevoaram os subúrbios de Monróvia para atacar alvos rebeldes na quarta-feira, depois que o cessar-fogo local não conseguiu pôr um fim aos combates da guerra civil da Libéria.

***

12 de novembro de 1992, The Wall Street Journal:
CIENTISTAS ESTUDAM COMO ALGUNS CENTENÁRIOS
CONSEGUEM SE MANTER SAUDÁVEIS
Por Helene Cooper

ATHENS, Geórgia — Mary Sims Elliott, 24 horas depois de saber que sua filha de 77 anos de idade, Josephine, havia morrido, dá uma longa entrevista sobre como consegue viver até uma idade tão avançada.

25 de março de 1993, The Independent, *Londres:*
LIBERIANOS FOGEM DA "OFENSIVA DA PAZ"
Por Karl Maier

A simples evidência de vida humana no Hospital F.J. Grante, na cidade portuária de Greenville, ao sudeste da Libéria, leva a um rastro de mortes.

***

24 de março de 1993, The Wall Street Journal:
REMUNERAÇÃO DE DIRETOR DE HOSPITAL CHEGA A US$127 MILHÕES
Por Helene Cooper

O presidente e diretor executivo do HCA — Hospital Corp. of America —, Thomas Frist, recebeu US$127 milhões de lucros e dividendos ano passado, incluindo US$125,9 milhões provenientes de compra e venda de ações, segundo declaração do porta-voz da empresa.

***

21 de maio de 1993, The Guardian:
"ONDE HOUVER MENINAS, ELAS DEVEM SER ESTUPRADAS"
Por Mark Huband

Guerrilheiros rebeldes liberianos massacram inúmeros civis em sua retirada diante de ofensiva por parte das tropas de paz da África Ocidental.

***

20 de maio de 1993, The Wall Street Journal:
PESQUISA REVELA QUE MÉDICOS QUE TRATAM A TUBERCULOSE NÃO SEGUEM NORMAS DE PROCEDIMENTO
Por Helene Cooper

ATLANTA — De acordo com pesquisa, muitos médicos ignoram os procedimentos para o tratamento da tuberculose, o que constitui uma falha crítica diante do número crescente de casos da doença.

Depois de dois anos dando um duro em Tunica, Tupelo e arredores, no dia 2 de junho de 1994, Alan Murray, chefe do escritório do *Journal* em Washington, me ofereceu uma nova missão: comércio internacional. Eu ficaria sediada no escritório de Washington, mas viajaria pelo mundo. O *Journal* não poderia ter arrumado um emprego que caísse mais como uma luva para mim. Eu conseguiria realizar as minhas fantasias de correspondente internacional e de jornalismo político em Washington ao mesmo tempo.

Dois meses depois de começar no emprego em Washington, Alan me mandou numa viagem à China com Ron Brown, o secretário de Comércio.

— Concentre-se em todos aqueles doadores do Partido Democrata que ele está levando junto com ele — disse Alan.

— Tudo bem — respondi, lépida e fagueira, e saí correndo do escritório para deixar o meu passaporte no Departamento de Comércio com a equipe que estava organizando a viagem. Eu fazia parte do pessoal da imprensa que viajaria com a delegação oficial, por isso eu seria um dos quatro repórteres no avião com Brown e os diretores-gerais das empresas.

No dia seguinte, meu telefone tocou. Era a encarregada do Departamento do Comércio, responsável pela obtenção dos vistos chineses para a delegação.

— Você tem um passaporte liberiano — disse.

— Tenho, e daí?

Bem, é que nós nunca vimos um antes. É de verdade?

Desliguei, indignada. Mas procurei me lembrar de acelerar o processo do meu pedido de cidadania americana para poder me livrar do meu odioso passaporte liberiano assim que pudesse.

A ida à China deu início à minha orgia de viagens, tanto por conta própria quanto, e, cada vez mais, pelo *Wall Street Journal*, armada com o cartão de crédito da American Express que me foi fornecido. Em seguida, fui ao Haiti para cobrir a invasão dos Estados Unidos. Nas favelas de Porto Príncipe, lamentei o triste fardo do haitiano médio, que vive com duzentos e trinta e cinco dólares anuais. Ignorando o fato de que o Haiti superava até a Libéria em renda *per capita*, escrevi matérias ácidas sobre o longo caminho a ser percorrido até o país conseguir se reerguer. Escrevi sobre a moeda haitiana, chamada gurdes, praticamente sem valor algum, e batizei o sistema monetário do país de "economia vudu". Escrevi sobre como a classe alta haitiana — a elite, que vivia em suas mansões chiques em Petionville — era diferente do restante da população.

Depois do Haiti, lá fui eu para a Passagem Interior do Alasca, onde peguei um hidroavião que pousou na água. Saí cuidadosamente do avião e pulei dentro de um barquinho que me levou para o alto-mar, onde um navio do Departamento do Comércio estava fazendo só Deus sabe o quê lá naqueles cafundós com o dinheiro do contribuinte americano.

Em 13 de maio de 1997, acordei às seis da manhã no meu apartamento no bairro de Adams Morgan, em Washington, coloquei um vestido justo preto com um casaco de linho lilás, saí de casa e fui dirigindo até o Tribunal Federal do Distrito. Lá, à sombra do Capitólio, cercada por outros setenta e sete imigrantes, recitei orgulhosamente:

Eu, absoluta e inteiramente, renuncio e abjuro lealdade e fidelidade a qualquer príncipe, potentado, Estado ou soberano estrangeiro de que eu fui ou tenho sido súdito ou cidadão.

Prometi proteger os Estados Unidos contra qualquer inimigo, "estrangeiro ou doméstico". Prometi pegar em armas pelos Estados Unidos caso fosse convocada. Confirmei que estava fazendo essa promessa de livre e espontânea vontade, sem qualquer reserva mental ou intenção de fuga. "E que Deus me proteja."

Era uma linda manhã de primavera, típica de Washington, quando saí do tribunal com a minha bandeira americana à mão, rodeada por três amigos do *Wall Street Journal* que foram ver eu me tornar uma cidadã. Posei para fotografias sob a estátua do lado de fora do prédio, próxima ao preâmbulo da constituição americana. Com a mochila de couro marrom que eu tinha comprado na feira hippie de Ipanema nas costas, eu era a própria imagem da americana confiante e despreocupada.

Do tribunal, fui direto ao órgão expedidor de passaportes, na 19th Street, onde solicitei a expedição de um passaporte americano. Nada mais de passaporte liberiano para mim, com todos aqueles cenhos franzidos e pedidos de explicação. "*A senhora tem um passaporte liberiano? A senhora deve estar tão chateada com os problemas no seu país natal!*"

Chega disso. Daqui para a frente, eu seria uma cidadã dos Estados Unidos, falou?

Estados Unidos da América.

Com o meu novo passaporte americano, viajei pelo rio Mekong, no Camboja, no teto de um barco a vapor todo remendado, atrás de uma matéria sobre trabalhadores de uma fábrica de roupas. Andei de um lado para outro pela região de Derry, na Irlanda do Norte, com motoristas de táxi pelados, para escrever uma matéria sobre os britânicos que estavam fazendo fila para fazer shows de striptease por causa da popularidade do filme *Ou tudo ou nada*. Velejei pelo mar Báltico numa reportagem sobre o tráfego marítimo a baixo custo entre a Suécia e as ilhas Asland, na Finlândia. Voei de Moscou para Riad, para o Cairo, para Amã e para Londres — tudo isso em vinte e quatro horas — com a secretária de Estado Madeleine Albright, por conta das negociações que pretendiam evitar a Guerra do Kosovo.

No meio da noite, eu estava meio adormecida durante o voo, no fundo do avião, na área reservada à imprensa, quando um funcionário do governo tocou meu ombro.

— Hein? — acordei imediatamente. — Que foi?

— Estamos reabastecendo em pleno voo. Quer vir ver? — perguntou, sorrindo.

Eu o segui até uma das laterais do avião, subi a íngreme escada de caracol, e entrei num compartimento de onde podíamos ver os pilotos. Um avião-tanque da Força Aérea Americana estava, não sei como, se conectando ao nosso avião por meio de uma longa mangueira de gasolina. Tínhamos baixado a altitude para que os dois aviões pudessem se acoplar. O processo levou uma meia hora, e a traseira do avião não parou de embicar para baixo, o que me deu vontade de vomitar.

Voltei para a minha poltrona e olhei pela janela, para a escuridão do céu. Onde estávamos? Sobre a Síria? Ucrânia? Balancei a cabeça. Um pensamento atravessou minha mente. Talvez Neil Armstrong tenha, de fato, caminhado na Lua.

Nem pensar. Não dá pra fazer isso.

Ah, homem branco sabe mentir!

Enquanto isso, a guerra e o sofrimento assolavam a Libéria. As manchetes dos jornais estampavam tudo.

1º de fevereiro de 1995, The Los Angeles Times:
GUERRA E SOFRIMENTO ASSOLAM A LIBÉRIA
Talvez 15 mil já tenham morrido em cinco anos de guerras tribais tão generalizadas e caóticas que muito do derramamento de sangue tem sido realizado por crianças que não têm a menor ideia da razão pela qual estão lutando.

Por John Balzar

Os guerrilheiros são fracos demais para ganhar, fortes demais para serem derrotados, insanos demais para serem compreendidos. E, assim, a Libéria acorda para mais um dia de absurdo. A esperança de paz parece tão ilusória quanto a guerra é exaustiva nessa nação arruinada — o posto avançado dos Estados Unidos na África.

***

30 de janeiro de 1995, The Wall Street Journal:
SANÇÕES PREVISTAS APÓS FRACASSO DAS NEGOCIAÇÕES ENTRE EUA E CHINA
Por Helene Cooper e Marcus W. Brauchli

EUA e China se aproximaram ainda mais de uma guerra comercial quando as negociações em Pequim sobre a proteção aos direitos de propriedade intelectual fracassaram.

***

15 de abril de 1996, Associated Press:
CHACINAS E CAOS DERROTAM OTIMISMO DE BISPO: RELIGIOSO DEIXA A LIBÉRIA APÓS SER ASSALTADO E IGREJA SER SAQUEADA
Por Tina Susman

MONRÓVIA, *Libéria* — *Durante uma semana de chacinas e caos, Michael Francis, bispo da Igreja Católica Apostólica Romana, preservou o seu otimismo, rezando para que Monróvia se estabilizasse e recusando-se a abandonar o seu rebanho. Mas, depois que a principal igreja católica da cidade foi saqueada e de ter sido, ele próprio, assaltado, até o arcebispo desistiu e fugiu da cidade arruinada neste domingo, acompanhado da mãe.*

***

17 de abril de 1996, The Wall Street Journal:
AGENTE COMERCIAL DO GOVERNO PODE ENFRENTAR RESISTÊNCIA
Por Helene Cooper

WASHINGTON — *Charlene Barshefsky, nova agente comercial dos EUA, é a mais arguta e dura de sua equipe no governo Clinton. Mas seus vínculos pregressos com companhias estrangeiras poderiam se tornar um obstáculo para a sua permanência definitiva no cargo.*

Naquela primavera, eu estava atarefada com os planos para minhas grandes férias de verão no Alasca. Eu e minhas amigas Alyson e Lee voamos até Seattle, alugamos um Ford Explorer e, depois, subimos até o Alasca, acampando pelo caminho. Chegando lá, nossa maior preocupação era sermos atacadas por ursos-pardos.

— Essa é a melhor coisa que já fiz na vida — falei, enquanto degustávamos um vinho *cabernet* ao redor da fogueira no território de Yukon, no Canadá. — Sinto como se eu estivesse em outro mundo.

Eu estava o mais distante possível, psicologicamente, da Libéria. Enquanto eu desfrutava daquele "território selvagem" dormindo na minha barraca, fritando cogumelos à chama da fogueira e tirando fotos da montanha Denali com a minha câmera Canon AE1, nem sequer uma vez pensei no que estava acontecendo na Libéria. Não pensei na artilharia bombardeando Monróvia. Não pensei nas "forças de paz" arrasando a Firestone. Não pensei nas mulheres dando à luz sozinhas, no meio da floresta, aos filhos dos soldados rebeldes que as haviam estuprado e abandonado à própria sorte.

Não pensei na Eunice, se ela estava conseguindo sobreviver à loucura que imperava na Libéria. Não pensei se soldados usando vestidos de noiva a tinham violentado ou matado, nem se ela tinha comida suficiente, ou água potável para beber.

Não pensei nela.

24 de julho de 1997, Reuters:
TAYLOR RECEBE MANDATO PARA RECONSTRUIR LIBÉRIA ARRUINADA
Por John Chiahemen

MONRÓVIA — O ex-comandante militar Charles Taylor obteve vitória esmagadora na eleição presidencial da Libéria pós-guerra civil, de acordo com os resultados anunciados na quinta-feira.

***

24 de julho de 1997, The Wall Street Journal Europe:
À SUA DIREITA ESTÁ A BASÍLICA DE SÃO MARCO; À SUA ESQUERDA... CORRA!
É VERÃO NA EUROPA, E OS GUIAS TURÍSTICOS ESTÃO POR TODA PARTE
Por Helene Cooper

VENEZA — Douglas Skeggs leva um pequeno grupo de turistas por uma ruela atrás da Basílica de São Marco. Ele cochicha para seu grupo de Yorkshire, Inglaterra. Ao fazê-lo, sr. Skeggs, professor de história, lança olhares furtivos sobre os ombros.

***

2 de dezembro de 1999, The Record:
APELO EM PROL DE UMA NAÇÃO DESTRUÍDA
ARCEBISPO DIZ QUE LIBÉRIA FOI ESQUECIDA
Por Richard Cowen

O busto de bronze que o arcebispo Michael Kpakala Francis levou consigo à Sociedade de Missões Africanas nesta semana garantiu que Robert F. Kennedy não venha nunca a ser esquecido. Entretanto, o arcebispo se pergunta se os Estados Unidos se esqueceram de sua tão sofrida Libéria natal.

***

1º de dezembro de 1999, The Wall Street Journal:
ONDAS DE PROTESTO IRROMPEM NO ENCONTRO DA OMC
POLÍCIA REPELE MANIFESTANTES E PREFEITO DE SEATTLE
ORDENA TOQUE DE RECOLHER NOTURNO
Por Helene Cooper

SEATTLE — *Um conflito irrompeu ontem no encontro da Organização Mundial do Comércio. Enfrentamentos de rua levaram o prefeito a declarar estado de emergência civil e a impor um toque de recolher à noite.*

***

19 de novembro de 2001, Insight on the News:
CORTE DO FINANCIAMENTO DA GUERRA NA LIBÉRIA
Por Kenneth R. Timmerman

As Nações Unidas planejam novas sanções contra o homem forte da Libéria, Charles Taylor, que se apossou do lucrativo registro marítimo internacional do país e está receptando "diamantes de guerra" das guerrilhas.

***

15 de novembro de 2001, The Wall Street Journal:
NEGOCIANTES AFIADOS: NAÇÕES POBRES OBTÊM GANHOS EM ACORDO DE COMÉRCIO MUNDIAL E EUA FAZEM CONCESSÕES
Por Helene Cooper e Geoff Winestock

DOHA, Qatar — Depois de sete anos de negociações extraoficiais, as 142 nações da Organização Mundial do Comércio finalmente concordaram em iniciar uma nova rodada de negociações sobre relações comerciais que mantenham a economia mundial a caminho de trocas e investimentos mais livres.

***

Datelines exóticas eram, agora, a minha marca registrada no *Journal,* e eu era uma frequentadora assídua da lista dos Repórteres Errantes. Meus colegas brincavam que eu tinha minhas ideias para as matérias me debruçando sobre mapas, na busca dos lugares mais obscuros, e aí planejava propostas de reportagens que me levariam até lá e me trariam de volta com uma *dateline* original.

Eles tinham razão. No *Journal,* a *dateline* é obtida em função do local que fundamenta o parágrafo inicial. Por isso, eu fazia questão de viajar para o desconhecido sempre que chegava a algum lugar. Quanto mais obscura a *dateline*, melhor. Por exemplo, ao fazer uma reportagem nas ilhas Maurício, no oceano Índico, evitei propositalmente as fábricas da capital, Porto Luís, e me dirigi para a cidade menos conhecida, mas com o pitoresco nome de Curepipe. Assim, a minha *dateline* foi: CUREPIPE, ilhas Maurício. Quando fui a Madagascar, fiz questão de entrevistar pessoas em Antsirabe, da qual ninguém jamais ouvira falar, para não ter que escrever a *dateline* de Antananarivo, a capital.

Fui a Walla Walla, Washington, para uma matéria sobre se os "carneiros" deveriam ou não votar numa reunião de lideranças políticas que decidiria como ministrar as taxas de importação; fui a Mariehamm, Aland, para uma reportagem sobre como a moeda única europeia poderia pôr um fim aos cruzeiros populares no Báltico; fui a Pragtri Farm, Washington, para uma reportagem sobre ativistas ambientalistas que estavam aprendendo rapel para invadir um encontro da OMC; fui a Manciano, Itália, para uma matéria sobre como adolescentes toscanos pobres e autistas que produziam queijo *pecorino* poderiam ser prejudicados pela disputa comercial norte--americana contra a União Europeia por causa de bananas.

E, finalmente, fui ao Campo Virgínia, no Kuwait, para uma reportagem sobre o Corpo de Fuzileiros Navais dos Estados Unidos e seus preparativos para a guerra.

E, com isso, minha busca incessante por *datelines* levou ao seu inevitável desfecho: o Iraque.

Eu fazia parte de um pequeno grupo de repórteres do *Journal* que costumava ir a qualquer lugar. Era tanto uma honra quanto uma maldição. Foi por isso que eu estava no voo para Palm Beach, Flórida, no dia seguinte às eleições presidenciais de novembro de 2000, para cobrir a recontagem dos votos; e no trem Amtrak a caminho de Nova York dois dias depois do 11 de setembro de 2001.

Em outubro de 2002, poucos meses depois de iniciada a Guerra do Iraque, o meu chefe em Washington deu uma olhada rápida pela sala à procura de voluntários. Mas, mesmo antes de seus olhos se fixarem em mim, já estava na cara que eu iria.

Helene, Iraque

IRAQUE, FEVEREIRO-ABRIL DE 2003

Enquanto a Libéria se convulsionava com a agonia mortal de mais uma guerra, com um novo grupo rebelde — chamado LURD, ou Liberianos Unidos pela Reconciliação e Democracia — perseguindo Taylor e arrasando Monróvia, eu estava num acampamento militar de recrutas, preparando-me para acompanhar o Exército americano rumo à libertação do povo sitiado do... Iraque. Enquanto os liberianos engatinhavam pelo chão do que restava de suas casas para evitar foguetes e granadas, eu estava ao lado de quinhentos membros da equipe de imprensa, que desfilavam garbosamente pelo Kuwait Hilton Resort, sendo vacinada contra o antraz e passando por sessões de treinamento para aprender a usar a máscara antigás.

— Com quem o senhor vai me colocar? — perguntei pela enésima vez ao major Mike Birmingham, contato da Terceira Divisão de Infantaria do Exército com a imprensa. — Espero que o senhor me coloque numa unidade boa, está entendendo? É melhor eu ficar no fronte.

O luxuoso hotel Kuwait Hilton não era um lugar ruim para se ficar esperando que o presidente Bush começasse sua guerra. Durante o dia, eu fazia compras com os meus colegas, procurando produtos para sobrevivência no deserto, que nós tínhamos esquecido de trazer dos Estados Unidos: protetor labial, cantis, pilhas sobressalentes para os nossos telefones Thuraya via satélite. Eu queria muito aqueles binóculos com visão noturna, mas custavam mil e oitocentos dólares — o mesmo preço do colete à prova de balas francês que o *Wall Street Journal* comprou para mim, e eu sabia que não tinha a menor possibilidade daqueles unhas de fome do jornal abrirem a mão para uma despesa extra.

Os repórteres do *WSJ* Michael Phillips, Nick Kulish e Yaroslav Trofimov estavam no Kuwait comigo, e nós quatro formamos nossa própria fraternidade de guerra. Nós contratamos Mohammad, um taxista libanês na moda e antenado, que adorava os Beatles e andava sempre com cinco mil dólares enfiados nas meias como fundo de reserva para uma eventual fuga. Mohammad nos levava ao centro comercial durante o dia, e para o salão de bilhar ou a pista de kart durante a noite. Ele nos levou à única loja de roupas da Cidade do Kuwait, onde um alfaiate tirou nossas medidas para fazer jaquetas de múltiplos bolsos e calças cargo bem legais.

— Eu só quero bolsos na altura dos joelhos — instruí o alfaiate, parada, com os braços esticados em cruz, enquanto ele media a minha cintura surpreendentemente mais afilada. — Nada de bolsos nos quadris. Eles vão fazer a minha bunda ficar grande.

Nós quatro perdemos peso durante o período em que tivemos que aguardar o início da guerra, porque não tinha nenhuma bebida alcoólica na Cidade do Kuwait, ou pelo menos não conseguíamos encontrar nenhuma. Tínhamos acabado havia muito tempo com o whisky que um amigo fuzileiro tinha me passado escondido dentro de um frasco de Listerine (whisky mentolado fica melhor se misturado com 7Up). Todas as noites, ficávamos conversando com os outros repórteres e lamentávamos a falta de álcool. Certa noite, um grupo de repórteres da CNN espalhou o boato de que tinham conseguido contrabandear uma caixa de vinho, e todos nós corremos até o seu chalé no Hilton. Era vinho de missa. Nós bebemos mesmo assim.

Quando não estávamos fazendo compras, passávamos o tempo procurando um satélite Thuraya. O *Journal* tinha nos fornecido telefones Thuraya e Iridium, assim como laptops que nos permitissem enviar nossas matérias do deserto. Mas os Thurayas e os Iridiums eram ambos cheios de frescura, cada qual à sua maneira. Os Thurayas podiam transmitir sinal durante dias a fio, e dava para ouvir a outra pessoa do outro lado, a quinze mil quilômetros, com a clareza de quem está bem do seu lado. Mas, primeiro, era preciso conseguir captar o sinal Thuraya, que nós descobrimos só ser possível do telhado do Hotel Marriott, no centro da Cidade do Kuwait.

— Estamos completamente fodidos — falei, depois que Michael e eu perdemos um dia inteiro no telhado do Marriott tentando, inutilmente, captar o sinal de um satélite. — Qual é o sentido de arriscarmos nossas vidas numa guerra, se não podemos ligar pra casa e dizer que estamos morrendo?

Em outros dias, assistíamos a filmes de guerra em DVDs nos nossos laptops: *Os doze condenados* e *Três reis*. Quando os dias viraram semanas, e depois um mês, me peguei rezando para que a guerra começasse logo.

— Foda-se a ONU! — murmurei em outra festa sem álcool de jornalistas. — Não consigo mais aguentar essa espera.

No dia seguinte, Mohammad nos levou de volta ao centro comercial. Ele tinha que dirigir a exatos cem quilômetros por hora, porque todos os carros no Kuwait são programados de maneira que, quando o motorista ultrapassa os cento e um, um apito irritante é acionado para alertar sobre o excesso de velocidade. Estávamos ouvindo o rádio, e Nick começou a conversar com Mohammad sobre música. Eu fiquei olhando pela janela, para a Cidade do Kuwait, enquanto passávamos pelo restaurante Fuddruckers.

Ouvi uma introdução familiar: o início da música "Liberian Girl", do Michael Jackson, do seu LP de 1987, *Bad*. Uma mulher sussurra sedutoramente em suaíli, já que o Michael Jackson, pelo jeito, não se deu ao trabalho de descobrir que nós não falamos suaíli na Libéria.

O enluvado começou a cantar: "*Liberian girl... you came and you changed my world, just like in the movies...*" ("Garota liberiana... você veio e mudou o meu mundo, como nos filmes...").

Nick, às gargalhadas, pediu ao Mohammad que aumentasse o som.

— Ah, dá um tempo! — protestei.

Mas agora Mohammad e Nick estavam, os dois, rindo e cantando, e eu desisti e me juntei ao coro. Nós berrávamos: "*I love you, Liberian girl!!!*"

Claro que, a essa altura, eu era o menos liberiana que uma garota liberiana poderia se tornar. Fazia décadas que eu não colocava os pés na Libéria. Agora, eu era uma cidadã americana. Eu ainda falava inglês liberiano com a minha família, mas o meu sotaque americano, agora, era impecável, e nos meus sonhos eu falava com esse sotaque. A única maneira que alguém que me via pela primeira vez tinha de ficar sabendo que eu era liberiana era se, por acaso, perguntasse onde eu tinha nascido, ou se me ouvisse falando com meus parentes. Senão, eu era só uma garota negra sem maiores particularidades, com um sotaque que poderia ser de Chicago, de Nova York ou da Filadélfia.

Eu vivia o sonho americano, com o meu bangalô em Washington, o meu conversível e as minhas idas aos shows do Bruce Springsteen. Quando um oficial da alfândega em Honolulu me disse "Bem-vinda ao lar" quando eu voltava de Singapura para os Estados Unidos, me debulhei em lágrimas e lhe agradeci encarecidamente. Quando houve o 11 de Setembro, fiquei indignada e chorei com o ataque ao "meu" país. Pouco importava que, a milhares de quilômetros de distância, a Libéria tivesse descido ao nono círculo do inferno, onde meninos de dez anos de idade eram arrancados dos pais e obrigados a lutar na interminável guerra civil. A minha preocupação, naquele momento, era: o que vai acontecer com os Estados Unidos? Os poderosos Estados Unidos da América iriam invadir o Iraque, e eu estava lá para registrar isso para a posteridade enquanto correspondente de guerra.

Finalmente, recebemos as nossas missões para a cobertura da guerra. Fui colocada com uma unidade de engenharia de combate terrestre, na Terceira Brigada da Terceira Divisão de Infantaria. Não conhecíamos nossas missões até certa noite, bem tarde, quando fomos levados de ônibus, numa travessia de três horas pelo deserto do Kuwait, para acampamentos provisórios nos quais as unidades do Exército estavam se preparando para a guerra.

Eu estava carregando quarenta e cinco quilos de equipamento nas costas quando saí meio trôpega do ônibus. Fazia um breu absoluto, e eu quase não conseguia enxergar o soldado à minha frente, que nos levava à tenda onde respondíamos a uma lista de chamada.

— Cooper! — disse o major encarregado dos repórteres, olhando para cima depois de ler no caderno.

Cambaleei para a frente, encurvada pelo peso dos doze quilos do meu colete à prova de balas e da minha mochila pesada. Tirei o capacete. Os soldados ficaram me olhando, pasmos. Aparentemente, o major Birmingham não tinha lhes dito que eu era uma mulher.

O major encarregado dos repórteres ficou me encarando pelo que pareceu ser uma eternidade. Então, virou-se para um negro bonitão parado no canto:

— Não fica aí parado olhando, tenente Bryson. Ela é o seu repórter.

O tenente Bryson veio até onde eu estava, evitando me olhar nos olhos. Ele era um desses caras elegantes, eretos, com jeito de mocinho, e um extremo respeito pela autoridade. Eu o segui para fora da tenda e caminhamos pela noite do deserto. Meus olhos levaram uma eternidade para se adaptarem à escuridão, e a luz do meu fósforo não estava adiantando de nada. Eu mal via meus próprios pés, muito menos o que estava à minha frente. Eu também não estava acostumada a carregar tanto equipamento. Diminuí o ritmo, andando com cautela.

Quando o tenente Bryson percebeu que eu estava tendo dificuldades em acompanhá-lo, ele estendeu o braço, soltou a fivela da minha mochila em volta da minha cintura e colocou a mochila no ombro.

— Obrigada. Então, aonde estamos indo?

— Bom, era para irmos para a minha tenda, porque era onde você ia dormir. Mas não podemos ir pra lá, é, porque, bem... Ah, você sabe.

Depois de parlamentar com outros membros de sua unidade, o tenente Bryson finalmente me colocou numa tenda com a capitã Carmen May, uma supervisora de logística loura, de vinte e dois anos, e uma das poucas mulheres da brigada. Nós dividimos uma pequena tenda para dois ocupantes, com lugar suficiente apenas para dois catres e nossas mochilas. O espaço sob os catres era reservado às caixas de comida semipronta que, se você estiver com muita fome, pode até ser surpreendentemente gostosa. Sobretudo com molho *tabasco*.

Depois de uma semana no deserto kuwaitiano realizando os preparativos de guerra, chegou o dia da invasão, e fui enviada para me juntar aos meus verdadeiros companheiros de invasão: três engenheiros de combate dentro de um tanque blindado, que deveria fazer parte do comboio ocidental que lideraria a invasão. Nossa missão: entrar rapidamente no Iraque e tomar o campo de pouso de Tallil, proteger ou construir pontes sobre o rio Eufrates para o avanço sobre Bagdá e retirar as minas terrestres da estrada, para que as tropas atrás de nós pudessem passar em segurança.

— O quê? — gritei, quando fui informada sobre a missão.

Eu estava sentada no teto do tanque blindado, montada na torrinha que o atirador — o sargento Anthony Dobynes, comandante do veículo — usava para ver em quem precisava atirar. Fazíamos parte de um comboio compacto, de vários quilômetros de extensão, que avançava de maneira lenta e intermitente, numa formação que ia cortando as areias até a fronteira iraquiana. Diante de mim, eu podia ver a artilharia pesada em meio a uma fila luminosa de lanternas que rumavam para o norte, em direção à fronteira.

— Quando o senhor fala em "retirar as minas terrestres da estrada", como é que isso vai ser feito, na prática? — perguntei ao sargento Dobynes.

— Nós as explodimos, garota — respondeu, sorrindo.

Por toda a nossa volta, artefatos explosivos conhecidos como "miclics" — que, em linguagem militar, significava "linhas de desarmamento de minas" — estavam instalados no deserto, aguardando para detonar minas terrestres. O miclic é um foguete de treze centímetros de comprimento, montado sobre rodas e atado a um tubo, parecido com uma mangueira, de cento e cinco metros de comprimento, contendo quase oitocentos quilos de explosivos C4. Quando lançado da beirada de um campo minado, o dispositivo assovia enquanto serpenteia pelo ar por até cem metros e aterrissa inofensivamente. Então, o tubo é detonado de um tanque próximo por controle remoto, explodindo a maioria das minas na área de um raio de cem metros. E tudo o mais que tiver a infelicidade de estar nesse perímetro.

Atravessamos o deserto progressivamente rumo ao noroeste, à fronteira, ao Iraque. Parecia que não chegaríamos nunca. Parecia que chegaríamos logo. Eu estava com medo; eu estava pronta. Eu queria que aquela guerra começasse para que terminasse logo.

Tinha alguma coisa errada comigo. Eu me sentia ansiosa, rodeada de estranhos, embrulhada num macacão impermeável, empoeirada, suja, confusa. Eu estava no deserto, quando devia estar na floresta tropical. Eu me sentia um peixe fora d'água, burra, vazia. Pela primeira vez em muito tempo, senti claramente que não estava onde devia estar. Eu não devia estar no Kuwait. E, com mais certeza ainda, eu não devia estar no Iraque.

Minhas escolhas profissionais tinham me levado inexoravelmente a esse ponto. E agora eu estava no lugar errado, na guerra errada.

Na noite seguinte, minha brigada passou pela última berma no Kuwait, entrando no Iraque: a primeira das forças de invasão em massa enviadas por George W. Bush. Quarenta e cinco minutos depois, o tanque em que eu estava enguiçou na areia. O comboio de quilômetros de comprimento desviava de nós enquanto o cabo Sergio Banuelos, o motorista, tentava dar a partida no motor. Nada. O último tanque do comboio passou e o ronco dos motores desapareceu ao longe, até a noite ficar silenciosa.

— Merda! Merda! — gritou cabo Juanita Santana.

Da cadeira do atirador, o sargento Dobynes, comandante do tanque, pulou na areia pela abertura do teto. Ele e o cabo Banuelos tentaram fazer o veículo de dezesseis toneladas dar a partida. Lá dentro, cabo Santana continuava gritando:

— Merda! Merda!

Me encolhi num canto do interior apertado do veículo com o coração quase saindo pela boca. Mas que espécie de unidade mixuruca era essa? Eu não estava acreditando que nós tínhamos mesmo enguiçado assim que atravessamos a fronteira. E que o comboio tivesse simplesmente nos deixado para trás.

— Mas que merda! — gritou novamente cabo Santana.

Cabo Santana era uma mulher pequenina da República Dominicana, que tinha um sotaque forte. Normalmente era calma e discreta, mas estava claro que podia ficar irritada. Ela escancarou a porta traseira, agarrou o seu M-16 e pulou na areia. Então, virou-se para mim e me fitou.

— Você não tem uma arma? — perguntou.

Fiz que não com a cabeça.

Ela ficou revoltada.

— Não acredito que você não tenha uma arma.

E, com isso, armou e travou sua arma, e ficou andando de um lado para o outro diante do nosso tanque.

A noite estava feericamente calma. E fria de rachar. Peguei meu caderno de anotações e saí do veículo. Na dianteira, o sargento Dobynes e o cabo Banuelos continuavam trabalhando no motor. Havia uns resmungos intermitentes, seguidos de "Porra!" e "Merda!".

Andei alguns metros de distância do tanque, e aí lembrei que devíamos estar em campo minado. Rapidamente dei meia-volta, retornei ao veículo e me debrucei sobre a sua lateral, onde abri o caderno que tinha nas mãos. Risquei um fósforo e comecei a escrever.

"*Quarenta e cinco minutos de invasão e já estamos encrencados.*"

De repente, cabo Santana começou a gritar novamente.

— O inimigo está atrás de você!!! O inimigo está atrás de você!!!

Ai. Meu. Deus.

O sargento Dobynes e o cabo Banuelos tiveram um sobressalto. Mergulhei pela porta traseira para dentro do tanque em busca do meu colete à prova de balas. Mas por que cargas d'água eu tinha tirado aquilo? Com as mãos trêmulas, tentei colocar o colete. Agora, dava para ouvir o som do motor que se aproximava, e o que parecia um enorme tanque estacionava atrás de nós.

Eu não podia acreditar que estava prestes a ser levada como prisioneira, ou pior, somente quarenta e cinco minutos depois de iniciada aquela invasão imbecil. Verifiquei se a palavra *IMPRENSA*, na frente do meu colete, aparecia com nitidez. Será que ajudaria ou atrapalharia?

O tanque gigantesco parou bem atrás do nosso veículo. Dele, saíram quatro gatos-pingados do Exército americano enviados para nos resgatar. O grande tanque que estavam dirigindo era, na verdade, um veículo blindado de resgate, de cinquenta e seis toneladas, chamado M88. O que o cabo Santana vinha gritando era, na verdade, "O eme oitenta e oito está atrás de você!".

O meu coração levou uma meia hora para parar de bater desatinado. E aquela era apenas a primeira noite da guerra!

O M88 teve que rebocar o nosso tanque em pane durante doze horas, uns cem quilômetros, pelo deserto, até alcançarmos o comboio principal, que havia se agrupado num local que os estrategistas de guerra do Pentágono haviam escolhido. O local foi chamado de Área de Ataque Barrow. Ao entrarmos no perímetro de segurança, uma mina terrestre explodiu, arrancando a traseira de um jipe que teve a infelicidade de passar por cima dela.

O meu curso de treinamento havia dedicado uma semana inteira ao aprendizado sobre como se safar de situações perigosas. Infelizmente, a lição número um, de acordo com os ex-fuzileiros navais britânicos que ministraram o curso, era: "Minas terrestres: nem pense em chegar perto."

Como isso já não era mais possível, pulei imediatamente para a outra lição que aprendi no curso de treinamento, sobre como conseguir sair vivo de um campo minado. Congelei, e recusei-me a dar um passo a mais sequer. Tentei até não respirar.

— Garota, do que é que você está com tanto medo? — perguntou o sargento Dobynes, rindo. — Vamos dar ré por onde viemos e sair desse campo minado logo, logo.

Na verdade, o Exército nos fez ficar no campo minado durante as seis horas mais longas da minha vida. De onde eu fiquei, agachada dentro do meu veículo, dava para ver duas minas despontando fora da areia.

Peguei o meu telefone Thuraya e disquei. Mamãe atendeu no primeiro toque.

— Vocês tão atravessando a fronteira do Iraque? — perguntou ela.

— Como é que cê sabia que era eu?

Eu podia vê-la revirando os olhos lá do outro lado do Atlântico, onde eu sabia que ela vinha esperando ao lado do telefone pela minha ligação. Ela tinha permanecido em Providence durante quatro anos, depois que eu fui embora para trabalhar no *Wall Street Journal*, e se mudado para um pequeno conjugado na mesma rua do meu antigo apartamento. Mamãe continuou trabalhando como assistente de enfermagem, e mandou dinheiro para a Marlene até ela se formar na faculdade. Eu lhe mandei cartões-postais de Istambul, Pequim e Estocolmo, e ligava a cada dois ou três dias. Quando eu enviava as minhas matérias de Repórter Errante, mandava sempre uma cópia para a Marlene, já que mamãe não tinha e-mail. Quando a Marlene se mudou para a região de Washington depois de se formar, mamãe a seguiu. Agora, todas morávamos no mesmo bairro, a três quilômetros de distância uma da outra. Foi o mais perto que conseguimos chegar de um Composto Cooper nos Estados Unidos.

— Querida, ainda bem que é você, senão eu te matava por demorar tanto tempo pra ligar.

— Eu tô bem, tá tudo bem — falei rindo, decidindo não mencionar as duas minas terrestres que estavam olhando para mim a poucos metros de distância. — A gente tá descansando um pouquinho, depois vamos pruma base aérea, de noite, mas num posso dizer onde, porque num posso divulgar o nosso plano secreto de batalha!

Prometi à mamãe que ligaria no dia seguinte e me despedi.

Consegui falar com a Marlene no seu celular, no lago de Washington, onde estava pescando com o namorado, Aleks. Marlene parecia calma. Resolvi lhe dizer isso.

— Você parece calma.

— Calma? — começou a gritar. — Calma? Como é que cê quer que eu fique calma com você aí no Iraque?

Encerrei a conversa rapidamente e desliguei.

Finalmente, começamos a nos deslocar para fora do campo minado, pelo caminho que viéramos. Quando nos retiramos do campo, nosso comboio parou e enfim saí de dentro do tanque, trôpega. Por toda a volta, os soldados caminhavam ao redor de seus tanques e jipes, preparando-se para o ataque noturno a Al-Nassíria — primeira cidade no caminho para Bagdá.

O meu veículo ainda estava sendo rebocado pelo M88. Peguei minha mochila, meu laptop e o resto da parafernália.

— Não vou chegar a Bagdá atrás de reboque coisa nenhuma — anunciei.

Em uns quinze minutos eu tinha me instalado no banco traseiro de um jipe, com o capelão da unidade, David Trogdon, e seu motorista, Kyle Miller. Estávamos no final do comboio, que começou a se deslocar lentamente para o norte, preparando-se para enfrentar a 11ª Divisão de Infantaria do Iraque, que estava protegendo Nassíria, o campo de pouso de Tallil e uma ponte sobre o rio Eufrates.

Estava escuro e nós viajávamos apagados, sem as luzes dos faróis, para que os iraquianos não nos vissem. Todos colocaram binóculos de visão noturna, que facilitam a visibilidade, embora deem ao ambiente um tom esverdeado. Eu nunca tinha visto antes, de perto, o bombardeio de uma cidade, e essa visão deixou meu coração disparado. Uma explosão ao longe criou uma imensa bola de fogo.

— Quem fez isso? — gritei para o capelão Trogdon. — Nós ou eles?

— Nós estamos fazendo isso com eles.

Nas proximidades, soldados americanos lançaram uma torrente de granadas 155mm sobre tropas iraquianas a uns quatorze quilômetros. Houve uma conversa frenética pelo rádio. "Não parem! Não parem! O comboio tem que continuar avançando!" A mensagem era clara: se o comboio parasse enquanto bombardeava as posições iraquianas, se tornaria um alvo fácil.

Então, o comboio parou.

Durante uns quinze minutos, ficamos parados em fila na areia. Dentro do jipe, ninguém dizia uma palavra. No rádio, a algazarra continuava: "Vocês têm que continuar avançando!"

Finalmente, retomamos nosso avanço. Sete explosões estrondosas e ensurdecedoras se sucederam à nossa esquerda. Ao volante, o motorista Miller começou a festejar.

— O MLRS! — gritou, batendo palmas.

Tínhamos acabado de usar o Sistema de Lançamento de Foguetes Múltiplos para lançar doze foguetes contendo bombas de estilhaço sobre os iraquianos. Ao aterrissarem, as bolas de fogo explodiram uma após a outra.

Tentei me desligar da alegria do motorista e do barulho das explosões. Minhas mãos suavam e eu estava ficando nervosíssima. Como será que uma pessoa se sente sendo o alvo de toda essa dinamite?

Assim que esse pensamento passou pela minha cabeça, nosso jipe se partiu ao meio com um impacto fulminante e violento.

Fomos atingidos.

A primeira coisa que me veio à mente não foi um pensamento, foi dor. Uma dor súbita, aguda, insuportável nas minhas costas, tão intensa que eu tinha certeza de que estava mortalmente ferida. Minha cabeça foi esmigalhada contra minha coluna. Eu não conseguia respirar. Havia gritaria lá fora. Levei um bom tempo para perceber que eu era a única ocupante do que havia sobrado do jipe; não sei como, o capelão e o motorista tinham desaparecido. Eu estava sentada no banco traseiro, mas agora minha cabeça estava presa ao volante. Havia um peso esmagador sobre as minhas costas.

Lá fora, gritos.

—Tirem-na daí!

A única parte do meu corpo que eu conseguia mexer eram os meus dedos, que estavam presos nas minhas calças. Senti um líquido morno escorrendo pelo meu macacão. Então, alguém estendeu a mão para me tocar. Depois, outro grito.

— Evacuar! Evacuar! Ela está perdendo sangue! Ela está perdendo sangue!

— Não consigo me mexer! — gritei.

Eu percebi lentamente que ainda não estava morta. Nós não tínhamos sido atingidos por uma bomba iraquiana. Um tanque, um dos nossos, tinha atropelado o meu jipe, esmigalhando o veículo, me prendendo contra o volante. O capelão e o motorista, nos bancos dianteiros, foram ambos impelidos para fora no momento em que o carro se retorceu. Eu não tive tanta sorte.

Será que não? Depois do que pareceram horas, mas que não durou mais do que uns cinco minutos, alguém imaginou que, como o tanque não tinha sofrido nem um arranhão, eles poderiam simplesmente dar ré para tirá-lo de cima de mim. Um enorme peso foi retirado das minhas costas quando o tanque recuou. Eles me puxaram para fora dos destroços do jipe e me deitaram de costas na areia. Alguém começou a me examinar.

E, nesse momento, deitada na areia do deserto, com o macacão encharcado do que se revelou ser óleo, e não sangue, pensei na Libéria.

Eu não devia morrer aqui, pensei. Que lugar mais estúpido para se morrer! Que guerra estúpida na qual morrer!

Se for para eu morrer numa guerra, que seja no meu próprio país. Eu devia morrer numa guerra na Libéria.

Cartuchos de bala, Monróvia

Monróvia, setembro de 2003

Olhando para baixo, do meu voo da Ghana Airways sobre a densa e verde floresta tropical que circunda Robertsfield, eu só conseguia ver mata.

Na edição de 2003 dos *Lugares mais perigosos do mundo*, Robert Young Pelton listou por ordem de periculosidade vinte e quatro países e regiões que considerou como os menos seguros do planeta. A nota mais alta, cinco estrelas, era atribuída a três lugares ruins o suficiente para merecerem o rótulo de Apocalipse Now.

Chechênia, Colômbia e Libéria.

O capítulo de Pelton sobre a Libéria é uma sinopse sucinta e simplista dos pontos baixos da história da Libéria, com ênfase especial para os anos após a destituição do Povo Congo do poder. Ele incluiu os vários nomes pitorescos dos "generais" rebeldes liberianos, como general Butt Naked ("Bunda de Fora"), general Fuck-Me-Quick ("Me Fode Rápido") e general No-Mother-No-Father ("Sem Mãe Nem Pai"). O general Butt Naked liderava a Brigada Butt Naked de soldados mirins, muitos dos quais eram meninos sequestrados que ele acabou matando mais tarde. Sua indumentária de guerra incluía tênis, pistola e, às vezes, uma bolsa de mulher; fora isso, ficava nu. Já seus soldados usavam geralmente roupas femininas, vestidos de noiva e perucas louras. O general contou a jornalistas que nadava em lagoas em que crianças estivessem brincando, mergulhava na água, agarrava uma delas, levava-a para longe e quebrava seu pescoço. Pelton resumiu:

Chamar o que aconteceu na Libéria dos anos 1990 de "guerra civil" é lhe atribuir organização e propósito inexistentes... A realidade é que aldeães foram massacrados por milícias tribais que, como os cães com a urina, marcavam o seu território com os crânios de suas vítimas.

Em setembro de 2003, Charles Taylor — o último homem forte a chacinar a Libéria; o arquiteto de três guerras civis, na Costa do Marfim, em Serra Leoa e na Guiné; o homem que fez campanha para as eleições presidenciais liberianas de 1997 usando o slogan "Ele matou minha mãe, matou meu pai, mas vou votar nele mesmo assim" — tinha acabado de deixar o país devido ao seu desejo incontrolável de permanecer vivo. Soldados rebeldes tinham chegado a Monróvia, uma força anêmica (e, no entanto, aos olhos dos liberianos, temível) de trinta e dois fuzileiros navais norte-americanos tinha desembarcado em Mamba Point, e quase cinco mil tropas de forças de paz da África Ocidental tinham sido acionadas. A Nigéria ofereceu a Charles Taylor uma saída segura de Monróvia. Em 11 de agosto, ele aceitou c partiu. A Libéria começava o seu vigésimo primeiro cessar-fogo desde que Taylor havia começado sua guerra, em 1989.

A única maneira de se chegar ao Aeroporto de Robertsfield era através de um dos países vizinhos do oeste africano. Voei de Washington para Acra, em Gana, onde passei a noite, antes de retornar ao aeroporto três horas antes de pegar o voo para Robertsfield, que deveria partir naquela manhã — era o que se tinha que fazer em Acra quando se pretendia pegar um avião. Havia uma grande multidão de liberianos ao redor do guichê da Ghana Airlines implorando para ser atendida. Fazia um calor de 32°C, mas uma mulher atrás de mim na fila estava usando um casaco de pele. Outra estava usando uma indumentária completa para o culto de domingo, com direito a chapéu roxo com penas, véu sobre a testa e sapatos de couro preto de salto alto. Todos, exceto eu, estavam arrumadíssimos. Sandálias de tirinhas de salto alto, saias justas feitas de tecidos coloridos "Made in Liberia" e um punhado de saias e vestidos rodados típicos.

A maioria dessas pessoas provinham de campos de refugiados em Gana, e estavam retornando à Libéria.

Fui imediatamente engolida pelo empurra-empurra e pela onda de inglês liberiano. Tentei assumir a minha atitude de repórter, em que me diluo, observo e ouço, mas não falo. Porém, era difícil não participar da confusão quando o som tão dolorosamente familiar do inglês liberiano estava por toda parte.

O voo estava atrasado, embora a vendedora de passagens da Ghana Airlines estivesse, inexplicavelmente, dizendo a todos que o avião já tinha decolado. Logo identifiquei alguém que eu conhecia. Aumuo Abdallah, a irmã caçula de Cherif Abdallah — a antiga paixão da Eunice.

— Como você cresceu! — falei admirada, para depois me sentir uma completa idiota.

Conversamos na fila, elogiei seus sapatos. Ela estava vestida de maneira mais informal do que o resto dos passageiros, com jeans de grife e sandálias de salto alto, mas, mesmo assim, me colocava no bolso com as minhas pesadas botas Timberland e calças cargo.

Finalmente, Aumuo e eu chegamos até o guichê.

— O avião já decolou — anunciou a atendente, olhando-nos acidamente.

Um dos homens do grupo de refugiados se aproximou de mim por trás.

— O avião num decolou coisa nenhuma. Essa mulher tá falando bobagem.

Depois de dez minutos de discussão com a atendente, ela conveio, finalmente, que o avião de fato não havia decolado ainda, deu a mim e a Aumuo nossos cartões de embarque e levou nossa bagagem para o *check--in*. Tive medo ao lhe entregar minha sacola de viagem; ela continha coisas que, de repente, se tornaram importantes e queridas para mim. Também continha o meu colete à prova de balas da Guerra do Iraque. Com ou sem cessar-fogo, a Libéria ainda era uma zona de guerra, por isso eu o tinha levado comigo.

— Isso aqui é uma loucura — murmurei para Aumuo.

Aumuo riu e mostrou, com um gesto, o caos à nossa volta.

—Tá vendo isso? Multiplique por dez quando chegar a Robertsfield.

Todos sabiam que Robertsfield estava sendo controlado por gangues de rebeldes e soldados do governo que circulavam pelo aeroporto extorquindo dinheiro dos passageiros recém-chegados. Ninguém com o mínimo de juízo passava por lá sem algum tipo de proteção. O *Washington Post* tinha, havia apenas uma semana, descrito a situação como um "tornado de agressões".

O avião finalmente apareceu, com quatro horas de atraso, por volta das 15h30. Estávamos no aeroporto havia sete horas. Aumuo e eu nos aproximávamos do início da fila quando outra conhecida, Rose Tolbert, veio até nós, seguida por um homem de aspecto estranho. Ele se apresentou, com um sotaque americano, como Alex St. James. Usava um terno azul-marinho de duas peças de homem de negócios, caro, que parecia incongruente em meio ao mar de roupas liberianas coloridas que nos cercavam no saguão de embarque.

— O que você faz? — perguntei-lhe.

— Não posso dizer. Sei que você é jornalista.

Aumuo parecia fazer um esforço enorme para não rir. Não levou muito tempo para descobrir que ele era um liberiano que tinha partido em 1979 e voltado como parte da equipe política de Nat Barnes, o ex-ministro das Finanças de Charles Taylor que estava, agora, concorrendo à presidência da Libéria.

Diferentemente de mim, Alex St. James tinha perdido, ou parecia ter perdido, todo o seu inglês liberiano. Parecia um peixe fora d'água, falando com sotaque americano, vestido como um gerente de investimentos de banco americano. Não que eu pudesse criticá-lo; eu também parecia americana com a minha vestimenta do Iraque, mas pelo menos eu ainda sabia falar inglês liberiano.

— É melhor ele parar com esse sotaque americano — sussurrei para Aumuo.

No avião, Alex St. James sentou na primeira classe e, numa atitude típica dos homens liberianos, mandou a aeromoça vir nos oferecer um pouco de vinho na classe econômica.

— Não, obrigada — pronunciei com cuidado, para imediatamente lamentar, quando vi a aeromoça servindo uma taça de vinho branco para Rose, que tinha aceitado.

Os refugiados que estavam voltando para casa falavam alto. E o avião não parou de fazer um barulho que parecia com uma buzina de carro. "Bip, bip."

Do outro lado do corredor, um homem explodiu:

— Ei, cês tão tocando a buzina no ar? — gritava. — Adeus, Gana! Fica aí com esse teu país mesquinho. A gente tá voltando pra casa!

O voo durou menos de uma hora. Fiquei com o rosto grudado na janela enquanto descíamos na Libéria. Era verde, exuberante e completamente desabitada. Ondas brancas e ferozes do Atlântico quebravam na praia.

— Num tem casas lá embaixo. Só árvores — murmurou uma mulher atrás de mim.

Era exatamente isso que eu estava pensando. A descida rumo a Robertsfield parecia um retrocesso no tempo, e não um avanço. Não havia novos prédios, casas ou os sinais normais de progresso quando se retorna a um lugar depois de muito tempo fora. Somente uma selva verde e densa, e ondas brancas no mar.

Meu coração estava na boca. Eu estava, finalmente, fazendo uma coisa que eu sabia que devia ter feito um milhão de vezes antes. Todas as vezes que eu tinha entrado num avião para Genebra, para cobrir reuniões de comércio para o *Wall Street Journal*, ou embarcado para uma viagem a Londres para visitar amigos no fim de semana, ou planejado passeios pelo rio Amazonas, eu devia ter vindo para cá, para a Libéria.

Eu devia ter vindo para cá, para a Libéria, para encontrar a Eunice.

O que restava de Robertsfield finalmente surgiu, quase invisível em meio à tempestade torrencial. Não parecia tão ruim quanto eu tinha imaginado. Havia um velho avião soviético enferrujando na pista de pouso, alguns galpões de telha ondulada e várias construções inacabadas. O avião taxiou pela pista até finalmente parar, soando o sinal para soltarmos os cintos. Imediatamente houve um tumulto no corredor. Depois ficamos parados, amontoados, durante quinze minutos, enquanto os funcionários do aeroporto traziam as escadas até o avião. Meu coração batia disparado. Finalmente a aeromoça abriu a porta.

Minha garganta captou o aroma das fogueiras de carvão em brasa misturado ao da umidade da chuva. Descendo os degraus, eu inspirava profundamente, temendo me habituar rápido àquele cheiro e acabar deixando de percebê-lo. Enchia minha garganta, meu corpo todo, com uma familiaridade dolorosa.

Corremos debaixo de chuva até o que estava fazendo as vezes de terminal de chegada, onde uma multidão de pessoas, todas tendo subornado alguém para poder passar pela segurança do aeroporto, aguardavam para encontrar com os indivíduos responsáveis pela "segurança" para passá-las pelo setor de imigração liberiano. Alguns soldados usando os uniformes verdes das forças de paz da África Ocidental perambulavam a esmo.

Eu tinha pedido a uma amiga da família, Marie Parker, que enviasse alguém para me ajudar a passar por Robertsfield. O senhor Green estava segurando uma folha com o meu nome escrito. Corri até ele e o abracei — eu jamais o vira na vida —, feliz por não ter que passar pela imigração sozinha.

Ele me empurrou até um escritório, onde já tinha dado um dólar a um funcionário para que carimbasse o meu passaporte. Olhei para o carimbo.

— Por que está escrito quarenta e oito horas? — perguntei. — Eu tenho um visto de seis meses da embaixada da Libéria em Washington.

O funcionário sorriu para mim.

— Esse é só o seu visto de entrada. Agora a senhora precisa ir à imigração de Monróvia para o seu visto de permanência. — Ele olhou para mim. — A senhora num é americana.

— E daí?

— E daí que eu quero saber o que a senhora trouxe pro seu compatriota.

O senhor Green me empurrou através da multidão até a porta da alfândega. Um sujeito baixo e magrinho, usando uma camisa faltando três botões e short rasgado, sem sapatos, correu até a porta, bateu-a bem na nossa cara antes de conseguirmos entrar e fechou a tranca atrás de si.

— Você não tá lembrado da gorjeta que eu te dei? — perguntou o senhor Green.

O sujeito sorriu e abriu a porta.

Surpreendentemente, minhas sacolas de viagem haviam chegado ao setor de bagagens — um pequeno depósito quente e abafado, lotado de passageiros, funcionários do aeroporto e vários desocupados, todos gritando uns com os outros. Apontei a sacola azul para o senhor Green, que a pegou. Eu peguei a sacola verde, cheia com o seu precioso conteúdo.

Xampu e condicionador da Pantene, loção de amêndoas da Jergens, apliques de cabelo Optima, gel de banho e ducha. Eram para a Eunice. Eram as mesmas coisas que eu sempre levava para ela quando éramos meninas e a deixávamos em Sugar Beach durante nossas férias na Espanha; as mesmas coisas que eu tinha mandado para ela quando mamãe voltou para a Libéria.

Eu estava torcendo para que ela ainda quisesse aquelas coisas.

Uma mulher uniformizada se aproximou.

— Prove que essa bagagem é sua — disse ela.

Eu mostrei as etiquetas de embarque.

— Essas etiquetas são falsas.

Ficamos num impasse. Se ela estava achando que ia ficar com as minhas malas, estava completamente enganada. Eu ainda estava espantada com o fato delas terem conseguido chegar intactas até o setor de bagagens. Não havia a menor possibilidade de eu ficar sem as minhas malas agora.

— Essas etiquetas são falsas — repetiu ela.

A mulher esticou o braço para tentar pegar minha sacola. Dei um empurrão no seu braço. Então, de repente, uma briga começou do lado esquerdo da mulher da alfândega. Enquanto ela virava a cabeça para ver o que estava acontecendo, o senhor Green arrancou a sacola verde de mim e saiu correndo. Corri atrás dele carregando o meu laptop debaixo do braço.

— Sacki, vamos embora, vamos embora! — disse o senhor Green ao motorista ao sairmos do terminal.

Sacki pulou de cima da divisória de concreto, onde estava sentado, e correu para um Mitsubishi Pajero, dando a partida imediatamente. Jogamos as sacolas dentro do carro e saímos cantando pneu de Robertsfield, deixando uma nuvem de poeira atrás de nós.

Bem-vinda ao lar.

No caminho de Robertsfield para Monróvia, crianças corriam para a beira da estrada enquanto passávamos, vindo de aldeias formadas por pequenas cabanas. Eram mais sujas e tinham um ar mais desesperado do que as crianças nativas da minha infância. A mata estava verde, inacreditavelmente verde. Havia grandes clareiras, onde árvores tinham sido cortadas por pessoas esfaimadas procurando alguma coisa para comer ao longo das várias guerras. Depois de uns trinta minutos chacoalhando pela estrada, tentando evitar as crateras gigantes, chegamos à curva que levava ao que já fora, um dia, a estradinha para Sugar Beach. Sempre fora impossível ver a casa da estrada principal; e ainda era. Mas, com a curva na estrada cercada de mato e videiras crescendo desordenadamente, mal dava para dizer onde a estradinha começava. O coqueiro de três galhos que eu costumava usar como referência não existia mais.

O senhor Green virou-se para trás e olhou para mim, encolhida no canto do banco traseiro.

— Sua família não tinha uma casa por ali?

Fiz que sim com a cabeça, mas não disse nada.

Passamos pelo antigo posto de gasolina do papai, agora uma delegacia de polícia cheia de marcas de balas. Depois, pela ELWA, pela estação de rádio da missão cristã. Na virada de uma esquina, à direita, o estádio liberiano de futebol, agora transformado em campo de refugiados de guerra. À esquerda, diante de um casebre de folhas de zinco, uma garotinha gorducha, com os cabelos despenteados e uma barriga protuberante, estava dentro de uma pequena bacia de plástico amarela. Ela brincava com a água, jogando-a para cima com as mãos, gritando e rindo sem parar. Atrás dela, uma jovem estava sentada numa cadeira, esfregando as costas da menina com uma esponja cheia de sabão. A cena doméstica era incongruente em meio aos destroços de guerra.

A bifurcação de Paynesville me pegou de surpresa, surgiu diante de mim antes que eu percebesse que tínhamos chegado. Não tinha um sinal de trânsito antes? Chegar à bifurcação de Paynesville sempre fora um ponto crucial no trajeto entre Sugar Beach e a cidade; era um sinal de que a civilização estava logo depois da esquina. Ela costumava anunciar o início do centro populacional de Monróvia, com o mercado fervilhante do outro lado do cruzamento, e os dois postos de gasolina ávidos por negócios, cada um de um lado da estrada.

Mas, agora, não havia mais postos de gasolina, só mais desabrigados, dormindo no chão de cimento, sentados em caixas de papelão, à toa, gesticulando para os carros que passavam.

Viramos à esquerda na bifurcação para Paynesville e rumamos para a Cidade do Congo. Onde estavam as palmeiras? Caímos num buraco no meio da estrada e quiquei no meu banco, encolhendo-me no momento do impacto. Então, chegamos à Cidade do Congo. Olhei atentamente para a esquerda, tentando enxergar nossa antiga casa, mas ela ficava numa estrada secundária da Cidade do Congo, e não dava para ver a casa da estrada principal.

Aí, finalmente chegamos à Tubman Boulevard, a caminho do que restara da nossa capital.

Mesmo ignorando os danos causados pela guerra — os buracos de bala e de artilharia nos prédios e nas casas, os cartuchos vazios na beira da estrada, os campos de refugiados, os postos de controle dos soldados das forças de paz —, Monróvia parecia um inferno. O país não tinha eletricidade nem água corrente desde 1992. As ruas da cidade estavam entulhadas de lixo, cheias de gente andando a pé, fugindo dos combates ao norte da cidade. Enquanto passávamos, órfãos de guerra magricelos, com olhos imensos no rosto encovado, corriam até o carro com as mãos estendidas e abertas.

Eu tinha um sobressalto cada vez que uma criança corria até o Pajero, que, assim como os demais carros na estrada, estava indo rápido demais para conseguir parar caso uma delas escorregasse e caísse. Nenhum dos sinais de trânsito de Monróvia estava funcionando, por isso nós só paramos quando passamos por *blitzen* militares. Todas as vezes em que isso aconteceu, rapazes vieram empurrando senhoras idosas e doentes dentro de carrinhos de mão, ou em carrinhos de supermercado, até o nosso carro, com as mãos estendidas. Tanto o senhor Green quanto Sacki os ignoraram.

O odor de urina, lixo e carcaças de animais apodrecendo impregnou o meu nariz. Mas também havia aquele aroma de que eu tanto gostava, de capim queimado e de carvão em brasa.

Enquanto Sacki dirigia, eu bebia a paisagem, como se eu mesma fosse uma refugiada esfomeada.

Lá estava a Primeira Igreja Metodista Unificada, inaugurada em 1822, com um buraco na parede lateral, onde um foguete a havia perfurado. Lá estava o Composto Parker, onde Philip e Richard moraram e eu tive aulas de piano. As quatro casas estavam com a tinta descascando e os telhados despencando. Três delas tinham sido pilhadas e deixadas no osso, à medida que as pessoas foram arrancando todo e qualquer material que poderia lhes ser útil. Lá estava a Sorveteria da Sofia, coberta de videiras.

A fachada com respingos azuis do Cinema Relda ainda estava lá, assim como o cartaz escrito "RELDA". Mas o telhado tinha afundado. Ainda assim o cinema parecia constituir o centro da ação de Monróvia. O estacionamento na frente do Relda estava cheio de desabrigados, alguns remexiam nas pilhas de lixo, outros só ficavam sentados à sombra da fachada do prédio.

Eu estava em casa, e a minha casa era o inferno.

Mas mesmo assim...

Tinha outra coisa também. Orgulho. Não do que Monróvia tinha se tornado, mas do fato de que ela, de alguma maneira, ainda estivesse lá, como prova de que eu vinha de algum lugar.

Senhor Green e Sacki me levaram ao Hotel Mamba Point, onde a maioria dos jornalistas que cobriam a guerra liberiana estavam hospedados. Era próximo da embaixada americana e tinha um gerador de energia, por isso geralmente tinha luz. O proprietário era libanês, e sabia como atrair jornalistas numa zona de guerra: com um bar de respeito. Havia um bando de sujeitos da ONU e de ONGs reunidos no pátio quando eu cheguei.

O recepcionista do balcão chamou um carregador para levar minhas malas. Depois de colocá-las no chão do meu quarto no segundo andar, o carregador deu meia-volta para ir embora.

— Espera. Aqui tem um trocado pra você — falei, procurando uma nota de cinco dólares dentro da bolsa.

O carregador me olhou surpreso. Eu sabia o que ele estava pensando. Eu parecia uma jornalista americana — nenhuma liberiana que se desse ao devido respeito usaria botas de caminhada —, mas como é que eu falava inglês liberiano?

— Dona, como é que a senhora se chama?

— Helene Cooper.

Ele sorriu, virou-se e saiu do quarto, fechando a porta delicadamente. Sentei-me na cama, finalmente só, e respirei fundo.

Nas últimas semanas, eu tinha me refugiado nas formalidades: marcando o voo, arrumando um lugar para ficar, conseguindo um visto liberiano, providenciando um carro, programando o meu telefone via satélite de modo que funcionasse com o meu novo laptop — o antigo tinha sido esmigalhado no meu acidente com o jipe, no Iraque — e até pagando o carregador havia uns instantes. Mas agora tinha cada vez menos tarefas a cumprir entre aquele exato momento e o que eu tinha que fazer.

Enrolei durante mais um dia, usando a desculpa de precisar encontrar um carro com motorista para a minha estada na Libéria. Passei o dia fazendo o que todos fazem em Monróvia: andando de um lado para o outro. Primeiro, para encontrar alguém disposto a me alugar um carro (quarenta dólares por dia). Depois, na imigração, para conseguir o visto de permanência. Na operadora telefônica, para comprar um chip para o meu novo celular, utilizável somente na Libéria. A Libéria não tinha linhas telefônicas fixas; assim, o celular era a única maneira de se comunicar por telefone. Carregar o celular significava encontrar alguém com um gerador.

Depois de um dia inteiro disso, eu estava exausta quando voltei para o hotel, onde o recepcionista me entregou um bilhete.

— Aquele cara, o Parker, veio ver a senhora.

Abri um sorriso enorme, sentindo-me, por um momento, como se tivesse novamente treze anos de idade. Philip e eu tínhamos mantido contato ao longo dos anos; e Richard, o irmão do Philip, que morava em Gana, ainda era um dos meus melhores amigos. Aliás, eu tinha passado uma noite na companhia do Richard em Acra, a caminho da Libéria.

Liguei para o Philip.

— Cooper! — gritou ele ao telefone.

Combinamos de jantar juntos naquela noite. No meu quarto, peguei meu estojo de maquiagem no fundo da sacola. Franzi a testa. Onde é que eu estava com a cabeça quando fiz as malas? Eu só tinha levado delineador e batom. Cuidadosamente, coloquei ambos e encaracolei os cabelos com o meu modelador de cachos. Depois, desci para o bar do hotel, onde esperei pela chegada do Philip. Eu não tinha como rivalizar com a maioria das mulheres liberianas no bar, que usavam saltos altos e saias apertadas. Os meus vinte e três anos nos Estados Unidos tinham me feito esquecer um princípio fundamental para toda mulher liberiana: arrumar-se com esmero.

Mas pelo menos eu tinha trocado as minhas botas de caminhada pelas sandálias Teva. E felizmente eu tinha ido à pedicure antes de deixar os Estados Unidos, pensei, olhando para as unhas vermelhas dos meus pés.

De repente, o Philip estava parado diante de mim, sorrindo. Ele estava com a mesmíssima cara. Estava usando jeans e uma camisa de manga vinho, e seus olhos sorriam enquanto pegava as minhas mãos e me dava dois beijinhos.

— Oi, Cooper.

— Oi, PC.

Senti o sorriso brotar no fundo do estômago, e logo estava estampado no meu rosto.

Naquela noite, durante o jantar, tivemos a nossa primeira conversa de verdade, não entre uma adolescente e o seu ídolo, mas entre dois adultos.

Philip não tinha dado as costas para a Libéria, apesar de seu pai ter sido executado. Ele e Richard deixaram o país logo depois de nós, e Philip tinha ido cursar a faculdade de engenharia na Universidade de Massachusetts, em Amherst. Depois de se formar, tinha voltado para a Libéria. Ele nunca duvidara de que o seu lugar fosse a Libéria.

— Mas como você consegue viver aqui, sabendo o que eles fizeram com o teu pai?

Philip perdeu o entusiasmo e ficou quieto. Tive medo de ter ido longe demais. Eu o tinha encontrado várias vezes ao longo dos anos em suas viagens aos Estados Unidos, mas eu nunca tinha falado com ele sobre a execução.

Finalmente, Philip começou a falar. Disse que, em 1984, depois que retornou à Libéria, foi à igreja com a mãe. O então presidente Doe, que tinha executado o seu pai na praia, entrou na igreja com os seus seguidores e sentou-se quatro fileiras à sua frente. Durante mais ou menos uma hora, Philip ficou paralisado, consumido de raiva. Na época com vinte e um anos, queria pular por sobre os bancos e arrebentar a cara do Doe. Estava cheio de uma raiva tão intensa que não conseguiu se mexer.

Mas "em algum momento durante o culto religioso, percebi que eu tinha que deixar isso pra trás. Eu queria muito viver na Libéria. Aqui eu não sou só um número no serviço de assistência social. E eu sabia que não conseguiria viver aqui se deixasse essa raiva me consumir".

Olhei para ele com admiração. Eu não tinha desperdiçado a minha primeira paixão com alguém que não valesse a pena.

— Mas e aí, Cooper, o que foi que fez você voltar pra casa? Tá fazendo uma reportagem?

— Num sei bem — comecei, mas parei. Eu não sabia o que dizer. Finalmente, murmurei: — É, uma reportagem.

Naquela noite, voltei para o meu quarto de hotel e fiquei sentada na cama de novo. Minhas entranhas estavam em rebuliço. Enchiam a minha mente imagens de mim mesma aos treze anos, nos meses que antecederam o golpe, antes de tudo mudar definitivamente.

Chega de enrolar. Estava na hora de ir procurar a minha irmã.

Uma semana antes, eu tinha ligado de Washington para a sede da Bridgestone Firestone, em Nashville. Eles anotaram o meu telefone e disseram que o transmitiriam para o gerente da fazenda da Firestone na Libéria. No dia seguinte, eu estava pegando a estrada, saindo do estacionamento perto da minha casa na Virgínia, quando o meu celular tocou. Era o gerente da fazenda da Firestone. Comecei a tremer, e parei o carro no acostamento.

— Estou procurando Eunice Bull — disse eu.

— Sim — disse ele lentamente. — Eunice não está aqui no momento.

Ele usou o presente do indicativo. Tinha tanto ruído na ligação que era quase impossível entender.

— Sou a irmã dela! — gritei. — Diz pra ela que a irmã dela está voltando pra casa!

Assim que desliguei, liguei para a Marlene. Durante todo aquele tempo, a Marlene tinha se angustiado com a Eunice muito mais do que eu. Alguns meses antes, a Marlene tinha ligado para mim no trabalho de manhã, chorando. "Não consigo parar de pensar na Eunice", disse.

Sentada no acostamento da estrada com o celular no ouvido, ouvi o telefone chamando. Quando Marlene atendeu, gritei:

— Ela tá viva!

— O quê? Não tô conseguindo ouvir.

— A Eunice tá viva!

O trânsito gritava ao meu lado, na estrada, mas do outro lado da linha só havia silêncio. Então, finalmente, Marlene disse:

— Sério, Helene, você tem que voltar pra casa.

Na minha segunda manhã na Libéria, coloquei as coisas que eu tinha levado para a Eunice na minha mochila e fui encontrar o motorista no estacionamento do hotel. Era um jovem magro de vinte e oito anos de idade chamado Ishmael Morris. Eu estava determinada a mostrar para o Ishmael que não acreditava em diferença de classes, e o convidei para tomar café da manhã comigo antes de partirmos. Ele me olhou estarrecido.

— Não, dona, vou ficar esperando aqui mesmo.

Ele estava parado debaixo de uma palmeira, com um bando de outros motoristas. Todos estavam à disposição dos vários jornalistas e funcionários da ONU que tinham chegado à Libéria para cobrir a guerra e o cessar-fogo. Eles me olharam com ar de curiosidade.

Sentindo-me meio boba, voltei para o hotel e tomei café. Roubei um prato com alguns bolinhos para o Ishmael, como se, num único gesto e numa só manhã, eu pudesse compensar os últimos cento e setenta e cinco anos.

— Vamos pra Firestone — falei para o Ishmael, sentando no banco da frente do carro, um Toyota Corolla com dezoito anos de uso, sem ar-condicionado nem rádio. Ishmael assentiu e saiu do estacionamento.

Eu estava em casa havia apenas um dia, mas a esqualidez estava começando a me parecer normal. Havia anúncios políticos absurdos ("Liberianos corruptos devem ser denunciados e punidos severamente!") ao lado de anúncios de utilidade pública ("Não urine aqui!") e de declarações cívicas tipicamente liberianas ("Ghankay diz: A energia elétrica é o segredo para o futuro da Libéria!") como legenda para fotos de Charles Taylor espalhadas por toda parte — dessa vez arvorando o seu nome "nativo", Ghankay.

Um painel com a imagem de um homem parado ao lado de uma mulher — provavelmente sua esposa —, olhando de forma lasciva para uma jovem atraente, que passa por ele rebolando, tinha como legenda: "O vírus HIV está entre nós! Fique com o que é seu!"

Tínhamos acabado de chegar a Sinkor quando uma picape repleta de soldados "antiterroristas" de Charles Taylor entrou na estrada à nossa frente. Os soldados, todos adolescentes, carregavam metralhadoras. Um, que tinha uma granada de lançamento, apontou para mim e sorriu. Pedi ao Ishmael que diminuísse a velocidade e deixasse que eles se afastassem um pouco.

Passamos por um casebre cercado de lixo, com um cartaz do lado de fora dizendo "Empresas Transcontinental", pela companhia "Primeiro Pneu de Deus", e pelo Instituto Smythe de Administração e Tecnologia, ao longo de uma estrada orlada de barracos. Chegamos ao posto de controle militar da Cidade do Congo. Um soldado nigeriano armado até os dentes pediu que o Ishmael abrisse o porta-malas do carro. Perguntou ao Ishmael o que tinha dentro da minha mochila, que estava dentro do porta-malas. Ishmael lhe disse que não sabia, e que ele deveria perguntar para mim. O soldado nigeriano perdeu as estribeiras.

— Sai do carro! — berrou, olhando para mim. Depois, voltou sua raiva para Ishmael: — Você tá me desafiando? Que história é essa de me mandar perguntar pra tua patroa? *Você* que tem que perguntar pra tua patroa!

Eu falei para o soldado que Ishmael realmente não sabia, mas ele não quis me dar ouvidos, e continuou se esgoelando. Curvei-me para abrir a mochila, mas ele me impediu, dizendo que não ligava para o que havia dentro dela, e que o Ishmael não deveria tê-lo desrespeitado. Um homem passou de motocicleta por nós, assoviou e gritou:

— Vocês não merecem esse abuso todo!

Depois acelerou e desapareceu.

Ishmael e eu pedimos reiteradas desculpas ao soldado nigeriano, e ele finalmente se acalmou.

Ao retomarmos o caminho para a Firestone, fiquei fumegando de raiva. Toda a arrogância congo, que eu pensava ter perdido depois de vinte e três anos vivendo nos Estados Unidos, retornou violentamente. Quem aquele maldito daquele soldado nigeriano pensava que era? Ele estava no *meu* país, falando conosco como se fosse o dono do pedaço. Aquele era um comportamento agressivo tipicamente nigeriano, esparramando autoridade para todos os lados. Pois muito bem, era o que iríamos ver.

Ishmael, que não perdera a calma, interrompeu meus pensamentos furiosos e começou a conversar comigo.

—Talvez, na próxima vez que a senhora vier, não vou ser seu motorista, vou ser seu amigo.

Do banco do motorista, virou-se, olhou para mim e sorriu, com os braços magrinhos relaxados sobre o volante. Dei um sorriso nervoso e me retraí um pouco.

—Tá bom — falei.

Continuamos pela estrada por mais uns quarenta minutos, retornando na direção de Robertsfield, virando à esquerda depois do aeroporto, rumo à Firestone. O meu estômago começou a se revirar quando entramos na estradinha da Firestone. De repente, estávamos num outro mundo, exuberante e bem-cuidado, rodeado de seringueiras majestosas. A temperatura caiu rapidamente graças à sombra fornecida pelas árvores.

Ao adentrarmos as instalações, os pequenos bangalôs proliferaram até finalmente chegarmos à rua principal da Firestone, com os seus elegantes prédios de escritórios de um só andar, e fileiras e mais fileiras de bangalôs residenciais para os funcionários da empresa.

— Ela trabalha no setor de pagamentos — falei para o Ishmael.

Ishmael diminuiu a velocidade e pediu informação a um homem que estava andando na beira da estrada. O homem apontou para um prédio à direita. Viramos e paramos, estacionando o carro bem em frente.

Havia umas dez pessoas circulando diante da entrada do prédio quando eu saí do carro. Coloquei a mochila no ombro e senti a pontada do frasco de loção Jergens, que estava dentro da mochila, contra a minha costela.

— É... eu tô procurando a Eunice Bull — falei para ninguém em especial.

Um homem apontou para a segunda porta. Entrei e fiquei parada na frente da porta, hesitante.

Não a vi a princípio.

Então, um murmúrio de vozes tomou conta da sala.

— Eunice, tua irmã tá aqui.

— Ô Eunice, aquela ali não é a tua irmã?

— Olha lá a tua irmã, Eunice.

Então eu a vi, do outro lado da sala. Seus imensos óculos cobriam-lhe o rosto... Ela ainda usava os mesmos óculos? E eu fui engolida por um imenso abraço. Lágrimas escorreram pelo meu rosto; imediatamente, Eunice começou a ralhar comigo.

— Nós não vamos fazer isso aqui! Não vamos fazer isso aqui!

E começamos a rir, interrompendo o abraço e depois voltando a nos abraçar.

— Você voltou! Você voltou pra casa!

Sem soltar a minha mão, Eunice se virou para as pessoas na sala e fez uma apresentação formal.

Aquele gaguejo.

— Essa é a m-m-m-minha irmã.

Eunice, Firestone

MONRÓVIA, SETEMBRO DE 2003

Eunice e eu fomos almoçar no restaurante da Firestone, que tinha vista para o campo de golfe ridiculamente verde e bem-tratado da fazenda. Estávamos sendo observadas pelo Ishmael, subitamente intrometido.

— Obrigada pelo xampu — disse ela.
— Como é que tá a tua mãe?
— Quanto tempo você vai ficar na cidade?

Os primeiros passos vacilantes. Tinha muito mais para dizermos uma à outra. Eu tinha muito mais para lhe dizer. Fiquei irritada com o Ishmael, irritada com o fato dele ter aceitado o meu convite insincero para se juntar a nós no almoço, quando antes tinha recusado o meu convite sincero para tomar café da manhã comigo. Será que ele não estava vendo que eu precisava conversar sozinha com a Eunice?

Ela estava mais cheinha. Suas bochechas estavam mais gorduchas e ela quase perdera aquele ar de gazela que tinha na adolescência. Agora ela estava mais redonda. Comecei a rir.

— Do que é que você tá rindo?

— Da tua cara — falei, rindo ainda mais.

— O que é que a minha cara tem de engraçado?

— Parece uma cara de Cooper.

Eunice entendeu imediatamente o que eu estava querendo dizer. Fez biquinho, indignada.

— Pelo amor de Deus, vai! Não aguento aquelas bochechas gordas dos Cooper.

Olhando para mim, disse, admirada:

— Olha só pra pequena Helene Cooper. Virou uma mulher feita.

Eu ri, sem graça. Eu não era uma mulher feita de acordo com os padrões liberianos. Eu achava que parecia uma garota. Havia poucos dias, quando eu estava na Virgínia, fazendo as malas para viajar para a Libéria, mamãe tinha passado na minha casa para inspecionar as roupas que eu estava levando. Ela nunca tinha feito isso antes, em outras viagens.

Mamãe ficou horrorizada quando viu minhas roupas de viagem: três calças, três camisetas, um par de botas de caminhada e um par de sandálias.

— Você tem que levar um vestido. Você tá indo pra uma zona de guerra, mas os liberianos se arrumam direito, em qualquer circunstância.

— Ah, mãe, me deixa, vai! Quando a guerra chegar, e eles estiverem evacuando as pessoas, você vai ficar contente de eu não estar tentando subir num helicóptero de salto alto.

Depois do almoço, Ishmael e eu levamos Eunice de volta para o trabalho, e programamos tudo para que ela ficasse comigo no Hotel Mamba Point quando fosse a Monróvia naquele fim de semana. Quando Ishmael e eu retornamos a Monróvia, passando pelos destroços da guerra em Paynesville, pelas casas com marcas de tiro na Cidade do Congo, abordados novamente por crianças correndo até o carro com as mãos estendidas e abertas, senti-me feliz e triste ao mesmo tempo. Pelo menos aparentemente Eunice estava bem, embora um pouco mais reservada. Eu não sabia o que aquela reserva estava escondendo. E eu não conseguia parar de pensar que, olhando dentro daqueles olhos vazios de um dos meninos que caminharam lentamente na direção do carro, enquanto esperávamos para passar pelo posto de controle militar, eu poderia apaziguar minha consciência pegando dinheiro dentro da minha mochila e lhe dando vinte dólares. Logo eu estaria voltando para os Estados Unidos, onde eu poderia, mais uma vez, esquecer aquilo tudo.

Eunice vivia com aquilo todos os dias.

Prometi a mim mesma que, da próxima vez que eu visse Eunice, Ishmael não estaria por perto para me impedir de fazer a pergunta que eu tinha viajado vinte e três anos no tempo para poder perguntar.

—Você ficou com raiva porque a gente te deixou aqui?

Estávamos sentadas na minha cama, no meu quarto de hotel no Mamba Point. Dois dias tinham se passado e Eunice estava em Monróvia para o fim de semana. Ishmael tinha sido, finalmente, dispensado — eu lhe dissera para passar o resto do dia de folga.

Estávamos fazendo um resumo de nossas vidas de vinte minutos.

Eu estava à espera de perdão.

Eunice riu.

— É isso que você pensa? — perguntou, olhando diretamente para mim, como se, num relance, tivesse entendido tudo. Ela sacudiu a cabeça. — Acho que Deus me fez ficar aqui pra me fazer ficar forte. Vocês eram um bom grupo congo. O meu grupo congo era um grupo congo diferente do grupo do meu pai.

Estremeci quando ouvi minha família sendo descrita como um "grupo congo", mas não falei nada. Essa era a primeira vez que eu ouvia que o pai da Eunice, do qual ela raramente havia falado em Sugar Beach, também tinha sido criado por uma família congo.

— Eles o tratavam que nem escravo.

O pai dela dormia no chão, comia do lado de fora com os empregados, lavava as roupas da família que o hospedava, limpava a casa e respondia "Pois não, madame" sempre que a dona da casa o chamava.

— Com a tia Lah e o tio John, eu nunca me senti como uma filha adotiva.

Eunice me perguntou sobre a minha vida, sobre o Iraque. De alguma forma, ela tinha ouvido falar que eu estivera no Iraque por conta da guerra. Perguntou também pela mamãe e, sobretudo, pela Marlene.

— Como é que tá o meu bebê?

Entreguei-lhe, sorrindo por dentro, a carta que a Marlene tinha enviado. Eunice ainda achava que a Marlene era o céu e a terra.

— Ela tem um namorado sérvio chamado Aleks.

— Sérvio? — perguntou, fazendo parecer que a Marlene estivesse namorando um marciano.

— É isso aí. Ele é da Sérvia. E pode ser o tal.

— Olha só. O meu bebê virou uma mulher feita — disse Eunice, com os olhos rasos d'água.

Ela sugou de mim todas as informações sobre a Marlene, e eu dei, resmungando o tempo todo.

— Ela tá trabalhando no Centro Kennedy. Comprou casa e tudo.

— Então ela tá bem? Tá feliz?

— Tá sim. Mas deixa só eu contar pra todo mundo que você só quer saber da Marlene... Aquela maluquinha tá bem, sim.

Eunice suspirou, depois levantou da cama e entrou no banheiro.

— Puxa, dona, mas o quarto até que não é nada mau — gritou lá de dentro.

Dona? Ela nunca tinha usado aquele título subserviente comigo antes, por que tinha começado agora?

— Num me chama assim.

Quando voltou do banheiro, ela estava rindo.

— Eu num chamo todo mundo assim. Mas tudo bem, Helene. Se você num quer que eu te chame de dona, eu num te chamo de dona.

Incomodada, mudei de assunto.

— Adivinha com quem eu jantei ontem à noite? Philip Parker!

Eunice deu um berro, caindo de costas na cama e balançando para frente e para trás.

— Pelo amor de Deus, num vai me dizer que ainda gosta dele!

— Ah, ele é um amor — falei para a Eunice, me entusiasmando quando entramos no meu assunto predileto. Por dentro, eu sabia que estava fazendo aquilo de novo: camuflando um momento sísmico da minha vida me concentrando no superficial. — E você? Você casou, finalmente! — exclamei, admirada.

Eunice passava a semana na Firestone e os fins de semana com o seu novo marido — um homem divertido e encantador chamado John Walker, a quem Eunice chamava de Walker, e por isso eu tinha começado a chamá-lo assim também. Quando voltamos de carro do restaurante da Firestone até o escritório da Eunice, dois dias antes, ela tinha ligado para ele e passado o telefone para mim.

— Mal posso esperar pra te conhecer! — exclamou ele. — Você num tem ideia do quanto a minha mulher fala de vocês todos.

Walker trabalhava nas Nações Unidas como funcionário de assuntos civis; os dois tinham acabado de se casar, no ano anterior. Eunice disse que tinha conhecido o marido nove anos antes, em 1994.

— Eu tinha acabado de voltar pra Monróvia, vinda do norte.

— O que é que cê tava fazendo no norte?

Foi aí que Eunice me contou sobre os bombardeios das forças de paz sobre a Firestone; que fugiu e se escondeu no Território 3C durante três anos; que fabricou e vendeu sabão de soda cáustica na beira da estrada. Contou como tinha se sentido só, ficando com uma família que não conversava com ela.

Disse que não via o filho, Ishmael, desde que o tinha mandado embora da Libéria, em 1988. Disse que tinha ouvido falar que ele estava em Londres, mas que era difícil saber se isso era verdade. Disse que ficava preocupada, à noite, com medo dele não a reconhecer mais, dele ter esquecido da mãe, dela nunca mais ver o filho novamente.

Enquanto narrava essa história, era como se ela estivesse me contando o dia a dia de uma vida comum, com pequenas tarefas cotidianas banais. Ela dizia o indizível dando de ombros. Eu não parava de interrompê-la com perguntas incrédulas.

— Como assim, você não vê o Ishmael desde 1988? — perguntei, estarrecida.

Suas respostas pareciam absurdas, proferidas sem drama.

— Num sei se o Ishmael ainda me reconheceria — disse baixinho.

Pensei no fato de que Ishmael teria quase vinte anos agora, mais velho do que sua mãe quando sua família adotiva a abandonou e fugiu para os Estados Unidos. Pensei nos anos que passei sem mamãe, em como eu tinha sentido a falta dela, em como eu ficava preocupada com ela na Libéria, em como aquela dor e aquele medo tinham se tornado o meu fundo musical. E me perguntei se Ishmael sentiria qualquer coisa semelhante pela Eunice.

Naquela noite, Eunice dormiu na outra cama de solteiro que havia no meu quarto de hotel. Fiquei acordada, ouvindo a sua respiração. Enfiei o rosto no travesseiro para que ela não me ouvisse chorando.

— De que ramo da família Cooper você é?

A pergunta surgiu do nada. Dois dias depois, quando Eunice voltou ao trabalho na Firestone, fui ao cemitério na Center Street, onde papai, Radio Cooper, Vó Grand, Mano Henry, tio Waldron e tio Julius estavam todos enterrados. O jazigo dos Dennis fica bem ao lado do jazigo dos Cooper. Eu mal tinha colocado os pés fora do carro quando um funcionário do cemitério veio até mim com essa pergunta.

— Como o senhor sabe que eu sou uma Cooper?

—Vocês têm todos a mesma cara.

— O meu pai era John L. Cooper Jr.

Ele me deu um abraço, apresentando-se como o senhor Smith Blay. Estava descalço, usando short e camiseta, e sorriu para mim alegremente.

— Eu trabalhava pro seu pai nos Correios.

O senhor Blay me levou até o túmulo do papai. Alguém tinha roubado a lápide. Outro alguém tinha escrito a data de nascimento errada.

Sentei no túmulo do papai, passando a mão no cimento frio. O túmulo estava cercado de ervas daninhas. O cimento branco, sem enfeites, estava lascado.

— Oi, pai.

Não tinha vento, somente a quietude do ar úmido liberiano. Na minha visão periférica, percebi um bando de jovens se agrupando ao meu redor. Eles estavam fechando o cerco quando o senhor Smith Blay foi até eles e os colocou para correr.

—Vocês num tão vendo que a moça precisa de um pouco de privacidade? Deixem ela em paz.

Revirei minha mente em busca de coisas que eu precisava dizer para o papai, e, por alguma razão, a primeira coisa que saiu da minha boca me fez parecer uma menina de quinze anos contando vantagem para impressionar o pai.

— Adivinha, pai — falei, dando um sorriso. — Sou repórter. Eu consegui.

Fiquei sentada sobre o túmulo por uma hora, com o senhor Smith Blay mantendo a guarda. Falei sobre os lugares que eu havia conhecido.

— China — relembrei triunfalmente, sabendo que papai sempre quisera ir lá. — Fui a um jantar oficial na China. Deng Xiaoping apertou a minha mão.

Rodeada pelas tumbas dos meus ancestrais Cooper e Dennis, descrevi o interior da Cidade Proibida para o papai, a vastidão da Praça da Paz Celestial, as ruas inacreditavelmente largas de Pequim. As lágrimas rolaram pelo meu rosto quando eu acabei ficando sem mais nada para contar. Ainda assim fiquei sentada, agora em silêncio, enquanto pensava nos Cooper e nos Dennis, e no longo caminho que eu tinha percorrido desde aquele dia de 1829, quando Randolph Cooper e seus três irmãos desembarcaram do navio *Harriet* para dar início à linhagem do meu pai na Libéria, ou desde aquele dia de 1821, quando Elijah Johnson desembarcou do *Elizabeth* para dar início à linhagem da minha mãe.

Será que eu tinha mesmo pensado que eu poderia, simplesmente, dar as costas para a Libéria? Eu jamais poderia partir. Uma parte de mim estava enterrada aqui, ficaria sempre exatamente aqui, na terra do Cemitério de Palm Grove.

Finalmente, passei a mão no cimento do túmulo do papai uma última vez, me levantei e me virei. O senhor Smith Blay ainda estava de olho em mim, ao longe. Andei até ele, dei-lhe um beijo no rosto e fui embora.

Alguns dias depois, quando fui convidada para participar de uma reunião de Mulheres Liberianas Proeminentes com a primeira-dama interina, a senhora Blah, na Mansão Executiva, o meu passado despontou novamente. Eu estava usando uma saia de linho amarela que a tia do Philip, Marie Parker, me havia emprestado, porque, segundo ela, eu "não podia, de maneira alguma, aparecer na Mansão usando calça comprida!".

Havia dezesseis mulheres proeminentes na reunião. Nós nos apresentamos e sentamos à imensa mesa de conferência, de carvalho, no quinto andar — somente três andares abaixo da ala privativa onde o presidente Tolbert tinha sido morto vinte e três anos antes. Estávamos aguardando pela primeira-dama interina, quando a porta se abriu, um homem entrou, apontou para mim e anunciou:

— Ei, você! Vem cá. Eu conheço essa cara. Você é Helene Calista Esmeralda Esdolores Dennis Cooper!

Fiquei chocada que William C. Dennis, outro primo que eu não via havia vinte e três anos, pudesse se lembrar do meu ridículo nome completo. Eu ri, e, por um breve momento, tornei-me o assunto da conversa entre as Mulheres Liberianas Proeminentes. Elas falavam de mim como se eu não estivesse lá.

— Ah, ela é filha da Calista e do John!

— Dá pra ver os traços dos Cooper no rosto dela.

— Não, não, ela é a cara da Calista.

— É isso mesmo, é como se a Calista estivesse aqui em pessoa.

— Eu conheci essa menina quando tinha três palmos de altura!

— Ela que é a jornalista, ou é a Janice?

Eu realmente não devia ter ignorado o conselho da mamãe de levar um vestido na mala. Eu estava começando a me sentir estranha, andando para cima e para baixo por Monróvia, todos os dias, com as minhas roupas iraquianas. No domingo de manhã, Ishmael veio me buscar para ir à igreja e me olhou de queixo caído. Ele estava usando calça preta, uma blusa branca abotoada na frente e uma gravata. Com sua compleição alta e magricela, Ishmael estava, de repente, com uma aparência séria e compenetrada em sua roupa de domingo. Eu estava de calça preta, blusa branca e sandália.

Foi demais para o Ishmael.

— A senhora vai de calça comprida? — perguntou.

— Ishmael, me deixa em paz. O que mais eu tenho pra vestir?

Ele me olhou como se quisesse dizer mais alguma coisa, mas eu entrei no carro, bati a porta e coloquei o cinto.

—Vamos.

Estacionamos do lado de fora, na Ashmun Street, entramos pela porta lateral da Primeira Igreja Metodista Unificada, inaugurada em 1822, e fomos direto para o banco da família.

A igreja tinha buracos de balas nas paredes, e uma enorme cratera nos fundos, devido a um estilhaço de bomba. Mas, do lado de dentro, à exceção de mim, todos estavam vestidos com suas melhores roupas. Uma mulher estava usando um vestido verde, sapatos verdes e um chapéu verde combinando, com uma pena verde despontando para cima.

Havia rostos familiares dentro da igreja — rostos que reconheci instantaneamente. Sorri e acenei para amigos dos meus pais, que faziam sinais para mim, apontavam, acenavam e cochichavam para quem estivesse ao lado deles. Alguém passou um bilhete para a pastora, que parou no meio da mensagem de abertura.

— Uma de nós voltou pra casa — disse ela, virando-se para me olhar.

Lutando contra uma mistura de constrangimento e orgulho, eu sorri. Joe Richards, um velho amigo dos meus pais, andou até mim e me empurrou para frente para que eu fizesse uma reverência. Depois, durante as oferendas, ele pediu o meu telefone celular para ligar para a mamãe.

—A sua filha tá aqui do meu lado na igreja, de calça comprida e sandália — contou.

No final do sermão, a pastora disse:

— Quero que todos nos levantemos para cantar bem alto "Certeza Abençoada".

Levantei-me quando os primeiros acordes foram tocados no órgão. O sorriso surgiu no fundo do meu estômago, borbulhou dentro de mim até explodir no meu rosto. Eles ainda cantavam a "Certeza Abençoada" todos os domingos.

Depois da igreja, Ishmael me levou até a casa da Eunice, para eu almoçar com ela e o marido, Walker. Ela tinha preparado um dos meus pratos liberianos prediletos: sopa de *fufu* com ervilha. De acordo com os padrões liberianos, Eunice e Walker viviam bem, dividindo uma casa de concreto de dois cômodos num subúrbio de Monróvia, mas a casa não tinha água encanada e era iluminada por velas e por uma única lâmpada a pilha. Numa estante de madeira, havia um punhado de livros, uma fotografia de casamento, uma fotografia minha e outra da Marlene. No segundo quarto, havia dois colchões; Eunice tinha se tornado mãe adotiva de quatro crianças liberianas nativas.

Eu estava me preparando para, depois do almoço, chamar a Eunice para voltar a Sugar Beach comigo. Ninguém na minha família havia voltado lá desde o golpe. O ex-presidente Doe tinha usado a propriedade como "campo de treinamento antiterrorista"; mas, na verdade, tinha sido usada para execuções sumárias. Muitos liberianos tinham medo de ir lá. Nove corpos tinham sido desenterrados recentemente no terreno, com muitos dos membros destacados do tronco.

Eunice não tinha vontade de voltar. Eu sabia por quê; era a mesma razão pela qual nenhuma de nós, que estivera lá no dia em que os soldados vieram, queria voltar. Eu também não tinha a menor vontade. Voltar a Sugar Beach significava enfrentar aquela noite, encarando, face a face, a morte da minha infância.

Mas *eu* não tinha morrido naquela noite, nem minha mãe, nem minhas irmãs. Esconder-me de Sugar Beach durante todos aqueles anos dava-me a impressão de estar deixando os ladrões e os estupradores vencerem. Eles tiveram êxito em sequestrar as minhas lembranças de infância, para que tudo o que me restasse de Sugar Beach fosse a imagem de uma noite.

A minha infância foi mais do que isso. Ela foi o que eu sou. E eu a queria de volta.

— Eunice, pelo amor de Deus. Não me faz ir lá sozinha.

Eu sabia que ela acabaria concordando. Alguma vez ela tinha recusado alguma coisa para mim ou para a Marlene? Ela deu um longo suspiro.

—Tá bom, Helene. Vou com você. — Mas depois se virou para o marido. — Walker, você vem com a gente.

Era uma tarde de domingo, e Monróvia estava calma quando saímos da casa da Eunice e atravessamos a ponte para Sugar Beach, pegando o mesmo caminho que Fedeles, Eunice e eu pegamos para fugir do quebra-quebra do motim do arroz de 14 de abril de 1979. Em vez de atravessarmos o centro da cidade, fizemos o contorno por Paynesville, virando à esquerda na bifurcação, e depois passamos pela sede dos missionários cristãos em direção a Sugar Beach.

O antigo posto de gasolina do papai apareceu do lado direito, e Eunice e eu pedimos a Ishmael que fosse mais devagar.

— Helene, o Jacob Doboyu ainda mora ali.

— Não diga!

Eu estava chocada. Não tinha pensado no braço direito do papai em vinte e três anos.

Paramos o carro no estacionamento na frente do posto de gasolina, agora uma delegacia de polícia, saímos e andamos até a casa ao lado. Jacob

Doboyu estava sentado nos degraus da escada da frente, ainda com a mesma cara de Nelson Mandela, de cabelos grisalhos e olhos apertadinhos.

— Oi, Eunice! — disse ele alegremente, levantando.

Depois, olhando para mim, ficou de boca aberta.

— Calista? — disse, incrédulo.

— Não. Helene.

— Helene? A menininha Helene?

Fui erguida num abraço e ri ao subir pelos ares, me perguntando como um homem de setenta anos conseguia me levantar alto assim. Ele me colocou no chão e beliscou minhas bochechas.

— Ai!

— Ah, me deixa. Eu já beliscava as tuas bochechas quando você era bebê.

Não sei como, mas Jacob Doboyu também tinha ouvido falar que eu era repórter. Ele também sabia, não sei como, que eu tinha estado no Iraque. Fiquei intrigada, sem saber como todos na Libéria sabiam disso, e todos agiam como se dois meses no Iraque por causa da guerra fosse, de alguma forma, mais perigoso do que treze anos de guerra civil na Libéria.

Finalmente, voltamos para dentro do carro e continuamos por mais cinco minutos até a curva da estrada de Sugar Beach. Tivemos que parar o carro na estrada principal e andar por uma trilha de lama para chegar lá. Começamos a descer pela trilha, e percebi que Ishmael não estava nos seguindo. Olhei para ele. Ele fez que não com a cabeça. Ele tinha ouvido as histórias sobre as execuções.

— Vou ficar no carro. Vou estar aqui quando vocês voltarem.

Lá fomos nós, pelo mato, rumo ao oceano.

— A casa da Palma costumava ser ali — falou Eunice.

Parei para olhar ao redor. Não tinha nada, só mato e videiras.

Se esse era o lugar da casa da Palma, então... Virei para oeste.

E lá estava ela, logo depois da última colina e na virada da última curva, nossa casa de Sugar Beach, ainda de pé, olhando para o Atlântico. O gramado da mamãe ainda cobria o terreno, assim como a casa dos criados, onde Bolabo costumava dormir durante o dia antes de montar "guarda" para nos proteger contra os ladrões durante a noite. Restos da tinta bege ainda estavam presos à fachada, além de alguns enfeites de pimentas torradas.

Mas era só. Os saqueadores tinham retirado janelas, telhado, chão de mármore, peças do banheiro, móveis e a pia da cozinha. Examinei o jardim da frente, sem saber onde as execuções de Doe tinham acontecido, mas logo deixei esse pensamento de lado. Era intolerável. Eu ficaria maluca se me permitisse ficar imaginando Doe executando as pessoas em Sugar Beach.

Não havia mais portas. Subimos pelas escadas dos fundos. O meu coração batia desatinado à medida que um sentimento de familiaridade me invadia. Eu havia subido aqueles degraus milhares de vezes antes, tropeçando nos cachorros que dormiam na varanda, do lado de fora da casa.

Entramos cautelosamente na cozinha, que estava úmida e escura, e descobrimos várias famílias bassas vivendo no segundo andar. Uma mulher estava cozinhando arroz sobre brasas no meio do quarto da mamãe e do papai — no mesmo lugar onde Eunice, Marlene e eu tínhamos ficado encolhidas na noite do estupro da minha mãe.

No meu antigo quarto cor-de-rosa, as paredes agora estavam da triste cor cinza do cimento. Alguém tinha colocado um tecido de algodão colorido onde as portas corrediças estiveram um dia, para se proteger contra o vento e a chuva. Uma mulher idosa estava dormindo no meu armário. Ela rolou para o lado e me olhou quando eu entrei, depois voltou a fechar os olhos e dormiu novamente.

Dava para ouvir Eunice conversando com Walker no quarto da Marlene, e caminhei pelo corredor para encontrá-los. Estavam parados no meio do quarto, onde Marlene costumava ficar sentada, cercada, todas as noites, pelos colchões que Eunice, Vicky e eu arrastávamos para dormirmos juntas. Walker estava abanando a cabeça, olhando inquisitivamente para Eunice.

— Mas por que vocês dormiam todas aqui?

Ela deu de ombros, impaciente.

— Era aqui que a gente queria dormir.

Na minha mente, pude ouvir Marlene gritando e rindo, enquanto ela e John Bull brincavam de *boofair*, roubando doce um do outro. Vi Vicky tentando ensinar Janice a fazer a dança *disco* "Bus Stop", os cabelos com penteado afro das duas balançando ao ritmo da música em frente ao espelho. No final do corredor, ouvi o papai imitar a mamãe gritando com ele para que colocasse os chinelos e parasse de espirrar; vi a mamãe revirando os olhos para cima, porque o papai ficava zombando dela.

Vi Eunice e eu encolhidas nos nossos colchões, com nossas lanternas acesas no escuro, lendo romances da Barbara Cartland e cochichando uma para a outra, resolvendo se deveríamos usar as botas brancas de cano alto que o papai tinha trazido dos Estados Unidos na matinê do Relda naquele domingo, ou esperar para estreá-las depois, em alguma grande ocasião.

Um dos invasores se juntou a nós no quarto da Marlene, e Walker começou a conversar com ele. Virei-me para Eunice e trocamos um olhar.

Sem dizer uma palavra, saímos do quarto, descemos pelo corredor, passando pela sala de TV, rumo à escada. Eu a segui enquanto descíamos as escadas e atravessávamos o corredor até o salão de jogos.

Onde será que tinha acontecido? No quarto de brinquedos, onde tinha um tapete? Perto das portas corrediças, onde o chão de mármore teria sido duro e frio? Onde será que tinham estuprado a minha mãe?

Eu não tinha descido ao primeiro andar desde aquele dia de abril de 1980. Quando retornamos em maio de 1980 para fazer as malas e deixar a Libéria, eu não tinha tido coragem. Agora, vinte e três anos depois, lá estava eu. Sem as janelas, o salão de jogos estava úmido e cheirando a maresia. Parecia que não tinha gente morando no primeiro andar. Diferentemente do segundo andar, não havia cortinas improvisadas nem lençóis tapando a abertura das portas. Era apenas um cômodo grande, vazio e cavernoso. Ainda assim, eu via a minha poltrona de veludo roxo favorita, o sofá de couro do papai, onde ele havia discutido o pacto sino-soviético com os amigos, a sala de recreação repleta com os brinquedos da Marlene.

Nem eu nem Eunice dissemos nada enquanto perambulamos no primeiro andar. Não tinha mais nada para se ver; no entanto, havia muito a se ver. Minha mãe tinha sofrido horrores aqui. Ela tinha lutado por nós. Ela tinha lutado para que suas filhas permanecessem meninas, e, embora aquela noite tivesse sido o fim da minha infância, ainda assim, de alguma maneira, ela tinha vencido. Eunice e eu não estávamos lá, de pé, como prova?

Ouvi passos — alguém estava se aproximando. Virei-me para Eunice. Ela estava parada, com os pés afastados, recostada na parede, olhando para o salão de jogos.

— Podemos ir? — perguntou ela, finalmente.

Em poucos dias, eu estaria fazendo as malas e deixando Monróvia. Eu subornaria quem fosse preciso para sair de Robertsfield, pela Ghana Airlines, rumo a Acra, e então pegaria um voo da British Airways para Londres, e depois para Washington, onde Marlene me encontraria e me levaria para a minha casa no meu bairro agradável, com as suas varandas de estilo colonial e suas cercas de madeira pintada. Eu deixaria o meu telefone celular liberiano novo com a Eunice, para que ela nunca mais ficasse inacessível para mim novamente.

Mas, com ou sem telefone, eu a estava deixando. Eunice voltaria para a Firestone, para o marido, para os filhos adotivos, e Sugar Beach voltaria a ser uma lembrança. Ainda assim, eu sabia qual lembrança prevaleceria — a casa de Sugar Beach da minha infância, aquela linda dançarina que se despe lentamente, enquanto chacoalhamos pela estrada que nos afasta da civilização. A casa de Sugar Beach, onde o meu colchão ficava ao lado do da Eunice, no chão do quarto da Marlene, enquanto o meu quarto cor-de-rosa, decorado especialmente para mim, ficava vazio.

Assenti com a cabeça.

— Podemos.

Eunice e eu não falamos nada no caminho de volta para Monróvia, enquanto Walker conversava baixinho com Ishmael. Senti uma mistura estranha de tristeza e euforia. Eunice só olhava para fora pelo vidro do carro, em silêncio.

Um pensamento atravessou minha mente.

— Ô Eunice, eles cantaram "Certeza Abençoada" hoje na igreja.

Imediatamente começamos a rir e, depois, a cantar:

— *Ontem, comi biscoito e torrada...*

O carro prosseguiu, passando pelo posto de gasolina do papai, pela favela de Paynesville, pela mata e pelos pântanos encharcados pelas chuvas.

— *Essa é a minha canção* — cantamos. — *Essa é a minha história.*

AGRADECIMENTOS

A turma de Sugar Beach: Vicky, Marlene, Janice, Eunice e Helene

Se eu soubesse antes como isso seria difícil, teria passado a minha adolescência lendo alta literatura, em vez de romances água com açúcar. Felizmente, eu tive uma editora que reconhece a diferença entre escrevinhar e escrever, e que, mais importante ainda, não teve papas na língua ao me dizer que o que eu tinha entregado não era escrever. Marysue Rucci mergulhou de corpo e alma neste livro. Ela me encorajou e apoiou, e, acima de tudo, soube quando eu precisava de uma palavra mais dura. A distância entre o meu primeiro manuscrito e o último texto foi uma maratona, e eu jamais teria atingido a linha de chegada sem ela.

Na Simon & Schuster, David Rosenthal apoiou este livro ao longo de quatro anos de reescrita, e provou que era papo firme ao encarar um temível prato liberiano, cheio de pimenta-de-cheiro. Tenho consciência de que não são muitos os editores que podem dizer o mesmo. Virginia Smith foi extremamente eficiente na acelerada final da publicação.

Na William Morris, Suzanne Gluck e Dorian Karchmar seguraram minha mão e me deram força. Suas sugestões foram preciosas, desde a minha proposta original para o livro, que teve as arestas cortadas pela Suzanne no bar do Hotel One Aldwych, em Londres, até as minhas correções finais, nas quais Dorian mergulhou enquanto estava de licença-maternidade.

O Instituto Woodrow Wilson me deu um lugar onde pendurar o chapéu quando fiquei cansada de escrever no meu porão, e, mais importante que isso, colocou à minha disposição a melhor assistente possível: Amy Brisson, que encontrou para mim o diário de Elijah Johnson.

Tive muita sorte de trabalhar para os dois maiores jornais do mundo: *The New York Times* e *The Wall Street Journal*. No *Times*, Arthur Sulzberger, Jill Abramson, Dean Baquet, Gail Collins, Doug Jehl, Bill Keller e Andy Rosenthal deram-me as melhores condições de trabalho — e as mais divertidas. No *Journal*, Alan Murray, Jerry Seib e David Wessel ensinaram-me como fazer reportagem e pagaram as minhas contas do cartão American Express da empresa. O que mais uma aspirante a *globe-trotter* poderia querer? E Bob Davis deu-me os dois eixos centrais para se escrever, aos quais eu sempre me reporto: "Faça as coisas do seu jeito, e não seja frouxa."

Há muito tempo, no *pub* Black Friar, em Londres, Danny Pearl disse-me que eu devia escrever este livro um dia. Minhas lembranças de sua amizade e coragem me sustentaram através dos meus piores momentos de insegurança.

Cinco amigos leram (e releram, e releram) meu manuscrito. Roe D'Angelo pediu "mais Marlene". Nicholas Kulish disse-me para relaxar um pouco o tom. Shailagh Murray pediu mais sobre o meu pai. Michael Phillips disse-me para adicionar dez páginas ao final. Amy Schatz fez-me soletrar o que me deixava com tanto medo dentro do meu quarto cor-de-rosa, à noite. Juntos, os cinco ajudaram-me a entender o que eu queria escrever, como eu queria escrever, e como viver comigo mesma depois de escrever.

Meus agradecimentos, também, para Sarah Abruzesse, Silvia Ascarelli, Elizabeth Crowley, Anne Gearan, Bryan Gruley, Sarah Herzog, Farhana Hossain, Craig Hunter, Vicky Ingrassia, Tom Jennings, Neil King, Elise Labott, Pam Lilak, Conley McCoy, Laura Nichols, Michael Shapiro, Joseph Sozio, Amy Stevens, Caroline VanZoeren, Eliza VanZoeren e Alyson Young, por empreitadas específicas durante as minhas várias crises. David Cloud disse-me para acrescentar cenas descritivas da areia entre meus dedos dos pés. Ignorei sua sugestão pontual por achar uma bobagem, mas segui seus conselhos de uma maneira geral.

Meus amigos e primos liberianos podem, talvez, nunca mais voltar a falar comigo. Mas eles me deram um material muito rico: Veda Simpson, Philip Parker, Richard Parker, Ethello McCritty Miller, Bridget Dennis, Sewell Cooper, Jeanine Cooper Heffinck e Karen Mygil.

Minha família sempre foi a minha rocha. Meu irmão, John Lewis Cooper III, deu-me o seu apoio silencioso, quando não estava ameaçando consultar um advogado. Meu cunhado, Aleksandar Vasilic, deu-me o empurrão final à minha autoconfiança quando lhe entreguei o manuscrito para ler e ele percorreu todas as páginas chorando desbragadamente. Minhas irmãs Janice Cooper Kudayah, Eunice Bull Walker, Victoria Dennis Johnson e Marlene Cooper Vasilic permitiram que eu mexesse e remexesse nas suas cabeças, lembranças e álbuns de fotografias até que não restasse nada além de garrafas de vinho tinto vazias e dores de cabeça monumentais. Marlene leu o manuscrito seis vezes, e a cada vez ela me empurrou para ir mais fundo. Essas quatro mulheres estão, verdadeiramente, entre as mais fortes que conheço.

Mas nenhuma delas é a mais forte. Esse título cabe à minha mãe, Calista Dennis Cooper. Obrigada, mamãe, por tudo e por tanto, que eu jamais conseguiria colocar no papel.

CRÉDITOS DAS FOTOGRAFIAS

Dedicatória – Coleção da Família Cooper
Capítulo 1 – Coleção da Família Cooper
Capítulo 2 – Domínio Público
Capítulo 3 – Coleção da Família Cooper
Capítulo 4 – Coleção da Família Cooper
Capítulo 5 – Caesar Harris Historical Art Gallery, Monróvia
Capítulo 6 – Coleção da Família Cooper
Capítulo 7 – Coleção da Família Cooper
Capítulo 8 – Coleção da Família Cooper
Capítulo 9 – Coleção da Família Cooper
Capítulo 10 – Jimmy Carter Presidential Library and Museum
Capítulo 11 – Coleção da Família Cooper
Capítulo 12 – Coleção da Família Cooper
Capítulo 13 – Coleção da Família Cooper
Capítulo 14 – Fort Worth Star-Telegram Collection, Special Collections, Universidade do Texas, Biblioteca de Arlington, Texas
Capítulo 15 – Coleção da Família Cooper
Capítulo 16 – Coleção da Família Cooper
Capítulo 17 – Coleção da Família Cooper
Capítulo 18 – Coleção da Família Cooper
Capítulo 19 – Coleção da Família Cooper
Capítulo 20 – Coleção da Família Cooper
Capítulo 21 – *Providence Journal*
Capítulo 22 – Getty Images
Capítulo 23 – Coleção da Família Cooper
Capítulo 24 – Coleção da Família Cooper
Capítulo 25 – *Los Angeles Times*
Capítulo 26 – Coleção da Família Cooper
Agradecimentos – Coleção da Família Cooper

PRODUÇÃO EDITORIAL
Daniele Cajueiro
Gustavo Penha

REVISÃO DE TRADUÇÃO
Sheila Louzada

REVISÃO
Claudia Ajuz
Eduardo Carneiro

PROJETO GRÁFICO E CAPA
Leandro B. Liporage

DIAGRAMAÇÃO
Filigrana

Este livro foi impresso no Rio de Janeiro, em fevereiro de 2010,
pela Ediouro Gráfica, para a Editora Nova Fronteira.
A fonte usada no miolo é Perpetua, corpo 13/15,5.
O papel do miolo é pólen soft 70g/m², e o da capa é cartão 250g/m².

Visite nosso site: www.novafronteira.com.br